帝国日落

UNCOMMON WEALTH

BRITAIN AND THE AFTERMATH OF EMPIRE

[英]科乔·柯朗（Kojo Koram）著

冯勇 译

中国出版集团
中译出版社

Uncommon Wealth: Britain and the Aftermath of Empire
First published in Great Britain in 2022 by John Murray (Publishers)
An Hachette UK company
Copyright © Kojo Koram 2022
The simplified Chinese translation copyrights © 2023 by China Translation and Publishing House
ALL RIGHTS RESERVED

著作权合同登记号：图字01-2022-0561

图书在版编目（CIP）数据

帝国日落 /（英）科乔·柯朗（Kojo Koram）著；冯勇译. -- 北京：中译出版社，2023.6
书名原文: Uncommon Wealth：Britain and the Aftermath of Empire
ISBN 978-7-5001-7276-5

Ⅰ.①帝… Ⅱ.①科… ②冯… Ⅲ.①英国-历史 Ⅳ.①K561.0

中国国家版本馆CIP数据核字(2023)第002233号

帝国日落
DIGUO RILUO

策划编辑：温晓芳　方宇荣
责任编辑：温晓芳
营销编辑：梁　燕
封面设计：潘　峰

出版发行：中译出版社
地　　址：北京市西城区新街口外大街28号普天德胜主楼4层
电　　话：（010）68002926
邮　　编：100044
电子邮箱：book@ctph.com.cn
网　　址：http://www.ctph.com.cn
印　　刷：北京盛通印刷股份有限公司
经　　销：新华书店
规　　格：710毫米×1000毫米　1/16
印　　张：19
字　　数：204千字
版　　次：2023年6月第1版
印　　次：2023年6月第1次

ISBN 978-7-5001-7276-5　　　　定价：98.00元

版权所有　侵权必究
中译出版社

| 引言 |　　　　　　　见证历史的回响

　　小时候，我搬过几次家，这些经历带给我的不仅是空间的跨越，还是时间的挪移。加纳是我的出生地，但我尚在襁褓中时，便随家人搬去了英国。在不少人看来，从西非来到英国是一个跨越多重历史时期的过程。横亘在两个家园之间的不仅是千山万水，而且是百年沧桑。英国被视作西方文明的摇篮，而包括加纳在内的非洲国家则被认为才刚走出那未开化的时代。这样的认知方式就像四季变换那般自然。

　　从我10岁起，我和家人每年都会回到加纳度过漫长的暑假。那时正值20世纪90年代，全球化进程迎来了高潮，我们每年都会回到正在发展轨道上的阿克拉。彼时还是无人问津的海岸，慢慢地被喧嚣热闹的旅店、宾馆所占据。从前，总和我一起探索这座城市的人是我的爷爷——一个自豪的加纳人，一位典型的英国绅士，我的名字就是根据他的名字取的。作为以英联邦臣民身份搭乘"帝国疾风号"（Windrush）①前往伦敦的一代人，他曾为皇家邮政效力，同时还接受训练成了一名配镜师。他身上还保留着许多英国战后的生活习惯，即使他已经返回加纳几十年了。他有一辆"迷你库柏"汽车，每天起床后，他都会来一份全套的英式早餐，品上一杯茶，还会收听英国广播公司世界电台的早间新闻。要是在这时，我或我的兄弟姐妹打扰了他，那我们可就倒霉了。

我们常常开车穿越整座城市。有一回，我们赶上了交通拥堵，车里十分燥热，为打发时间，我终于问了那个在我脑海里盘旋已久的问题："爷爷，为什么加纳这么贫穷呢？""你想说什么？"他回应道。"嗯，加纳以前不是被称为'黄金海岸'吗？""的确如此，"他说道。"黄金能给人带来财富，对吧？""是的。""那为什么英国要比加纳富裕那么多呢？"一阵沉默后，爷爷给我讲了一个简单的故事作为回答。"加纳几十年前才获得独立，所以还需要追赶其他国家"——这在那时似乎是一个可以说得通的理由。加纳是一个年轻国家，而英国则已建国许多年了。也许可以这样说，我生活的这两个地方的关系，就类似于我和爷爷的关系。

新学年伊始，我及时回到了英国。随后我发现，为了解释世界上出现的不平等问题，这个故事的不同版本四处流传。在英国的版本中，这个故事被添加了一些"英国例外论"的元素。从教育体系和更广泛的文化图景中，我了解到英国——这个工业化资本主义和议会民主制度的诞生地——是如何追求财富和稳定，以

---

① 1948年6月，一艘名叫"帝国疾风号"的轮船从牙买加等加勒比海沿岸国家出发，将数百名黑人带到了英国。这些非洲移民为英国的战后复苏、基础设施建设做出了贡献。——译者注

及如何有机地创造出了理想的政治、经济和法律体制的。这正是这个国家实现了富裕和文明,而其他国家却陷入了贫穷和野蛮的原因。若提及大英帝国,人们只能模糊地说出它曾以何种方式助力不列颠向全世界传播其政治、经济和法律系统。我在学校了解到的这种解释世界种种差异的说法,其基础正是那些关于人种分化的观点。这些观点比其他观点的由来更久,同时也更加不堪。这种说法昭示出这样的种种构想:人类有不同肤色,不同肤色的人处在不同的历史阶段,人种是人类进化差异的标志。但那是在20世纪90年代,公开谈论这些旧观念是不礼貌的。毕竟,这是一个"历史终结"的时代:"冷战"结束了,所有国家、种族和社会形态之间的纷争应该都已尘埃落定。[1] 我们不必再谈论种族主义、性别歧视和阶级政治,更不要说殖民主义了。自由市场早已将我们所有人造就成了个体,任何人都可以根据自己的意愿,自由地参与到社会中去。互联网的崛起和全球旅行数据的增长向人们预示了这样一个未来:随着时间的推移,之前所有让这个世界变得丑陋的不公和分歧,都将湮没在历史的进程之中。贫富世界之间存在着因袭而来的特权和鸿沟,但这些都将在这个由精英治理的时代被封存于历史。律师和经济学家不再谈论种族或者文明等级,他们将人类差异观重新命名为"发展"一词。同时,这个过程是单线程的,不会发生倒退,这是发展的核心要义。

历史的回旋镖效应

如今,线性发展的论述仍被许多持有各种政治倾向的人所广泛接受。从马克思主义学说到自由资本主义,大多数与现代政治或经济发展有关的理论都会在一开始谈到"英国例外论"。² 当人们描述现代资本主义兴起的过程时,既会提及中世纪英国村庄的圈地运动,又会指向工业革命时期那不断扩张的"黑暗的恶魔工厂"①。而当人们论及民主的兴起时,会说起英国贵族用大宪章约束国王约翰,或者谈到克伦威尔对国会权力的确立。考虑到这样的历史,当人们从英国来到加纳(或其他被称作"第三世界国家"的地方),那些不平等现象就连孩子都能注意到,却很容易受到大人的忽视,因为这是新兴国家难免要经历的阵痛。若一个发展中国家由于贫富之间的巨大差异、螺旋上升的主权债务或种族社群间的分歧而四分五裂,这便不是一个经济、历史、全球法律结构或帝国遗产的问题了,这完全就是时间问题。上述危机是这些发展中国家走向成熟的必经历程。有一点我们可以确信,那就是世界各地都在有序地进步。如果英国长期以来一直排在这支队伍的前列,那么就没有必要对其背后发生的事情给予太多关注。

然而,谈到英国在 21 世纪的优势,我们不得不思考这样一个问题:这种井然有序的历史图景是否仍然成立?如今,大不列颠及北爱尔兰联合王国正在经历一场国家危机,并正被内部分裂势力瓦解。英格兰和苏格兰势不两立,村镇和城市背道而驰,年轻人和祖辈剑拔弩张。当跨国公司贪婪地攫取公共资源时,这个国家的财富正被匆匆转往海外。资产日益增长的富人本应推动"一

---

① "黑暗的恶魔工厂"特指 19 世纪的英国工厂。那里工作条件恶劣,被视为剥削和非人性化的工业化象征。——译者注

潮起而百船升"①的实现。但事实并非如此，一场经济海啸席卷了整个国家，致使千家万户陷入危机、不公和"有职贫穷"的泥淖。更糟糕的是，所有人都在怀疑旧式议会、选举和媒体挽救大局的能力。人们以为发展会让世界变得更好，但如今看来，这样的期冀已经破产。就全球而言，我们正处于一个大分化的新时代，财富不平等的加剧不仅出现在国家之间，还出现在国家内部。当然，这些趋势并不仅限于英国，但它们对这个岛国的冲击尤为严重。

在全球化时代，英国一直是欧洲发达国家中最不平等的国家。英国全国的收入不平等水平不仅高于法国、德国或荷兰等邻国，还高于意大利、希腊和葡萄牙等所谓"欠发达"的地中海国家。[3] 热衷于淡化不平等危机的政治家们经常辩称，尽管英国收入不平等率很高，但自20世纪80年代，该比率经历急剧上升后一直保持稳定。然而，解决方案基金会（The Resolution Foundation）②在2020年的一项研究表明，若把收入范围扩大到不仅包括薪资，还包括每年出售资产所获的利润（资本利得）时，英国本已严重的收入不平等现象在近年持续加剧的情况下就变得显而易见了。[4] 当一个人关注的不仅是收入（赚了多少钱），还有财富（所拥有的所有资产的价值）时，情况就更糟了。据评估，英国的财富不平等程度已是所见收入不平等程度的两倍[5]。瑞士信贷（Credit Suisse）发布的《2014年全球财富报告》（*Global Wealth Report*

---

① 这一说法最早来自美国肯尼迪总统的演讲。肯尼迪认为如果经济有所改善，那么每个经济参与者的财务状况都将得到改善。——译者注
② 解决方案基金会是一个独立智囊机构，专注于提高中低收入者的生活水平。——译者注

2014）强调，英国是唯一一个在 2000 年至 2014 年财富不平等水平上升的西方发达国家。[6]

这种差异不会自行消失。自 2008 年金融危机后，所有人都认为，对英国最富有的 1% 的人口来说，好日子已经到头了。然而，这种情况非但没有出现，相反，在金融危机后的 10 年中，英国最富有家庭所持有的财富份额进一步上升，而 50% 的中等收入家庭则目睹了他们在"分一杯羹"环节中所占份额的下降[7]。随着财富和机会被越来越少的人占有，财政研究所不得不出结论，目前"以国际标准衡量，英国是不平等的"。[8] 在英国，既有欧洲最贫困的地区，又有最富裕的金融中心，这里的生活水平越来越由出生的运气决定，这是历史的重演。[9] 以上所有统计数据只是整体的一部分。我们可以在夜晚的大巴上看到上面坐满了赶第一班公交车的工人，种种现象说明了一个真相，那就是近几十年来，不平等成为一种现实。在就业中心，福利申请者只能独自摸索复杂的数字系统；另外，那些城市的高楼大厦曾是有保障的市政公寓，为不少家庭提供了住房，而现在这些住房都为大型商业地产公司所有，它们正向劳累过度、生活没有着落的租户收取高额费用。如今，把握了 21 世纪先机的"横跨世界的英国"的概念再度出现，但在那些洋洋得意的标题之下，数百万英国人生活在物价高昂的城市、去工业化的城镇和被忽视的农村，他们仍在艰难地维持生计。我们在想象新千年的英国时，它不应是这副模样。不平衡的经济状况早已使得英国忙于应对因社会两极分化产生的一些问题，而在此之前，英国认为这些问题是早期国家试图在世界确立位置的一种标志。我们被灌输的是一种线性前进的历史观。与其简单地接受这种形象,不如将其当作"历史的回旋镖",因为对历史进程的轨迹来说,对其更好且更像的比喻就是"回旋镖"。而原本的线性前进历史观与历史的实际前进路线并不相符。

"回旋镖"这一概念是我从艾梅·塞泽尔(Aimé Césaire)①那里借用来的,他是 20 世纪在帝国研究方面最有影响力的思想家之一。他曾是一位超现实主义诗人,后来成为政治家,他在家乡马提尼克岛担任高级职位时轻松地翻译了莎士比亚的著作。艾梅描述了殖民关系如何受到"回旋镖效应"的影响——这意味着在帝国边缘进行的实验最终会"飞回"其中心地带。[10] 艾梅的言论出现在 20 世纪中叶,正值"去殖民化"时期。对欧洲而言,这无疑是一种警告——欧洲与殖民世界存在于同样的生态系统当中,他们在非洲、亚洲和加勒比地区的"实验室"中所做的政策实验将会影响欧洲自身的未来。

像回旋镖一样运动的历史为人们提供了一种新的理念框架,通过这一框架,我们可以审视大英帝国的遗存,这个话题在过去几年里重新激发了公众的想象力。数十年来,我们一直以为帝国早已成为过去,那个时代虽然离奇,但如今已然时过境迁。然而,考虑到某种特别文化产物的地理位置,或某个特殊建筑的名称是否会令人不快——要是大英帝国的结局并非我们需要讨论的,那将会怎样?如果这延伸到我们现今的法律和经济体系中,而这些体系在国内外造成了巨大的财富差距,那该怎么办?我小时候在

---

① 艾梅·塞泽尔,出生于 1913 年 6 月 26 日,马提尼克诗人、剧作家和政治家。他和后来成为塞内加尔总统的列奥波尔德·塞达·桑戈尔共同发起了黑人精神文化运动。——译者注

加纳目睹了种种导致不平等和不安全的因素，要是这些因素不是造成落后局面的深层机制，而是塑造未来世界的后帝国经济变化的表现呢？[11]当我们审视当今全球经济、政治趋势的演变时，发现其中许多趋势实际处于世界上的落后地区，即前殖民世界中的最发达阶段。比如，医疗、交通和教育的外包、私有化和市场化，以及从劳动保护和福利援助的弱化到巨型城市化的趋势。[12]如今，在我们这个星球上占据主导地位的超大城市中，经常乘坐飞机的人士与数百万艰难谋生的人生活在一起。其中最大的城市不是在欧洲或北美，而是在非洲和亚洲。[13]开罗或卡拉奇（Karachi）正处于全球化的前沿，而仍被世界贸易组织列为发展中国家的中国正成为世界主要经济强国。然而，这些国家的发展历程在很大程度上仍不属于英国政治对话的范畴。在英国，由于人们仍笃信历史是一条直线的旧观念，于是犯了这样一个错误：他们忽视了世界自帝国终结以来经历的多方面变化。当你没有看回旋镖时，它是最危险的，因为你不知道它正在向你飞来。

否定与"去殖民化"

1997年，新上任的英国首相托尼·布莱尔（Tony Blair）来到中国香港。就在前不久，他刚以压倒性优势赢得选举胜利。他此次来到中国香港，见证将其归还给中国的过程，许多人认为这一天为大英帝国漫长的告别画上了句号。在交接仪式上，布莱尔庄重地站着，随着小号声响起，英国国旗降下，中国的五星红旗升起，他说道："我的心情很沉重，但不是因为遗憾，而是对大英帝国的缅怀"。¹⁴ 当天晚些时候，布莱尔走进一家被中国灯笼照亮的酒店，见到了时任中国国家主席江泽民。接着，布莱尔讲述了江泽民如何表达自己希望将香港回归作为"中英关系的新起点，从此，我们可以放下过往"。后来，布莱尔亲口承认："当时，我对过去发生的事情只有相当模糊和粗略的理解。无论如何，我认为这都只是出于礼貌。但实际上，他是认真的。他们是认真的。"¹⁵

这段小插曲只是布莱尔自传中一个无关痛痒的故事，但它概括了英国与其帝国历史的关系，以及这段历史如何影响英国引领世界的能力。19世纪鸦片战争爆发时，清政府禁止英国在中国境内进行鸦片贸易，英国为此对中国展开了攻击。在中国，鸦片战争的结局是香港岛被割让给英国，以及1860年英法联军烧毁北京圆明园，这被视为中国"百年屈辱史"的开端。¹⁶ 无论从哪个角度看，战争都是足以改变世界的事件。然而，这位英国首相上的是寄宿学校，接受的是顶尖的牛津教育，在香港回归中国之前，他似乎从未听说过这些战争，或者费心阅读过相关文献。如果一位法国总统在访问英国时漫不经心地承认，他对拿破仑战争知之甚少，那么英国媒体对这位总统的嘲讽将永无止境。然而，布莱尔不仅对英国历史一无所知，对这个即将登场的世界超级大国也同样表现得很无知，他还自我感觉良好地在自传中写下与此相关的内容。尽管对英国历史上最重要的时刻一无所知，但他仍对大英帝国抱有一种怀念之情。他对权力交接的描述体现了英国及其历史的正反两面——我们不必了解一些细节就能知道，这就是大英帝国。

这部自传对此做了一些叙述。布莱尔政府宣布"我们现在都是中产阶级了",于是他选择遗忘帝国造成的影响,不带有一丝歉意。他代表着这样一种信念,即全球化的强大势力要建立在抹去帝国历史的基础上。但这并不意味着布莱尔之后的首相们就做得更好,包括鲍里斯·约翰逊(Boris Johnson)。2018年,当约翰逊将北爱尔兰和爱尔兰共和国边境的紧张局势与处理卡姆登区和威斯敏斯特市①之间的边界难题进行比较时,他似乎忘记了英国与其第一个殖民地——爱尔兰之间长达500年的冲突和斗争。[17]还有一次,在与外交部部长一起的缅甸之行中,约翰逊显然需要一位惶恐的大使来告诉他,为什么在漫步时高声朗诵约瑟夫·鲁德亚德·吉卜林(Joseph Rudyard Kipling)②的诗《曼德勒之路》(The Road to Mandalay)是"不合时宜的",因为这首诗将英国在缅甸的帝国行为浪漫化了。[18]时间回到2002年,约翰逊写了一篇关于非洲的文章,认为"问题不在于我们曾经掌权,而在于我们不再掌权。"[19]当他后来成为首相时,这句话给他带来了麻烦,那时他试图与和英国有"历史联系"的非洲国家建立贸易关系。英国脱欧后,约翰逊表达了自己的愿望,英联邦即将从一个"由多国组成的大家庭转变为一个自由贸易区"。或许,正如英国政府官员将脱欧后的英国在世界上扮演的角色戏称为"帝国2.0"一样,约翰逊忘记了,对许多英联邦国家来说,整个英联邦的19世纪并不像他记忆中的那么浪漫。[20]

　　对于帝国这个主题,英国领导人的态度无知且傲慢,而英国

---

① 卡姆登区和威斯敏斯特市都是英格兰大伦敦内伦敦的自治市。——译者注
② 约瑟夫·鲁德亚德·吉卜林(1865—1936),英国作家、诗人。1926年获英国皇家文学会金质奖章。——译者注

年轻一代的态度则与之形成了鲜明的对比。在过去几年里，年轻人要求对历史产生的后果进行清算的呼声越来越大。2020年夏，由于新冠肺炎大流行，很多人患上了幽闭恐惧症，这些呼声则达到了顶点。在英国，"黑人的命也是命"（Black Lives Matter）抗议活动迅速超越了对警察的问责和对监狱改革的呼声，将公众的注意力集中在了更广泛的对话上，即公众对英国历史理解的"去殖民化"。美国黑人乔治·弗洛伊德（George Floyd）死于明尼阿波利斯市警方之手，此事无意间暴露出大西洋彼岸那长期压抑着的帝国残留。

然而，全英国媒体对此的反应既有愤慨，也有嘲弄。这些重新审视帝国影响的要求被斥为纯粹的"强词夺理般的谬言"，旨在"打击和分裂"国家。[21]英国学生领导了一项要求教育部门将其课程"去殖民化"的运动，而负责大学事务的政府官员米歇尔·唐兰（Michelle Donelan）将它描述为一个"苏联式的"审查项目。[22]这样一种请求究竟如何能达到和"苏联式的"审查一样的功能，我们还看不到确切的解释。随着论辩超过学校教育的范畴，涉及各种文化遗存，人们的怒气持续膨胀。当裘园①中的皇家植物园研究者强调对世界各地植物的研究是如何受帝国的影响，并表示要尽量使自己的收藏品"去殖民化"时，媒体就会对他们予以抨击，认为植物园过于"清醒"了，居然把种族主义施加在植物上。[23]因此，围绕"去殖民化"的辩论降级为文化之战的另一个阵地，有人讽刺说"这是此战中最不起眼的一环"。

---

① 伦敦市郊著名植物园。——译者注

与这种被认为是任性、不尊重帝国的无关问题相比,反对者呼吁国家应关注更为严重的问题,即近几十年来被英国"置之不理"的社区的命运。"改善"被忽视地区和投资工薪阶层社区的言论突然就从政客和记者的口中冒出来,而就在几年前,他们还支持对这些地区实施残酷的限制政策。如今,他们担心英国的不平等程度已然加剧。在英国媒体和主流政治中,有关帝国的讨论面临两种情况:在最好的时候,这些讨论并不会引起工人阶级的担忧,而在最坏的时候,这会对他们造成伤害。人们对种族平等和"去殖民化"的要求并未被当作一种改变世界运作方式的机会,反而被轻视为另一种形式的"年轻社会正义活动家所倡导的'身份至上'的政治",其目的只是"点燃分裂的火焰"。[24] 或许,所有这些谈论帝国的人只会停留于过去,无法面对 21 世纪的挑战;那些怒气冲冲的种族主义活动家无休无止地抱怨,而"去殖民化"或许只是其中最新的一种。无论从哪种角度来看,意思都很明确。在学生政治运动的范畴中,一说起帝国,便无人回应。这时,与财富不平等或城市贫困相比,"取消文化"①和轻度冒犯更加引人注意。在理想状态下,所有人都应忽略整段对话。根据学者马修·古德温(Matthew Goodwin)的说法,这是因为"一旦你离开校园环境或推特圈子",就没人会关注诸如"去殖民化"这样的怪异事情。[25]

关于这一普遍立场有多种假设。首先,人们通常认为,帝国

---

① 该词一般用于有身份地位的名人身上。当名人犯了社会不能接受的错误时,社会就会在社交媒体上抵制该名人的作品,比如歌曲、电影等。——译者注

的影响只会涉及部分的种族群体,他们很明显是英国殖民后裔。也就是说,谈论大英帝国只是心怀恨意的黑人再次试图将"白人负罪"强加给那些更有先发优势的群体。在这一观点下酝酿着更为黑暗,同时已是众人心照不宣的观念:人类存在优等族群和劣等族群。少数族裔想"把课程'去殖民化'",或许是因为他们需要将其降低到自己目前的知识水平;甚至,当有人为"去殖民化"的呼吁而辩护时,这些辩护的声音通常也带着一丝具有同样世界观的痕迹——支持者会认为"去殖民化"很重要,因为少数族群需要有人来代表他们。这件事很关键,这将使学习资源更容易获取。他们的对话很少会考虑到我们"所有人"如何将自己与帝国后遗症产生联系,并因此受到帝国的影响。

其次,持无关论的人认为帝国是几百年前的事物了。由于忘记了大英帝国,我们夸大了当时与现在的历史距离。在我们的印象中,帝国就只有种植园奴隶制和原住民群体等负面因素。当时,那些原住民正被身穿红衣、带着冒烟火枪的人逐出自己的地盘。此外,可以确定的是,虽然现在所有人都认为这不是最佳的处理方式,但当我们得知很久之前的人有着和我们不一样的想法时,我们真的会为此感到惊讶不已吗?这件事发生的时间太久了,不是吗?但是,帝国末期绝不属于古代史。对当今英国大多数成年人而言,20世纪五六十年代的主要"去殖民化"时期出现在他们(或他们父母)还活着的时候。

然而,尽管大英帝国"去殖民化"发生的时间距现在并不远,在全球范围内的重要性也不可小觑,但它并未被视为英国历史上的一个重要时刻。与都铎王朝或火药阴谋（Gunpowder Plot）^①不同，帝国的终结及其引发的问题与我们今天的生活几乎没有任何关联。

最后，在 21 世纪，在围绕英国"去殖民化"的整体论辩中，帝国的后遗症给人的印象似乎完全存在于象征和文化范畴之内。"去殖民化"这件事变成了街道到底应取名为"多样格罗夫"还是"基奇纳路"；或者，学校是否应该升英国国旗；还有，英国广播公司是否必须删除《弗尔蒂旅馆》(*Fawlty Towers*)^②的旧剧集。显然，街道名称和雕像具有某种重要意义，但仅将对话维持在这种程度的话，帝国后遗症就不会和现在许多困扰英国社区的物质问题产生联系。帝国后遗症并不会对失业的前产业工人产生什么影响，也不会影响被逼签订临时工合同的单身母亲，因为这份合同支付的工资不足以涵盖儿童保育费用。就现实情况而言，重要的问题应该是关于法律、经济学以及导致财富不公和金融不稳的制度的对话。而且，在目前看来，我们的行为似乎表明，这些对话或多或少与近来那些仍在产生影响力的帝国后遗症脱节了。

走进新世界

回首往日帝国，我们可以看到，近几十年来，不平等现象

---

① 发生于 1605 年，是一群亡命的英格兰乡下天主教信徒试图炸掉英国国会大厦，企图杀害正在其中进行国会开幕典礼的英国国王詹姆士一世及其家人和大部分新教贵族的一次不成功的计划。——译者注

② 该剧被称为"最短的 Britcom 经典"，首播于 1975 年。——译者注

不仅在英国呈现螺旋式上升,而且在世界很多地方愈演愈烈。此外,不平等也是非洲大陆在摆脱帝国之后面临的情况,特别是在21世纪。"拯救生命"音乐会(The Live Aid)和喜剧救济基金会(Comic Relief)的图片显示,撒哈拉以南的非洲是一个"什么都不长"的荒凉之地,绝望的人们都在努力维持贫困的生活,这里属于另一个时代。时至今日,在阿克拉诞生的百万富翁比这片大陆的其他任何城市都要多。[26] 千禧年带来了城市天际线的转变,多层办公楼和高档公寓楼沿着大西洋海岸线熠熠发光。这是一个非常年轻的城市,居住着大批精通技术且时尚的青少年,他们上一秒还在布料市场买肯特布①,下一秒就出现在当地苹果店购买苹果电脑的保护壳,可以说是无缝衔接。

然而,能在周六晚上去肯德基或必胜客消费,是否就意味着实现了加纳人在摆脱帝国后的发展之梦?和我们所在的这颗星球一样,阿克拉仍是一个发展很不平衡的城市。我们依然生活在一个分裂的世界中,但这种分裂程度在我们曾经所说的"第一世界""第二世界"和"第三世界"之间不再那么明显。在21世纪,第一世界的大量财富都存在于第三世界,反之亦然。当你身处拉各斯香蕉岛②(Lagos's Banana Island)的镀金豪宅或迪拜的七星级酒店,你会发现自己站在全球奢侈品消费的最前沿。今天,在资本主义的荣耀下,这些所谓的发展中国家有着许多对其最为

---

① 肯特布是一种非洲丝绸织物,一般被用于极为重要的场合。"肯特"一词来源于阿散蒂语 kenten,意思是篮子。肯特布的外观通常是一系列的图案和颜色,因其几何形状和大图案而引人注目。——译者注
② 香蕉岛位于尼日利亚,是拉各斯伊科附近的一个人造小岛。——译者注

尊崇的"殿堂"。世界上也有很多亿万富翁，他们都属于最富有的一群人——其中的巨头就有墨西哥的卡洛斯·斯利姆（Carlos Slim）和尼日利亚的阿里科·丹格特（Aliko Dangote）。阿克拉正是这个新世界的缩影，它现在已然变成一个全球枢纽，到处都是璀璨夺目的超级商场和豪华酒店，娜奥米·坎贝尔（Naomi Campbell）、杰斯（Jay-Z）和碧昂丝（Beyoncé）来的时候会住在那里。但是，在林立的封闭住宅小区和商业中心之间仍然存在同样的贫民窟、下水道、坑坑洼洼的街道，这些都被忽视几十年了。和许多位于发展中国家的大都市一样，阿克拉遍地是新的财富，但也面临着极度的不平等。这里可没有一种让人感到简单又愉快的关于"非洲崛起"的童话。[27] 爷爷向我描绘的那种发展方向已经变了。本该是建设医院和学校的地方，如今赫然矗立着私人健身房和夜总会。在加纳，所有人似乎都有手机，却没几台可用的救护车。[28] "发展"一词何以变成这幅景象：如果你碰巧生病了，最好的做法是用苹果手机叫来优步汽车，然后带你去私人医院。

为了找到这些问题的答案，我们必须摒弃一些激进的想法，比如：像阿克拉这样的非洲城市没有跟上时代发展的脚步。对许多人而言，非洲永远不会是一个可以深入了解现代世界的地方，因为这块土地被排除在了现代世界之外。相反，人们在说起非洲大陆时，仍然不愿多费工夫将其描述为饥荒、疾病或贫穷之地；人们认为，这里所面临的一切问题并不会在更大的世界范围内出现，这仅仅证实了"野蛮人"天生没有能力管好自己而已。当英国或美国发生一些意想不到的社会或经济危机时，评论家们越来越习惯于通过说"这与非洲，与其他第三世界国家一样"来强调问题的严重性。²⁹ 当一家医院人满为患，或者抗议活动失控，又或者当英国和美国选出一位权威的国家主义者时，政客和记者很快就会宣称："这里不该发生这种事，好像我们就在摩加迪沙一样。"在"坎帕拉"，或者在"拉各斯"，都可以。

这些声明应该会引发其他一系列问题，但事实上，这些问题从未发生。为什么像摩加迪沙、坎帕拉或拉各斯这样的城市，几十年前都曾是大英帝国的一部分，现在却成了"混乱"的代名词？为什么我们乐于容忍这些城市的"混乱"，而且人们认为这些城市仍旧是伟大的英联邦的一部分？为什么现在感觉这种"混乱"正在向英国和整个西方蔓延？ 要回答这些问题，就不能坚持全世界关于自然秩序和等级制度的观点，这种观点认为，世界分为"应该发生危机的地方"和"不应该发生危机"的地方。

如果不提出这些问题的话，我们就无法理解英国目前面临的危机。许多事物正在分崩离析，而其中心也无法维持。物价上涨、工资不变、服务缩减，对许多人来说，安全感已然成了一种隐约的记忆。父辈和祖辈正看着后代努力维持他们曾认为理所当然的生活。随着自动化、机器学习和机器人技术的发展，这些趋势只会加速。目前看来，英国 1/3 的工作岗位极有可能在不久的将来被人工智能取代。³⁰ 而在留存下来的工作岗位中，越来越多的人使用日益强化的数字监控系统，以确保员工为了固定薪资而更加努力工作。向自动化的转变还可能加剧英国的地域不平等，并且风险最大的工作岗位会集中在以前的核心工业地带。这并不是说英国日益瓦解的中产阶级可以免受这些变化的影响。律师、会计师、工程师和财务顾问会逐渐发现这样的现象——在新技术面前，他们花费多年时间习得的技能变得不堪一击。这些曾有利可图的就业形式已不再像过去那样可以让人高枕无忧了。工作条件正在全方位恶化。养老金被打折扣，集体谈判能力正在减弱，而临时雇佣现象则变得相当普遍。不久前还对罢工的矿工、码头工人或钢铁工人表示同情的行业，现在也开始了自己的劳工行动。医生、律师、教授和飞行员这才发现，他们也是打工者。因此，劳动条件的全面下降也会不可避免地对他们造成影响。

这种动向和我小时候了解的发展方向并不一致。用迈克尔·戈夫（Michael Gove）①的话说，有人把英国历史视为一段"岛屿故事"，这是一个关于海岛的故事——一个通过自身改革引领人类发展进程的岛屿。若坚持这样的观点，我们就忽视了如今"回旋"到我们身上的全球经济变化。[31] 只是宣称英国须为自己的历史感到骄傲，或者盲目坚称英国所做的一切都"震撼世界"，这不足以解决人们在这个两极分化严重的时代所面临的现实问题。挥舞英国国旗或高唱"统治大不列颠"（Rule Britannia）能帮助每周被迫在食物赈济处排队的家庭吗？

几十年来，很多群体感到日子越过越紧了。2018年，联合国极端贫困问题与人权问题特别报告员菲利普·奥尔斯顿（Philip Alston）报告称，英国目前有1/5的人口生活在贫困之中，到2022年，儿童贫困比例可能增加到40%。当时还没有人听说过新冠肺炎。用奥尔斯顿的话说，"在21世纪的英国，几乎每两个孩

---

① 生于1967年8月26日，毕业于牛津大学，所属党派为保守党。时任英国住房、社区与地方政府事务大臣。——译者注

子中就有一个在经历着贫困,这不仅是一种耻辱,而且是一场社会和经济的灾难,所有这些都融合成了一个问题。"[32] 环顾周遭,人们看到了普遍存在的不稳定现象:收入和财富不均愈演愈烈,社会福利受到侵蚀,政治体系也被掏空。在此情况下,人们就有可能认识到那浪漫的"岛屿故事"与实际生活之间的脱节。当前的危机并不是过去几年才出现的。在过去一个世纪里,我们脚下这片土地一直处于变化之中。但是,由于人们反常地回避了这个时代的一个重大事件——帝国的终结,我们一直忽视了有关世界运行机制的基本问题。大英帝国到底是什么?它的范围如何?它是怎么开始的?又是如何结束的?它的哪些方面随着"去殖民化"而消失了?哪些方面在后来进行了调整和重塑?要面对当前和未来的问题,我们必须重新思考哪些事情是与理解当今世界息息相关的。

帝国的来世之旅

公众对大英帝国的后遗症越来越感兴趣,而本书只反映了其中一小部分。最近出版的一些书籍探讨了在英国未曾消解的帝国残留如何继续影响种族关系,并对当代英国身份和总体民族文化提出了疑问。[33] 针对这些书籍的反对之声试图降级帝国的整体矛盾,将其引向存续的文化之战中的另一方面——围绕着垂死的小报行业,为该行业生产有点击量的话题提供保障。因为英国女王与殖民地间的关系,学生把她的照片取下来,这是对还是错?温斯顿·丘吉尔(Winston Churchill)是民族英雄还是殖民暴君?

其关键是要把与帝国有关的问题消隐在各种论调中。"帝国"于是可以被视作另一种文化之争而不被理会，或者视其为又一个"黑人"问题。在我的叙述中，种族话语将作为帝国蓝图的一个重要组成部分穿插其中，但同样重要的是——我们要记住这一点——帝国不仅仅是种族主义继续影响英国生活的原因。很多其他作家已经用更好的方式写过关于种族主义的深刻人际体验。与之不同的是，本书将回溯问题的根源，并提醒人们，种族主义源于殖民活动，而不是殖民活动起源于种族主义。在种族歧视中，痛苦的个人经历之所以具有影响力，是因为它是在深刻的、结构性的不平等背景下产生的。当我们从种族角度分析数据时，英国巨大的财富不平等就会更加明显地浮现出来：相比于白人家庭，"非洲黑人和其他亚洲人"家庭的负债高于资产的可能性要多两倍。[34] 帝国的影响不仅存在于文化或种族层面，也存在于经济领域。

　　从意识形态出发，为种族等级进行辩护是殖民设计中的重要一环，还有一方面与其具有相同的地位——大英帝国这 500 年在世界范围内的行动不仅仅针对棕色人种。这是一个资源掠夺和财富囤积的过程。这是一种全球性的有准备、有预谋、有组织的武装劫掠体系。尽管英国不再对地球上大部分地区行使主权控制，但为促进帝国财富转移而建立的许多法律和经济体系仍在影响着我们的世界。事实上，第二次世界大战后，升起的国旗和高唱的国歌深深地吸引了处于殖民地的人们，而当他们专注于夺回主权时，一场反攻正在进行。在 20 世纪后期的几十年里，随着主权力量被削弱，另一个法律操控领域在增强，那是一个镜头捕捉不到的私人空间，一个关于财产和社交的世界，也是一个债务和资本的世界。³⁵ 如果不了解帝国来世的重要意义，就很难理解当今全球资本主义的运作方式。

帝国末期的斗争为我们所有人生活的这个世界定下基调，现在是时候思考帝国结束的世界了，不仅要考虑身份问题，还要考虑财富和经济问题。"去殖民化"就意味着要面对当今世界上许多导致不平等和不安全的力量，无论是在英国本土还是在海外。本书的写作方式和文章结构都有其特定方式，其目的是阐明"去殖民化"时期和今天之间的共鸣，以及帝国终结期间发生在全球各地的争论和这个不平衡、不平等的世界所面对的当代挑战之间的共鸣。

当我们谈论帝国灭亡后资本主义全球化的成功时，我们常以美国为中心，这是可以理解的。凭借其军事和经济实力，美国在20世纪的最后几十年内成为一股不可抗拒的力量，许多新独立的政府都要屈从于它的意志。然而，这一过程中的另一个主角就是大英帝国，或者说是它所遗留下的东西。从英国财产法到商业公司的全球传播；从伦敦城的金融影响力到英国海外领土——如开曼群岛和百慕大——它们是被用来通过离岸手段囤积财富的地方。过去几十年来，大英帝国残留的影响力在保护资本主义利益免受民主威胁方面发挥了关键作用。英国在这方面做得非常好，数百万英国人都想知道他们自己主权的去向。

本书探索了大英帝国在20世纪的实质性影响，不仅涉及英国的发展历程，还结合了加纳、印度、新加坡和牙买加以及帝国崩溃后发展起来的其他地区的经历。本书结构将遵循曲线式的时间顺序，而不是传统的线性历史进展观——在彼时和此时之间来回往复,每一章都从大英帝国崩溃的不同场景开始,并探索其遗存如何持续地与仍旧统治我们世界的体系产生关联。在本书各章节中,回旋镖效应是一个生动的隐喻,可以让读者了解到帝国在衰亡时期产生的影响如何在发达国家卷土重来。本书描述的整个图景将是一组拼贴画,展示了英国那些"后发者"面临的实质挑战和大英帝国的后遗症,他们有着同样的情况。

第一章,"国家"。本章开篇部分讲述第一次世界大战后英国西非殖民地要求自治的失败尝试,随后进一步谈到主权的重要性,描述其在一个世纪中的兴衰历程。第二章,"公司"。本章以第二次世界大战后的伊朗为线索,重新审视民族主义领导人穆罕默德·摩萨台(Mohammad Mosaddegh)和英伊石油公司之间的冲突。我们可以看到这场冲突的结果如何推动我们走向今天的世界,在此情况下,跨国商业公司似乎已变得无所不能。第三章,"边界"。本章在开篇部分谈到英国对印度独立的反应,接着说到从帝国世界到国家世界的必然性。我们将了解英国如何应对其损失人口最多的殖民地,包括对人民实施前所未有的边境管控,同时倡导为资本流动创造一个"无边界"的世界。第四章,"债务"。本章着眼于20世纪70年代牙买加领导第三世界经济革命的短暂尝试,这一尝试后来在主权债务和贷款重组协议的双重影响之下失败了。从这里我们可以发现,在2008年金融危机爆发的几十年前,如"债务危机"和"紧缩"这样的语言,是在第三世界普遍存在的形态。第五章,"税务"。本章从加勒比海写到开曼群岛,追溯英国海外领土在帝国终结后促进其离岸经济全球扩张的过程。最后是第六章,"城市"。本章着眼于新加坡从大英帝国独立后所走过的独特经济发展之路，还谈到了"泰晤士河上的新加坡"这一经济发展模式，以及新加坡为那些曾梦想承继这一潜在模式的人提供的经验教训。

通过这些不同的场景，我们将了解一些试图在帝国之后重建世界的重要人物，从牙买加的迈克尔·曼利（Michael Manley）到新加坡的辛纳坦比·拉贾拉特南（Sinnathamby Rajaratnam）①，从加纳的夸梅·恩克鲁玛（Kwame Nkrumah）到英国的玛格丽特·撒切尔（Margaret Thatcher）。20世纪四五十年代，大英帝国开始崩溃，这些重要人物在接下来的几十年里在世界各地活动，表达对帝国终结后的世界的不同观点。通过梳理这群相互关联的政治家和知识分子之间的种种理念和事件，本书将讲述英国在20世纪的新故事。

在开篇部分，我们先退回100年，回到第一次世界大战结束的时候。在20世纪初，"出生在英国就等于中了人生彩票的头奖"。[36] 英格兰曾是大英帝国的中心，而大英帝国的卓越之处不仅在于它在全球范围内的扩张，还在于它空前的财富和人口。[37] 英国皇家海军曾是世界上最骇人的军事力量，英镑则是全球储备货币。一个世纪后，这张彩票过期了吗？英国广播公司（BBC）2018年的一项调查显示，仅有17%的英国人仍然认为，属于英国的好日子还未到来。[38] 在此期间，世界发生了怎样的变化？20世纪那些

---

① 新加坡的前副总理和高级部长。1915年生于斯里兰卡，1959年至1988年任新加坡国会议员，在新加坡政府中曾先后担任新加坡文化部部长、首任外交部部长、劳工部部长以及总理公署高级部长，1980年至1984年担任第二副总理，主管外交事务。——译者注

被遗忘的事例中有哪些可以帮助我们解释当代的情况？当前，由于大不列颠及北爱尔兰联合王国正处于动荡时期，我们比以往任何时候都更需要勇敢而诚实地面对这个问题。

| 目录 |

第一章　国家　　　/001

第二章　公司　　　/035

第三章　边界　　　/069

第四章　债务　　　/107

第五章　税务　　　/145

第六章　城市　　　/183

结语　另有选择　　/209

参考文献　　　　　/237

致谢　　　　　　　/273

第一章 国家

1919 年 6 月，在人们签署停战协议并结束战斗的 7 个月后，随着《凡尔赛条约》（Treaty of Versailles）的签订，第一次世界大战正式落下帷幕。在战争中，大英帝国虽伤痕累累，却取得了胜利，而这项条约还确保了战利品归战胜国所有。《凡尔赛条约》的条款有助于大英帝国进一步扩张，因为它从战败国——奥斯曼帝国和德国手中获取了殖民地。到 1920 年，就人口、财富和土地面积而言，英国已成为人类历史上最大的帝国。就在同年 9 月，一个阴沉的早晨，来自英属西非国民大会①的几位代表抵达伦敦，试图挑战这个似乎无所不能的帝国霸权。

就在这一年早些时候，英属西非国民大会在阿克拉成立，阿克拉是这块殖民地的首府，英国将其命名为黄金海岸（Gold Coast），因为该地区有高产量的金矿。凡尔赛和谈后，英属西非

---

① 全称为 National Congress of British West Africa，英属西非殖民地的民族主义组织。1920 年，由加纳律师 C. 海福德发起，加纳、尼日利亚、冈比亚和塞拉利昂 4 个英属西非殖民地的一些律师、教员、医生、记者、牧师和部分酋长、商人等，在阿克拉举行会议正式宣布英属西非国民大会成立。——译者注

国民大会成员聚集在一起，努力实现非洲大陆的新愿景。作为一个组织，英属西非国民大会的目标是把当时最具影响力的西非人聚在一起，共同实现法律和政治的解放。当他们起航前往英国时，英属西非国民大会的领导者已经具备了优秀的教育经历，这对20世纪早期的非洲人来说是很难得的。参与者包括剑桥大学毕业的律师约瑟夫·凯斯利-海福德（Joseph Casely-Hayford）和塞拉利昂医生赫伯特·班科尔-布赖特（Herbert Bankole-Bright）博士，后者在爱丁堡大学获得了医学学位。这群来自尼日利亚、冈比亚、黄金海岸和塞拉利昂的西非上流社会人士相信历史会站在他们一边，所以他们一到伦敦就开始举行记者见面会。在许多英国人看来，来自"黑暗"殖民地的非洲人是"野蛮"的。因此，他们决定打破这样的传闻，身穿最新定制的西装，在公关方面表现得无可挑剔。他们为学生讲课，游说国际联盟的代表，甚至吸引了一些有同情心的国会议员。

然而，随着时间从几周变为几个月，这些最初的乐观情绪逐渐消失了。他们的要求很温和——并不是要完全独立，只是要求在西非殖民地建立立法委员会。如此，当地人可以得到一小部分主权。提议的委员会中只有一半成员是非洲人，他们仍在英国总督的授权下工作，而总督是以英国国王的名义统治这些领土的。代表们还希望英属西非能够拥有自己的上诉法院，甚至能拥有一份可以在整个地区传播的报纸。[1]

然而，后来的事实证明，这些并不高的要求还是太过分了。虽然这群人在逗留期间赢得了一些民众的支持，但威斯敏斯特政府对他们的态度就像当时伦敦寒冷的冬日一样。由于大卫·劳埃德·乔治（David Lloyd George）拒绝与他们会面，他们与首相讨论建议的希望破灭了。² 此外，管理他们所在殖民地的英国总督对外发出了一些消息，这进一步削弱了他们的影响力。这些总督都很清楚，只要诋毁这个新的泛非组织，他们就能获得持续的权力和随之而来的奢华生活。尼日利亚总督休·克利福德（Hugh Clifford）爵士和黄金海岸总督戈登·格吉斯伯格（Gordon Guggisberg）爵士坚持认为，政府不应将这些受过过多教育、穿着英国绅士服装还操着绅士话语的精英视为西非大众的代表。他们坚称，真实的非洲人是原始的，具有强烈的部落意识，根本没有准备好应对现代政治带来的压力。克利福德曾公开嘲讽让尼日利亚成为一个独立国家的想法。³

最后，国王乔治五世拒绝了代表们提出的扩大自治权的要求，甚至连一次会议都没有。英属西非国民大会组织提出了自己的想法，要求至少有机会能当面陈述他们的情况。也许，若他们有机会见到君主或政府高级官员，他们可能会给这些人留下深刻的印象，就像他们在过去的几个月能够给全国各地的学生和记者留下深刻的印象一样。然而，1921年2月17日，新任命的殖民地事务大臣温斯顿·丘吉尔写信给这些代表，告知他们，政府的决定是最终决定，并且关于非洲自治一事已经不用再讨论。⁴ 来自英国政界的信息很简单，也很明确——帝国将继续存在。

对英属西非国民大会组织诉求的无礼驳回让我们得以一瞥一个世纪前的世界态势。对这些非洲代表来说，此次行程的失败更大程度上证实了大英帝国有多难以驾驭。然而，尽管与此前相比，大英帝国的太阳照耀着世界上更多的地方，但到了20世纪

20年代初，它已然步入暮年。《凡尔赛条约》一方面为帝国主义者带来好处，另一方面又夺走了他们的利益；通过建立国际联盟（League of Nations）及其新的殖民地托管制（其中一些殖民地将受到国际组织的监督），该条约标志着有明确领土划分的欧洲帝国出现了转变。如今，在国际法的组织架构下，关于反殖民主义的观念正流行于世界各地的大街小巷。哈布斯堡王朝、奥斯曼帝国和沙皇俄国帝国都在这一时期崩溃了。考虑到形势的转变，英国的政客们或许更要明智一些，应该更认真地对待英属西非国民大会组织的提议。

英属西非国民大会组织此次的伦敦之行令人失望，而就在10年后，爱尔兰获得了独立。《威斯敏斯特法案》(Statute of Westminster)通过，该法案授予澳大利亚、新西兰、加拿大和南非等移民殖民地独立的立法权。1919年的阿姆利则惨案[①]促进了印度民族主义兴起，使印度走上了独立道路。从这时起，英镑作为世界第一经济货币的地位开始下降，到了20世纪40年代，美元取代英镑成为国际交易中使用的储备货币。最终，仅经过一代人的时间，加纳就成为撒哈拉以南的非洲第一个获得完全独立的殖民地，并在1957年建立了主权国家。英国作为一个政治实体，将以一种与它进入20世纪时截然不同的形式离开。

---

① 1919年4月13日，英国殖民军队及其率领的廓尔喀士兵在札连瓦拉园向印度抗议群众开枪的事件。该事件造成至少379人死亡。——译者注

帝国的消散

和今天数百万英国人一样,我的家族史和人生经历都受到了大英帝国解体及其衍生结果的影响。这不仅适用于来自加纳、孟加拉国或巴巴多斯的第一代移民,也适用于利物浦和布里斯托尔等英国港口城市的家庭,或是在伦敦金融城和开曼群岛之间工作的金融家庭。然而,人们却有意遗忘了20世纪的关键转折点。如果不清楚帝国的终结,我们不仅无法理解变化无常的岛上局面,还无法理解跨国公司在过去几十年中是如何变得如此强大的。为什么避税天堂遍布世界各地?为什么英国正面临着宪法危机?大英帝国的灭亡是过去100年来全球发生的重大变化之一,"去殖民化"进程中出现的种种胜利和悲剧成为世界上许多国家划时代的重要时刻。然而,作为整场乱剧的主角,英国甚至都已忘记自己曾经就在舞台上。

如今,英国遗忘了"去殖民化"进程,这在一定程度上与关于"去殖民化"的争论有关,并且反映在这个词汇的不同使用方式上。从狭义上讲,或者严格地说,从法律术语层面来看,"去殖民化"是指处于另一国家殖民管辖下的领土获得独立,并被承认为主权国家的过程。他们有权制定和打破自己的法律,从而选举新的国家元首,创作新的国歌和制作新的公民护照。20世纪中叶,全球大部分地区都经历了这个过程。虽然世界上仍有一小部分按照国际法被定义为"非自治"的领土,但"去殖民化"时代重塑了全球版图。法国、比利时、葡萄牙和最大的大英帝国分裂成许多新的民族国家。这一进程后,许多人认为关于"去殖民化"的议题已经结束——这只是一个法律地位的问题，现在已尘埃落定。如今，"去殖民化"经常被当作一个纯粹的学术话题来讨论，是历史学家们争论的对象。在这个不平等的高度全球化的世界中，对那些致力于解决当代政治和经济问题的人来说，这当然不是一个值得再论的话题。然而，"去殖民化"并不仅仅是线性发展之路上的又一个政治举措；相反，它代表着一场重塑世界的斗争。它不仅要求那些被殖民者，也要求那些殖民者重塑自身。

20世纪时，英国从帝国国家向民族国家转变，这一过程并未伴随着对其宪法和国家机构的全面审查。尽管如此，事实上，在其宪政史的大部分时间里，英格兰和当时的不列颠同属一个帝国，而不仅仅是一个民族国家。1688年的"光荣革命"既有政变的因素，又有入侵的影子，此时，英格兰已在巴巴多斯（1627年）、牙买加（1670年）和弗吉尼亚州的奴隶殖民地（这里最终成为美国）建立了法律意义上的管辖权，并在今天加纳的阿克拉和塞拉利昂的本斯岛等地建立了要塞。在17世纪，苏格兰也着手打造自己刚刚起步的帝国版图。最终，根据1707年的《联合法案》(*Act of Union*)，苏格兰与英格兰建立了政治联盟，这在很大程度上是因为此"联姻"为帝国的财富增长带来了种种机会。[5]

从许多方面来看，英国与殖民主义的关联比英国本身存在的历史更久。与其说帝国是英国的帝国，不如说英国是帝国的英国，后者更加准确。因为英国的政治实体在很大程度上是依托其帝国计划而产生和维持的。"去殖民化"并不是出现在遥远异国的一场政治转变，而是英国历史上的一个根本转折点。正如历史学家大卫·埃杰顿（David Edgerton）所说，大不列颠及北爱尔兰联合王国只是"帝国解体后产生的一个新国家"。⁶ 若要衡量"去殖民化"的全方位影响，就有必要了解今天的英国与一个世纪前的英国有哪些不同。

在 20 世纪初，某些具有影响力的政治家提出了一连串非常实际的问题，比如英国和大英帝国之间有没有区别，有的话，到底是什么区别。对在这块土地上最有影响力的一些人物来说，英国的未来取决于它将帝国变为一个单一联邦国家的能力。1902 年，维多利亚女王的长期统治结束后，英国为新君主举行了加冕仪式，在当时的英国殖民官员看来，这是重塑盎格鲁文化国家结构的时机。大英帝国各地的代表会聚伦敦，向新国王致敬，而殖民官员约瑟夫·张伯伦（Joseph Chamberlain）则希望展开关于将大英帝国的部分领土并入英国的讨论。

在丘吉尔眼中，张伯伦在英国是"呼风唤雨"的人，在进入政坛之前，他以经商为生，并在伯明翰工业革命期间发家致富。⁷ 他以自由党人的身份开始自己的政治生涯，但是，在 1886 年自由党总理威廉·格拉德斯通（William Gladstone）决定给予爱尔兰地方自治权后，他改变了自己的立场。出于对英国国力下降的担心，张伯伦投身于帝国事业，在 1895 年成为保守党政府的殖民官员。尽管他本人没有成为首相，但他的儿子内维尔（Neville）却入主了唐宁街 10 号①，这是众所周知的。然而，历史通常不会接受

---

① 位于英国首都伦敦威斯敏斯特特区白厅旁，是一所乔治亚风格的建筑物。传统上唐宁街 10 号是第一财政大臣的官邸，但自从此职由首相兼任后，就成为今日普遍认为的英国首相官邸。——译者注

这样的结果①。老张伯伦留下的影响则更加错综复杂。特蕾莎·梅（Theresa May）等政治家仍将张伯伦视为个人英雄，他在职业生涯中期成为大英帝国的"第一大臣"，这预示着英国可能沿着另一种历史方向走上相反的道路。在隆重的新王加冕式进行过程中，张伯伦主持了1902年的殖民会议，在会上，他提出一条将"全球化的英国"纳入单一管辖范围的道路。8

在维多利亚时代末期出现了这样的观念：建立帝国联邦，将全球化帝国的部分地区变为一个单一联邦国家，以解决英国殖民地在议会中缺乏代表的问题。在一个世纪前，这个问题给大英帝国带来了最为惨重的损失。看着美国从英国的13个殖民地之一发展成一个与之匹敌的世界强国，19世纪的知识分子领袖，如著名作家詹姆斯·安东尼·弗劳德（James Anthony Froude）和约翰·罗伯特·西利（John Robert Seeley），呼吁大英帝国实现更大层面上的宪法统一。9 弗劳德和西利都写过畅销书，他们在书中为张伯伦的政治盟友查尔斯·迪尔克（Charles Dilke）爵士所称的"大不列颠尼亚"②而辩护——这对英国来说是一种愿景，即将殖民地领土也纳入联合王国。10 尤其要注意的是，西利1883年出版的《英格兰的扩张》（The Expansion of England）一书影响了一代知识分子，该书认为英国与大英帝国的分离是一种否认行为，

---

① 张伯伦由于在第二次世界大战前夕对希特勒执政的纳粹德国实行绥靖政策而备受谴责，有些人认为他是历史的罪人。——译者注
② 古罗马人称不列颠为Britannia，并将其形象化为女神，即不列颠女神，后来其成为英国的象征。从17世纪开始，英国的许多硬币上都有Britannia的形象，是一位女武士，常呈坐姿，戴头盔，手持三叉戟和盾。——译者注

即一个国家伪装道:"的确,我们似乎征服和殖民了半个地球,但这是无意的。"[11] 在西利看来,大英帝国是英格兰发展过程中的自然产物,并且有一天,这将促进"大不列颠的建立",并扩展至全世界。

西利的书出版一年后,帝国联邦协会(Imperial Federation League)成立,建立大不列颠的想法开始落实为具体的提议。该协会在澳大利亚、新西兰、加拿大、巴巴多斯、英属圭亚那以及英国都建立了分支机构,目的是将这些在地理上分散的殖民地纳入一个单一的司法管辖范围,类似于德国或美国。当时有人在谈论与殖民地有关的新《联合法案》。英国顶尖的宪法学家认识到,英国那"不成文的"宪法已然在多方压力之下发生了改变,不仅要促进英格兰、苏格兰、爱尔兰和威尔士之间的联合,还要满足"一个大帝国的愿景",并能够"以不同方式和在不同程度上控制殖民地和属地"。[12] 毕竟,既然大英帝国没有独立于英国宪法本身的宪法,为何不将其统一为整体?[13] 其他组织也响应了帝国联合协会的号召,包括大英帝国联盟、帝国联盟(防御)委员会和圆桌运动协会。

这些联邦主义者来自完全不同的政治派别,他们设想创立一种更大的议会,这个议会至少要包括澳大利亚、加拿大、新西兰和南非等白人殖民地的议员,另外还有西布里斯托尔或南爱丁堡的议员。帝国联邦运动的主要内容是毫不掩饰的白人至上主义。在他们看来,盎格鲁-撒克逊种族将在世界范围内取得胜利,这是不可阻挡的,而横跨大洋的新大不列颠尼亚则是其胜利的保障。然而,在19世纪末,像达达巴海·瑙罗吉(Dadabhai Naoroji)

和曼切尔吉·布恩吉（Mancherjee Bhownagree）这样的印度裔议员在下议院取得成功，这让一些联邦主义者想到，非白人主体也可以有自己的代表，从而引发了关于帝国联邦延伸到印度和西印度群岛的争论。在世纪之交，人们对交通和电信的发展持乐观态度，因此，联邦的支持者相信，即便从地理角度出发，海洋会将领土分割开来，但这些障碍是可以被克服的。1885 年，在一场关于帝国联合协会的演讲中，爱德华·埃利斯·莫里斯（Edward Ellis Morris）认为，在 1707 年《联合法案》施行之时，从苏格兰以北的岛屿去往伦敦并不难，这和他当时从墨尔本到伦敦的情况相差无几。[14] 大英帝国统一运动的口号是"要么联邦，要么分裂"；为避免"去殖民化"带来的破坏，那时的英国不得不从宪法上承认，它不仅在过去是一个帝国，而且现在也是。[15]

鲍威尔与"遗忘"

当然，一个联邦制的大英帝国永远不会出现。就在威斯敏斯特的政客们考虑这个想法时，殖民地已经朝着独立的方向发展了。处于大英帝国中心的不列颠岛需要一种新身份。20 世纪初，英国想当然地要把大英帝国转变为一个单一国家，但到了 20 世纪中期，英国政治圈不仅否定了大英帝国的重要性，而且在某些情况下甚至否认它曾存在过。最能体现这种心态转变的人物是另一位居住在中部地区的政治家，与张伯伦一样，他常被认为是英国那些没有成为首相的最重要的政治家之一——伊诺克·鲍威尔（Enoch Powell）。

鲍威尔的一生跨越了英国充满变革的20世纪,而他的脚步也跨越了大英帝国的遥远角落。伊诺克·鲍威尔是20世纪最具争议的英国人物之一,他经常被拍到戴着大礼帽,拄着手杖,蓄着胡须——据说这是模仿弗里德里希·尼采(Friedrich Nietzsche)的胡子。[16]他的名字现在成了"血河"(Rivers of Blood)言论的代名词,1968年,"血河"言论使鲍威尔的政治生涯陷入停顿,将他置于极右翼的、胡作非为的种族主义英国政治家之列,就如同约翰·廷德尔(John Tyndall)和尼克·格里芬(Nick Griffin)等人。但鲍威尔在英国当权派中享有的影响力远超其同辈政客。作为一名剑桥大学毕业的古典学学者,鲍威尔是数届保守党政府中的领军人物,常被人们视为候任首相。直到今天,他仍旧影响着很多政治家。《每日电讯报》上的讣告称,他将"比20世纪任何一位英国政治家都更有可能活下来(温斯顿·丘吉尔除外)"。[17]

在有关英国移民、民族主义甚至经济的讨论中,鲍威尔带来的影响仍在继续。他所有的想法都反映了他对帝国来世的态度。鲍威尔前半生一直是大英帝国的虔信者。作为印度联合情报委员会(Joint Intelligence Committee for India)的秘书,他对这颗"帝国的明珠"无比痴迷,这使他的形象成为那种戏仿的戴着帽子的英国殖民者。此时,还未成为总督的鲍威尔坚信英国对殖民地拥有永久管辖权,并认为"从最广泛的意义上来说,我国就是一个帝国"。他在1950年成为国会议员时的竞选演说中明确表示:"我相信大英帝国。没有帝国,英国就像一个没有身体的脑袋。"[18]但这个幻想已经破灭了——当鲍威尔在1947年得知他所钟爱的印度将摆脱殖民统治时,他说:"如此让人震惊,我记得我花了整整一个晚上在伦敦的街道上散步,试图接受这件事。"[19] 然而,在第一次演讲的几年后,鲍威尔写道,他一直致力保护的大英帝国实际上从未存在过。

在他 1965 年出版的《无惧之国》(*A Nation Not Afraid*)一书中,鲍威尔陈述了他对英国在 20 世纪后期的命运的看法。首先,他希望读者认识到"大英帝国的神话是政治史上最离奇的悖论之一"。[20] 如同一个想把兔子塞回帽子里的拙劣魔术师一样,鲍威尔的新观点是"英国从未成为过帝国","大英帝国"的想法只不过是"一种创造",是由后来的知识分子编造出来的,目的是给此前发生的事情一个说法。[21] 在他们看来,英国之前没有去征服世界——那些殖民地只不过是英国所"登陆"的国家。[22] 英国一直试图摆脱这些高成本的负担,但就像新生儿会紧紧抓住母亲的衣角一样,那些依附的殖民地不肯放手。如今,英国终于摆脱了它们。鲍威尔坚称,应该尽快"遗忘"这些殖民地和它们离去的事实。

在他看来,英联邦"本质上就是一个骗局"。借由英联邦,各殖民地继续依附英国,而又无须给予后者应有的尊重。[23] 另一方面,鲍威尔认为,英国几乎没有受到帝国的影响。向外扩张帝国主义的经历可能从根本上改变了欧洲其他帝国及其子民,但由于大英帝国一开始就不是真正的帝国,它可以不顾过往地继续走下去。[24] 10 年前,鲍威尔说"没有帝国的英国就像一个没有身体的脑袋",如今,他却坚称"去殖民化"对英国没有任何影响。对他来说,唯一让人们认为帝国很重要的原因是张伯伦所做的事情。

鲍威尔认为,正是在张伯伦领导的帝国联邦运动中,大英帝国的"发明"问世了。[25] 根据鲍威尔的观点,当张伯伦和其他人在20世纪初讨论帝国是否应统一成一个联邦国家时,他们错误地接受了"大英帝国"存在的假设。由于高估了帝国的重要性,鲍威尔觉得张伯伦和他的盟友们忽略了一个更为引人注目的故事。这个故事的主体是一座充满冒险和开拓精神的岛,在这里,法律、宪法和治理体系已经"1000多年没有被打破"了。鲍威尔抛弃了以往对于帝国的虔信,他从英国作为一个特殊民族国家的故事中找到了慰藉,这个国家因不受外部世界影响而"在历史上独一无二"。[26]

被分离的国度

尽管大英帝国曾横跨全球,是历史上最大的帝国,但"去殖民化"之后,人们很难再从其官方叙述中找到任何关于帝国的只言片语。取而代之的是鲍威尔为缓解"去殖民化"带来的创伤而编造的故事:在他关于英国的描述中,它是一个独立而进取的国家,永远置身事外。用保守党领袖利亚姆·福克斯(Liam Fox)的话来说,把英国当作"一座坐落于欧洲大陆边缘的小岛,后来成长为全球贸易领袖",那么大英帝国及其后续影响就变得没那么重要了。[27]英国是一个岛国,以自己的方式行事,而这种观点得到了各政派领袖的拥护。托尼·布莱尔(Tony Blair)在当选首相后的首次工党会议上向听众宣布:"我们是一个伟大的、创新的民族……从天性和传统上讲,我们是创新者、冒险家和开拓者。"[28]

把英国从一个全球性帝国变成一座探险家之岛,这有助于维护历史呈线性前进的形象。如果英国从来不是真正的帝国,那么

"去殖民化"就是一个无关紧要的事件,而一切都将一如既往。在鲍威尔的想象中,英国就是一个天堂般的地方,是"独一无二"的。其独特之处在于,它不受其他国家种种剧变的干扰。这番论调有时呈现出一种类似宗教的色彩。在鲍威尔看来,英国那"不成文"的宪法不仅古老又神秘,而且很不可思议:"这种制度在其他地方是人为创造的,而在英国则是自然出现的;不是刻意为之,也没有可质疑之处。"[29]议会、君主制、普通法和宪法——有相同职能的制度在其他国家是人为的,而在这个岛上,它们更像是上帝的行为。为了回避(或者最小化)"去殖民化"的重要性,鲍威尔描绘了一幅这样的图景:英国的诞生源自一个完美无瑕的理念,在1000多年的时间里自然发展,不受外界影响。

然而,如今人们对英国式创新精神,或它秉持的古老制度的信心开始减弱。最近,英国发生的政治动荡导致人们对议会日常事务的兴趣增加,并且公众没有意识到事情的重要性。据2019年的一项调查显示,赞成英国"脱欧"或"留欧"的选民之间为数不多的共同点之一,是对英国民主制度的现状感到不满。[30]各大报纸的头条都呼吁国家重新考虑议会、司法和"不成文"宪法等机制是否能胜任这项任务。在英国的脱欧辩论中,下议院议长成为全民仇恨的对象,最高法院法官被谴责为"人民的敌人"。[31]英国公开表明,其脱欧动力来自对收回主权权力的愿望,但随后多年的政治角力损害了英国公众的信心,这种损害程度在英国成为欧盟成员国以来是绝无仅有的。随后,就在脱欧给英国政治机制带来的压力似乎即将得到缓解(至少在短时间内)之际,这些机制受到了一场公共卫生危机的冲击,这场危机将英国的种种缺点暴露到前所未有的程度。威斯敏斯特曾是大英帝国发展的中心，帝国的去中心化特征给它留下了不可磨灭的印记。英国之所以能够忽视"去殖民化"的巨大影响，这与另一个现象的原因一样——如今，英国早已制定好了应对全球流行病的外包程序：在帝国时期，威斯敏斯特就是一个帝国外包中心。

外包国家

即便是现在，这个外包国家仍在自食其果。到 2020 年 3 月初，大多数英国人心里都清楚，为免受正席卷欧洲大陆的新冠肺炎疫情影响，英国政府必须采取一些彻底的行动。包括法国、意大利在内的大多数欧洲国家政府已对本国民众实施了严格的封锁措施。在可预见的未来，所有大型公共集会都会被取消。即使在没有国家命令的情况下，各类活动的承办者纷纷决定取消活动，因为他们意识到，大规模人群聚集为病毒传播提供了理想环境。然而，英国赛马董事会却不这么认为。在日益增长的恐慌氛围中，他们依然决定在切尔滕纳姆赛马场举办一年一度的切尔滕纳姆节，以往这场盛事在业界十分引人瞩目。该节日于 3 月 10 日开幕，约有 15 万人参加了为期 4 天的活动，当他们最喜欢的马奔向胜利时，人们都会近距离地欢呼和拥抱。节日结束后，人们回到了全国各地的家中，与之同行的还有他们在庆祝活动中感染的病毒。在接下来的几个月里，新冠肺炎疫情重创英国，赛马会因在疫情之初坚持举办切尔滕纳姆节而广受谴责，人们指责这一行为加速了病毒的传播。[32] 然而，该组织董事会的一名成员后来得到任命，领导英国追踪和阻断新冠肺炎疫情传播。

男爵夫人迪多·哈丁（Dido Harding）曾是一名好胜的骑师，她从出生起就走在人生的快车道上。她是陆军元帅哈丁勋爵（Lord Harding）的孙女，哈丁勋爵在塞浦路斯紧急事件①期间担任过塞浦路斯总督，并为英国暴力应对肯尼亚茅茅运动②担任顾问。大学时的老友戴维·卡梅伦（David Cameron）任命她为上议院议员。2010年，也就是卡梅伦成为首相的那一年，哈丁成为新成立的电信运营公司TalkTalk的第一位首席执行官。后来的事实表明，她在任期内的行为是戏剧性的。TalkTalk出现了一次数据泄露事故，而哈丁本人在这次事故中负主要责任，这导致数百万客户的个人信息和银行信息被泄露。人们批评该公司未能实施最基本的网络安保措施。18个月后，哈丁辞任。[33]对哈丁而言，进入公共部门是一件幸运的事，她在2014年成为一名保守党终身议员，其初期职责是监督英国国家医疗服务体系（NHS）的一个"改善"项目。后来，在2020年5月，她被委派负责英国居民的新冠肺炎检测；此外，她还要追踪病例密接者。这一过程被称为"NHS追溯系统"。但事实上，它并不是由政府或其国家医疗服务体系运作的。哈丁接手后，立即将这一项目的管理外包给了一批私人公司，其中就包括信佳（Serco）③，这家公司近年来已跻身同

---

① 塞浦路斯紧急事件是在塞浦路斯发生的军事行动，主要包括EOKA恐怖活动，目的是将英国人驱逐出塞浦路斯，以便与希腊统一。——译者注
② 20世纪50年代，肯尼亚人民反对英国殖民者的武装斗争运动。——译者注
③ 英国信佳集团（Serco Group plc）是英国的一家外包服务公司，成立于1929年，总部设于汉普郡库克镇。——译者注

英国政府签合同最多的公司之列。

信佳接管了英国许多方面的日常运营事务，而对新冠肺炎检测和跟踪项目的管理只是其中最新的一项。该公司在其网站上自豪地宣称，它正在"影响英国公共服务"，其工作内容涵盖一系列领域，包括"国防、司法和移民、交通、卫生和公民服务"。[34] 然而，信佳对人们日常生活的影响并非没有受到阻碍。在它所管理的监狱中，关押犯人的地方有着让人反感的环境，这受到了检查员的批评；它在非工作时间的医疗服务也被指责是不合格的；此外，与司法部签订的合同也让信佳陷入丑闻之中，因为政府发现它向信佳支付了电子标签设备的费用，但信佳却从未结清款项。[35]

信佳最具争议的外包项目其实是对亚尔伍德移民遣送中心（Yarl's Wood Immigration Removal Centre）①的管理。位于贝德福德郡乡村的亚尔伍德（Yarl's Wood）是一座用铁皮搭起来的收容所，那里有着数百名等待被驱逐出境的外国公民，其中绝大多数是弱势女性。2015年，"反强奸女性"和"反强奸黑人妇女行动"两大组织合作编写了一份材料，其中记录了亚尔伍德收容所被拘留者遭受性骚扰、虐待和强奸的事件。[36] 许多来此寻求庇护的人，此前就已遭受性暴力的折磨，然而在这里，她们仍旧被强迫与看守发生性行为。在那里，男警卫可以对女囚犯进行带有侮辱性的裸体搜身，还可以看着她们上厕所。据报道，从喀麦隆或莱索托远道而来的妇女，在途中经历了许多困难，然而来到这里之后，还是不得不

---

① 该中心是贝德福德郡的一个拘留中心，在那里的外国国民（主要是妇女和儿童），会无限期等待驱逐出境或庇护申请的结果。——译者注

与安保发生关系，才能换取同家人联系的机会，让自己的案子得以早日推进。同年，联合国暴力侵害妇女问题特别报告员拉什达·曼朱尔（Rashida Manjoo）前往英国开展实况调查时，被禁止进入亚尔伍德。她批评了英国政府的行为，认为这种做法与她被拒绝进入孟加拉国难民营如出一辙。[37] 尽管政府对外宣扬外包行为，但似乎不愿向世界展现其"有利"之处。信佳在管理亚尔伍德期间一直丑闻不断，但英国政府在 2020 年奖励了它价值 2 亿英镑的合同，凭借该合同，信佳可以多运营两个收容中心。[38]

现在看来，信佳的外包之路似乎畅通无阻，就连新冠肺炎也成为该公司获得更多政府合同的机会。哈丁聘请该公司管理区域检测中心，并负责电话追踪接触者的部分工作。但由此形成的机制受到了广泛的批评，很多人认为这是失败的。英国国家审计署（National Audit Office）的一份年终报告表明，英国的检测和追踪系统未能达成其设定的返回检测结果和联系潜在感染人群的目标。电话接线员拿着报酬，整天就坐在呼叫中心里，几乎不接电话。该系统也未能预料到，暑假过后，包括大学在内的各类学校重新开学，人们对系统的使用需求将会增加。[39] 尽管哈丁团队承认这样一个事实：大多数已成功建立检测及追踪系统的国家所采取的路径是推行国家政策，并且它们并未广泛采用外包业务。然而，他们坚持认为，转向私营领域是快速发展英国模式的唯一途径。[40] 因此，到 2020 年 11 月，英国政府已经与许多不同的组织签订了共 407 份总价值 70 亿英镑的合同。与信佳所获得的合同一样，估计有 70% 的合同是直接与精心挑选过的公司签订的，没有经过任何竞争程序。[41] 为了尽快让其所在的公司获得利润丰厚的合同，政府官员的朋友们为医院工作者提供保护装备，或者向弱势家庭提供食物。在疫情暴发时，世卫组织宣称，遏制病毒的关键是建立一种可行的检测和追踪系统。事实证明，英国的外包体系无法抵挡病毒，这导致英国死亡率创下历史新高。与此同时，2020年年底，信佳兴奋地宣布：该年的利润超过了之前他们所做的所有预期。[42]

新冠肺炎疫情揭示了英国许多政治机构对私营领域的固有观念。长期以来，英国政客一直在宣传这样的愿景，即把各种服务承包出去，而不是为公民提供公共服务。[43] 他们认为，政府的实际工作最好由那些受利润驱动的人来完成。在过去几十年里，由工党和保守党组成的政府，以及由保守党和自由民主党组成的联盟，都或多或少地促进了私企在国家项目中的参与和在场。政客们鼓吹将政府责任外包给私营部门，可以提高效率，促进创新。为获得政府合同，不同公司之间开展竞争，可以降低政府成本，同时提高公众最终获得的服务质量。外包明确会将医疗保健、监狱管理或教育用品方面的问题排除在政治领域之外，让其成为冷冰冰的财务计算问题，确保国家一直能获得最大的收益。然而，几十年来，英国政府一直在积极削减政府为公民提供服务的能力，这意味着，在不求助于商界伙伴的情况下，英国政府最初并没有能力应对新冠肺炎大流行带来的巨大挑战。

在英国，大约1/3的公共支出以合同的形式支付给了亚托和信佳等私营公司，让它们履行原本应由政府本身承担的职能。[44] 表面看来，这些服务仍由国家提供。然而，在全国各地，真正提供公共服务的是私人公司——它们经营着移民拘留中心，提供学校膳食，为弱势儿童提供家庭支持，管理心理健康服务，而所有这些都是为了提高自身股价。

那么，英国政府对外包的痴迷从何而来？英国与美国一起成为全球最大的外包市场，这并非偶然。[45] 英国依靠私企来完成政府工作是一种本能，这不仅是当代财政压力的结果，也与对政府角色的深层设想有关，而这种设想在一定程度上是通过对帝国的延续而形成的。帝国联邦主义者试图缩小威斯敏斯特与帝国全球事务之间的鸿沟；然而，这一鸿沟并没有通过统一宪法来消除，而是通过私企来弥合。几个世纪以来，私企组成了一条传送带，承担着英国殖民时期的许多繁重工作。英国政府和外包之间的关系根深蒂固，它将当代政府对私人公司的依赖与推动大英帝国的私人牟利行为紧密联系在一起，即使在新冠肺炎疫情期间也是如此。

外包帝国

一般而言，外包在英国的兴起可以追溯到撒切尔政府在20世纪80年代席卷全国的公共改革。[46] 然而，若将框架扩展到"全球英国"的整个范围，那么外包的历史将更为古老，甚至早于英国的统一。在世界各地，先是英国人，然后是大英帝国，依靠与私人公司的合作关系，将权力扩展到新的领域。早在16世纪，英国就与莫斯科公司和黎凡特公司等私人公司签订协议，目的是增加英国在西亚的利益。在接下来的世纪之交，东印度公司登上历史舞台，英国正带头推行外包帝国开拓业务的模式。伊丽莎白时代，殖民公司不必像政府代表那样为维护自身荣誉而忧心。在这种情况下，他们会假意顺从当地统治者，或是犯下可怖的暴行。若这类行为出自士兵，或许会使其蒙羞，但他们是私掠者，所以不会受到什么影响。⁴⁷ 欧洲其他帝国也会使用殖民公司这一工具，但在这些国家的帝国化进程中，没有任何殖民公司的存续时间赶得上大英帝国殖民公司，也没有任何一家公司能够像大英帝国殖民公司那样成功，只有荷兰东印度公司可能成为大英帝国贸易生产线上的竞争对手。从 16 世纪的黎凡特公司到 19 世纪末的皇家尼日尔公司，英国将实际管理庞大帝国的脏累工作都外包给了私人公司。

这种帝国的外包行为如今加速了人们对大英帝国的遗忘。这并不意味着帝国不重要，而是在英国精英眼中，它太重要了，以至于不能交给不可预测、未受过教育的普通民众，让他们随心所欲地对待它。在其特定模式下，通过与国家开展不同程度的合作，殖民公司可以将帝国的许多方面囊括在私人公司的业务范围内。在此情况下，全球的广阔领土成了公司财产；在贩奴船上死去的人变成了丢失的"商品"，而所有者可以向保险公司索赔。帝国的外包行为持续对我们对于帝国时期的集体记忆产生中和影响。在技术与法律的笼罩之下，帝国境内的种族主义和暴力行为都被隐藏了。毕竟，账簿和金融利益是枯燥乏味且涉及隐私的，不适合在上流社会公开讨论。很少有人想阅读东印度公司或非洲商业公司的合同和地契。人们都倾向于不去考量物权法中所有权的细微差别或合同条款的约束力，直至它们影响到我们自己的生活。因此，由于大英帝国在很大程度上是由企业利益支配的，无论是成功还是失败的经历都会从公众关于国家的记忆中悄然溜走，进入公司秘密办公室的会计档案中。

公众之上的私企

长期以来，英国政府与私企之间建立了亲密的关系。新冠肺炎疫情期间，信佳集团利润猛涨正体现了这种关系，而这仅仅是一个最新的例子罢了。人们可以从当代外包行为中发现英国是如何发展为私人规则凌驾于国家法律之上的。维多利亚时代的宪法学家亨利·梅因（Henry Maine）爵士曾宣称，社会的发展遵循"从地位到契约的变化"——换句话说，社会关系是从等级制转变为互惠制。欠发达社会比较关注集权，即在单一主权国家内囤积权力；文明社会则通过排他性协议来分散权力，并且从中获益。在大英帝国最杰出的法律人士眼中，这是英国法律传统中的天才之举——将合同作为一种实现其征服和控制的更为巧妙的机制。英国法律体系为财产所有者和商人提供了强有力的保护，使他们免受王室干涉；这些保护措施也可以用来应付外国统治者。法律协议为胁迫行为披上合法的外衣，而一些私人主体则在利润的诱惑下前往热带地区，并且担负起治理责任。

英国法律体系的反国家主义和大英帝国的外包行为共同促进了全球资本主义的建构，而如今全球经济的许多部分仍与此密不可分。很大程度上来说，创造大英帝国的，不是劫掠的将军或狂热的传教士，而是那些最默默无闻的人——那些私人律师，他们坐在大英帝国满是灰尘的地下室里办公，跨越国界，连通财富。正如作家塞缪尔·泰勒·柯尔律治（Samuel Taylor Coleridge）所说，若诗人是这世上未被承认的立法者，那么律师就是未被承认的"财富创造者"。其他人可能把注意力放在起草宏大宪法的政治家身上，但英国却一直将特权赋予私人律师。通过拟定合同、财产契约和遗嘱，私人律师可以把一件物品变成资产，把死物变成收入，把财产变成资本。私人律师是能把财产变成财富的炼金术士。正如法律学者卡塔琳娜·皮斯托（Katharina Pistor）指出的，无论财产形式是土地、观念还是债权，都需要一种法律体系来承认资产所有者的专属权利，以使其获得价值。[48] 世界各地的资产所有者选择的法律体系一直是英国普通法。由于帝国的影响，这种法律体系不仅在世界各地产生影响，各地也借鉴了类似的体系，而且与其他辖区相比，英国的私人律师能调拨更多公共领域的资源。

20世纪中叶出现了针对"去殖民化"要求的一些攻击行为，其表现是招募大批私人律师，以此保护世界各地财产所有权在流动过程中免受新主权政府的控制。这些律师的任务是引导世界各地财产、版权、股票、债券和信用的流动，其中许多律师仍然驻扎在伦敦金融城和金丝雀码头（Canary Wharf）①的金融和商业中心。在过去的50年里，英国律师数量呈指数级增长，超过了整体人口的增速。在过去30年里，全国人口增长了约9%，而在英格兰和威尔士工作的律师人数同期增长了300%以上。[49] 英国人均拥有的会计师数量也高于其他任何国家。[50] 2019年，在伦敦商业法庭审理的案件中，外国公司之间的纠纷占了70%。[51] 长期以来，英国政府给予私人企业较大的灵活性，世界上大部分资产都是通

---

① 金丝雀码头（Canary Wharf）是英国首都伦敦一个重要的金融区和购物区，坐落于伦敦道格斯岛（Isle of Dogs，又译"狗岛"）的陶尔哈姆莱茨区（Tower Hamlets），位于古老的西印度码头（West India Docks）和多克兰区（Docklands）。——译者注

过这里的法律和金融体系进行交易的。如果让公司选择用于管理其合同的法律体系，很多会选择英国的体系。对伦敦金融城的交易员、律师和会计师来说，这可能是件好事，但这是否有益于整个国家呢？

抛开历史是一种线性假设，而回到上文中提到的，将其进程看作"回旋镖"，就会发现英国政府今天的种种失败和局限反映了外包逻辑的后果。长期以来，英国外包都在向世界各地输出。大英帝国主义的商业化结构不仅影响了世界范围内众多地区，也阻碍了国内的发展。鲍威尔展示了英国的许多方面，以此证明这个国家得天独厚的优势，说明英国的情况是自然发生的，而其他国家则是刻意为之。事实上，这些迹象不过是封建主义残留的例证——此前，由于帝国的影响，这些本该消失的封建主义残留保存了下来。英国政府的不正常行为表明的是它作为中世纪当权者和私人资本主义利益之间妥协的历史，而非它作为一个现代民主民族国家的标准。英国议会上院（House of Lords）仍是世界上最不民主的立法机构之一。在 20 世纪早期，大多数地方都取消了世袭议员，但上议院却没有这样做。除了神权政治的伊朗伊斯兰共和国，英国也是唯一一个仍在议会中主动为宗教神职议员提供席位的国家。伦敦金融区也被称作"金融城"，享有准自治的司法权，这让人联想到封建主义，他们甚至在议会中有一个永久的、非选举产生的代表，即让人恐惧的"事务官"（Remembrancer）[①]，

[①] 英国财政署曾经有 3 种财务纪事官：王室财务纪事官（Queen's Remembrancer）、财务大臣事务纪事官（Lord Treasurer's Remembrancer）和首年捐赠金事务官（Remembrancer of the First Fruits）。——译者注

以此保护自身利益。英国国家元首和教会领袖是同一个人,即执政君主,这就意味着教会和国家之间没有正式分离。在"去殖民化"时期,若这些前殖民地将英国宪法体系中的许多怪异之处引入自己的体系中,那么这些就将被视为此地不够"发达"的证据。

大英帝国突然终结之后,鲍威尔等人试图淡化其对英国的影响。鲍威尔提出了"帝国健忘症"理论,声称:"整体来看,本国的独立地位没有改变,几乎没有发觉周遭那稀奇古怪的结构。"⁵²然而,当我们意识到英国本身就是帝国的产物,而不仅仅是其拥有者时,英国国家体系的异常之处就开始变得清晰起来。在鲍威尔的线性道路中,英国正带领人类走在发展的康庄大道上,若我们坚持以此种方式看待历史,那么,对其国家体制的切实研究表明,这位"先驱者"在其帝国发展进程中偏离了正轨,留下了一个在许多方面都停滞在过渡阶段的政治体系。在早期向国家转变的过程中,英国得到了帝国财富的加持,这意味着其总体发展受到了阻碍,这和经典的好莱坞童星类似——因其早期财富和特权的保护,英国不像很多其他国家那样,在形成过程中经受过发展带来的苦痛。

外包国家的回旋镖

起初,帝国在商业上的机遇让英国团结了起来。苏格兰民族诗人罗伯特·伯恩斯(Robert Burns)曾公开谴责签署《联合法案》的贵族们"被英格兰的黄金收买了"。正是在苏格兰殖民公司建立"新喀里多尼亚"①殖民地(在今巴拿马地区)的企图失败之后,他们才接受了与英格兰及苏格兰自身的统一。在伯恩斯和其他苏格兰民族主义者看来,他们的殖民地投资者接受了威斯敏斯特的管辖,这样他们就可以冲销自己的财务损失——欧盟为他们提供了无可挑剔的破产保险政策。大英帝国终结后,最初将联合体聚在一起的黏合剂就消失了,威斯敏斯特治下的不同国家从此越来越疏远。2014年9月6日,当英国国民打开报纸和电视时,他们震惊地发现英国正面临崩溃的危机。苏格兰独立公投的民调数据显示,在距离投票还有一周多的时候,寻求独立的呼声略微领先,而按照此前预期,统一派可以轻松赢得公投。[53] 一周后,统一派在公投中获胜,尽管其优势弱于竞选之初的预期,威斯敏斯特大厅里的人们还是如释重负地松了口气。但事实证明,这将是一场代价高昂的胜利。因为接下来的几年里,苏格兰和英格兰之间的紧张关系加剧,脱欧加大了两者间的政治距离。2021年5月,苏格兰民众选举出了一个独立派占多数的议会,执政的苏格兰民族党(Scottish National Party)承诺再进行一次公投。

20世纪初,张伯伦呼吁成立一个帝国联邦,将去中心化的外包帝国转变为一个整体的国家。他这样做,是出于对英国能否保住海外领土和保持国家统一性的双重担忧。此时,不列颠的凯尔特民族已开始呼吁"地方自治"。在帝国联邦的架构下,威斯敏斯特可以授予苏格兰、爱尔兰和威尔士与殖民地一样的联邦自治权,

---

① 位于南回归线附近,是法国在大洋洲西南部的一个境外领域。该地区整体主要由新喀里多尼亚岛和洛亚蒂群岛组成。——译者注

以此使它们继续留在联邦内,但距离会更远。在过去几个世纪中,大不列颠联合王国和爱尔兰的融合是通过吸收,而不是联合——每一个组成部分都被完全吸收进了整体,每个国家一旦成为联盟的一部分,其主权就被剥夺了。[54] 然而,在有些情况下,集中于威斯敏斯特英国议会的统一主权和英国统一进程之间的紧张态势偶有爆发,如 18 世纪晚期苏格兰高地大清洗①和爱尔兰叛乱。到 19 世纪末,显而易见的是,要求拥有更多自治权的呼声威胁着英国的政治体系,这不但出现在遥远的殖民地,而且出现在联邦诸岛上。面对爱尔兰地方自治的呼声,张伯伦强烈反对,他认为,一旦英国的政治体系开始部分崩溃,那么人们迟早会看到整个帝国的崩溃,然后是联邦本身的崩溃。另一方面,如果想把英民族国家的不同部分联合起来,那么从一开始就必须将那些共同组成联邦的遥远领土都包含在内。

若有人怀疑帝国对不列颠内部一致性的重要作用,我们只需看看这种情况,即在没有大英帝国的情况下,这个曾被称作"大不列颠及爱尔兰联合王国"的国家一直尽力保持自身团结时所面临的困境。鲍威尔认为,将权力下放到苏格兰、威尔士或北爱尔兰,"从宪法角度看是无稽之谈"。他担心这会导致英国成为一个联邦国家,出现一个最高法院,对议会的崇高地位形成威胁。[55] 为挽救帝国,鲍威尔呕心沥血,同时他还坚持要求英国独立后切断与前殖民地的联系,并且不能和后来出现的英联邦体系产生联系,

---

① 当詹姆斯党叛乱在 1745 年被血腥镇压时,苏格兰高地延续几个世纪的生活方式也走到了尽头,英国人打着改善生活和生产条件的旗号,把无数佃农赶出他们世世代代生活的土地,逼迫他们移居城市甚至漂洋过海远走美国。——译者注

否则这将阻碍真正的英国民族主义的发展。[56]为避免面对分裂的创伤，英国不得不抹去一切属于帝国的痕迹，对鲍威尔而言，英联邦是一段悲伤的回忆，那让他想到过去的事情。如今看来，鲍威尔对联邦的担忧似乎不无道理。第一次世界大战后，爱尔兰共和国是第一个逃离英联邦的国家；同样是在20世纪，北爱尔兰陷入了一场血腥的内战，最终妥协，在联邦中得到了一个自治地位；几乎与此同时，威尔士和苏格兰也建立了自己的议会，并借此夺走威斯敏斯特的大量统治权。

1998年，联邦将权力下放到每个国家，这本应阻止联邦解体，却似乎点燃了民族主义者的激情。英国的脱欧危机也使北爱尔兰与联邦其他国家最终切断联系成为可能。经过几十年的冲突，《耶稣受难日协议》(*Good Friday Agreement*)①的签订让北爱尔兰表面风平浪静，实则暗流汹涌——这一局面持续的时间较长，至少持续到其他联邦政体决定退出欧盟，并给该国带来重大问题之前。该地区与欧盟之间有一条陆地边界。这种分裂导致人们越来越关注一个问题，那就是北爱尔兰应该留在英国，要彻底解决爱尔兰问题。2019年的一项民调显示，北爱尔兰人中支持爱尔兰统一的略占多数，统一派中有1/5的人认为，英国脱欧强化了北爱尔兰脱离欧盟、重新加入爱尔兰的理由。[57]这种情况似乎是共通的，现在多数英国人表示，他们不再关心北爱尔兰是否仍在联邦内。[58]

---

① 也称《贝尔法斯特协议》，是北爱尔兰和平进程中一个主要的里程碑。这份协议也是当前北爱尔兰自治政府、爱尔兰政府和英国政府达成协议的政治基础。其中包含了一系列北爱尔兰与爱尔兰共和国以及爱尔兰共和国与联合王国之间的条款。——译者注

主权的回归

20 世纪初，张伯伦梦想建立一个横跨全球的大不列颠联邦，他宣称："小国的时代已是过去，帝国的时代已经到来。"[59] 这一言论让那些英属西非国民大会代表的心情更加沉重了。1920 年，伦敦之旅以失败告终，他们乘船回到西非。

然而，张伯伦完全误判了 21 世纪将出现的种种变化和紧张局势。张伯伦死于 1914 年，即第一次世界大战开始那年，而这场大战加速了帝国的终结。在这之后，帝国联邦获得的支持逐渐减少。尽管在 1937 年帝国会议之前，英国政治家们一直在讨论这些提议，但这已不再是一个严肃的设想。当代的大英帝国拥护者尼尔·弗格森（Niall Ferguson）甚至认为，英国参加第一次世界大战是"现代历史上最大的错误"。[60] 战后，要求更大自治权的呼声加大了英国政治体制的压力。到 20 世纪的最后几十年，大不列颠尼亚已经分裂成许多独立的民族国家。此时，除了以所谓后帝国主义组织"英联邦"作为一层薄弱联系外，这些国家在政治上几乎完全相互隔绝。

虽然英属西非国民大会代表的伦敦之旅以失败而告终，但对这座城市产生了长时间的影响。伦敦的学生团体代表们谈到了殖民地自治问题。[61] 英属西非国民大会代表回国 4 年后，西非学生联盟（the West African Students Union）在伦敦成立。第二次世界大战结束后，该联盟的副主席是个西非年轻人，自学成才，刚来伦敦不久。夸梅·恩克鲁玛（Kwame Nkrumah）出生在黄金海岸的一个小村子里，家里几乎没人识字。1945 年，他来到大英帝国的首都伦敦,在伦敦经济学院攻读博士学位。作为一名热情洋溢而又急性子的年轻人,身处伦敦的恩克鲁玛投身于一个由年轻人组成的激进分子社区,这些人也是从殖民地来到英国的。在他的交际圈中,有后来的特立尼达传奇作家乔治·帕德莫尔(George Padmore),还有反殖民活动家乔莫·肯雅塔(Jomo Kenyatta)。肯雅塔在肯尼亚独立后成为该国第一任总统。尽管他们在不同的地方长大,但还是共同分析了黑人在大英帝国生活的相似之处。和弗劳德、西利和鲍威尔一样,恩克鲁玛注意到国内大多数人似乎都对帝国漠不关心。他这样说道:"没什么能阻止你站起来谴责整个大英帝国。即使他们知道你在说什么,也没人在乎。"[62] 1945年10月,恩克鲁玛前往曼彻斯特参加他与帕德莫尔组织的第五届泛非大会,令他感到震惊的是,英国媒体完全忽视了这场会议——这场属于后来反殖民领导者的会议。

恩克鲁玛未能完成他的博士学位。在伦敦期间,J.B.丹夸(J. B. Danquah)邀请他回到黄金海岸,丹夸是约瑟夫·凯斯利-海福德(Joseph Casely-Hayford)的门生,深受英属西非国民大会组织的影响。丹夸加入了一个由律师、学者和政治家组成的团体,他们希望完成英属西非国民大会组织已经开始的工作,并且组建了黄金海岸的第一个政党,试图向英国施压,要求其赋予地方领导人更多的自治权。然而,自几年前看到英属西非国民大会解体后,丹夸希望避免同样的错误——在普通民众中没有代表性,因此他希望任命一些家世普通的人成为官员,此举也许能向大众传达他们的信息。恩克鲁玛后来被选为丹夸的秘书长。1947年,他回到充满叛乱气息的阿克拉,加入了一场声势日盛的运动,这场运动呼吁"要在尽可能短的时间内实现自治"。恩克鲁玛最初向民众传达的信息是,无论你是农民、教师、护士还是淘金者,所有的问题都将通过自治得到解决。他告诉他们:"首先要建立政治王国,然后你们会得到一切。"[63] 这个声明背后的假设是,权力既存在于主权范围内,又存在于制定法律、选举领袖和建立自己国家的范围之内。大英帝国的存在否认了这种权力。解决办法是取得独立国家地位:获得主权将为新非洲打开大门。

从英属西非国民大会到恩克鲁玛,他们对自治权力的呼吁表明了过去一个世纪主权形式的转变。英属西非国民大会成员起航前往伦敦时,主权是能否决定自己命运的关键。主权也是英国和少数世界强国小心翼翼守护的财富。如今,和许多发达国家一样,英国的政治是由其本身对主权的追求所驱动的。英国本应处于世界体系的核心,是世界上真正有能力行使权力的特定国家集团中的永久成员。然而,即使是古老的帝国中心地带,现在也被一种真实的感觉所困扰:作为一个集体,我们已经失去了决定自己命运的能力。我们更加愤怒和沮丧,因为世界的运行方式不同于我们的期望,这与我们在成长过程中所接受的线性历史叙事有关。回到黄金海岸后,恩克鲁玛在处理主权问题时出现了意想不到的局面。在最终领导了非洲大陆"去殖民化"的过程后,他和他这一代的许多人一样,不得不与这样的事实博弈——帝国的很多权力其实并不依靠主权,而是存在于私人资本主义的范畴——包括房契、合同和信托。他们从英国政府手中夺回主权只会引起新的冲突:这一次是与跨国公司的冲突,因为英国一直将多数帝国业务外包给跨国公司。

第二章 公司

第二章 公司

在 20 世纪的头十年里,一位身材魁梧、留着小胡子的英国商人开始壮着胆子在波斯寻找石油,他的名字叫威廉·诺克斯·达西(William Knox Darcy)。从国内投资者那里集资后,达西与波斯国王签订了一份合同,可以在 124 万平方千米的土地(约为英国面积的 5 倍)上探索石油,时限为 60 年;一旦发现石油,他便可以获得 2 万英镑和 16% 的利润。[1] 有了这份合同在手,达西便派他的工程师团队深入沙漠找寻财富。起初,他们一无所获,到 1908 年,他的财富合伙人已经毫无耐心了。投资人告诉他,如果工程师勘探到地下 1500 英尺(约为 457 米)时还未发现任何石油,他们就会撤资,而此次搜寻工作也会停止。1908 年 5 月 26 日凌晨 4 点,正当达西灰心丧气时,一台钻机终于在 360 米深的地底找到了石油。大英帝国士兵立即收到包围该地区的命令,以保护这个新宝藏不受任何来自当地的威胁。[2] 就在那一天,中东第一个大油田诞生了——从那之后,这条黑金之河一直在流淌。达西因此得到了巨额的报酬——不久后,他成为一家新公司的董事,这家公司后来成为英国最富有的公司。这家英国波斯石油公司

（Anglo-Persian Oil Company）成立于达西发现石油之后，后来更名为英国石油公司，也就是我们今天所称的 BP。

目前，英国石油公司是世界范围内最大的跨国公司之一，然而，就在一个世纪前，它还只是一种雄心勃勃的个人设想，尽管它和大英帝国的策略具有一致性。英国波斯石油公司的出现反映了这样一个事实——大型油气公司不断扩张，在世界能源市场中居于主导地位，但在众多大英帝国在全球扩张中起到关键作用的企业中，它一开始并不起眼。这家公司在波斯的活动巩固了英国在该地区的影响力，而世界上最古老的文明之一就发源于此处。在第一次世界大战期间，英国占领了波斯大部分地区，虽然它没有成为正式的殖民地，但作为所谓"非正式大英帝国"的一部分，波斯仍然是英国世界体系的关键部分。在丘吉尔的建议下，英国政府购买了该公司的部分股份。政府持股为战争提供了动力。英国政府与英国波斯石油公司之间的联盟，再次凸显了企业权力对英国帝国主义结构的重要性，即便在 20 世纪中后期也是如此。

殖民主义与商业公司的诞生

在大英帝国给世界带来的所有发明中，也许最重要的一项发明就是现代商业公司，尽管这很少被提及。一般而言，公司可以被定义为一种实体——通过法律创建，作为公司建立者的独立成分而存在。公司拥有一个法律身份，而并非自然身份。与皇室或教会一样，它与组成它的个人有所不同——股东不等于公司，就像女王不等于皇室一样。企业模式是一种理想的法律结构，在此结构中，一个组织可以比其成员存在的时间更长，这可以使其成员免于为组织的行为承担个人责任。在中世纪，企业主要是为社会目的而创建的机构——教堂、慈善机构和其他致力于集体、长期社会利益的组织。通过这些企业章程，在创始人愿意（或有能力）长期从事慈善工作后，这些组织仍能继续发挥作用。[3]

然而，随着欧洲人开始探索帝国发展之路，对那些想要享受帝国财富而又不想承担风险的人来说，公司就成为理想的组织载体。于是，伴随着帝国的"航行"，股份公司开始出现。在这条航线中，被带回船上的"股份"将由公司所有者共享。英国第一家股份公司是莫斯科公司（Muscovy Company）。1555年，玛丽一世（Mary I）授予其皇家特许状①。在帝国时代初期出现了公司的法律结构和早期观念，即一群人聚集起来共享餐宴。此外，这一时期也强化了"商业公司"的理念。1592年，黎凡特公司得到了特许状；1600年，东印度公司成立。[4] 在这样的背景下，投资者甚至都不用离开自己舒适的屋子，就可以享受这些公司从海外劫掠而来的成果。从1571年起，在伦敦证券交易所就能买到公司"股票"的"股份"，于是，投资者就可以待在家里等着分享殖民活动的果实。

此前，有这样一群以企业家和慈善家身份得到人们纪念的人，如皇家非洲公司副总裁爱德华·科尔斯顿（Edward Colston）或

---

① 皇家特许状（Royal Charter）是一种由英国君主签发的正式文书，类似于皇室制诰，专门用于向个人或者法人团体授予特定的权利或者权力，不少英国城市（部分连同都会特许状）、公司、大学等重要机构都是通过颁发皇家特许状而设立，也称作"皇家宪章"。——译者注

南海公司股东托马斯·盖伊（Thomas Guy）。他们坐在英国各大城市的由红木家具装饰的办公室中，却能从各种殖民活动中获利；同时，他们还能远离殖民地上那些男性或妇女儿童遭受的暴力事件，从而保障自己的投资有所回报。然而，外包的历史表明，尽管在法律体系上，这些商业公司属于私企，但在帝国时代，英国政府和这些殖民公司之间从未有过明确的区分。公司董事通常也是国会议员，国家指望这些公司进行慈善捐赠，并在英国修建基础设施。这就是为什么即使是在21世纪的英国，我们每天经过的许多大楼、学校和音乐厅都印有这些殖民地公司或其董事的名字。

2020年6月，这些殖民公司带来的后续影响与英国自由、宽容的"国家神话"发生冲突，导致紧张局势爆发。布里斯托尔市中心的科尔斯顿雕像被高呼"黑人的命也是命"的抗议者推倒，然后扔进布里斯托尔港。科尔斯顿是皇家非洲公司（RAC）的重要成员，该公司成立于1660年，在从西非海岸到美洲的英国奴隶贸易中享有垄断地位。据估计，科尔斯顿在皇家非洲公司任职期间，共有84500名西非的男子、妇女和儿童被该公司的船只带到新世界遭受奴役，其中1/4甚至在路途中丧生，因为船上的条件太恶劣了。[5] 一群来自不同种族的年轻抗议者将科尔斯顿的雕像扔进河中，这一场景已经成为新一代要求英国正视其被压制的殖民历史的象征。"黑人的命也是命"抗议活动引发了民众的愤怒情绪，促使英国各地方当局和公共机构重新考虑英国城市公共场所的名称。

这一事件引发了批评人士的强烈反对，他们指责抗议者抹杀了历史。他们认为，即便科尔斯顿的财富来自对非洲人惨无人道的剥削，但他是一位伟大的慈善家这点无可否认——他向布里斯托尔的学校、教堂和慈善机构慷慨捐赠，为英国贫民提供了许多帮助。通常，每当这些老殖民公司的遗留体制受到质疑时，这种论点就会出现——这不仅错误地将大楼的价值等同于被屠杀的男子、妇女和儿童的价值，还误解了商业公司在帝国时代的作用。1844年《注册法案》（*Registration Act*）和1856年《合股公司法案》（*Joint Stock Company Act*）的通过终止了主权国家才能成立公司的要求。在此之前，殖民公司需获得皇家特许状才能成立，而为了获得这项特许，这些公司必须表明它们具有某种社会目的，无论该目的的范围多么宽泛，这类似于中世纪公司的慈善理念。这就是东印度公司或弗吉尼亚公司会如此热情地谈论社会利益和国家利益的原因。[6]哈得逊湾公司（Hudson Bay Company）向全伦敦的慈善医院捐款，招孤儿院的孩子做学徒，这不仅是出于对穷人后代的同情，还因为其皇家特许状将公司的贸易垄断和一项承诺绑定在了一起，即"竭尽全力提升民众的公共利益"。[7]殖民公司及其董事们的"慈善"之举不只是试图做一些社会公益来平衡负面行为带来的影响，甚至也不是一种公关方面的激进尝试，后者或许就是我们今天所说的公司的"社会责任"。相反，他们的慈善之举首先是一种必然要求，通过这样的行为，你才能有权和他人合作并从垄断贸易中获益。因此，赞扬早期殖民公司及其董事所做的慈善就如同赞扬一个劫机者提前买了机票。

这些殖民公司的规模发展到一定程度时，就成为一种新型的全球力量。例如，在19世纪初，东印度公司拥有一支比当时英国军队规模还大的私人军队。[8]1857年，印度叛乱发生后，英国政府控制了该地区,而在这之前的近两个世纪中,东印度公司一直是印度次大陆上实际的主权所有者,因此得到了"公司国家"(company-state)之名。[9]此外,北美的哈德逊湾公司也曾作为准国家存在过一段时间,西非的尼日尔皇家公司亦是如此。所有这些公司在鼎盛时期都拥有大片的领土,操纵庞大的军队,可以立法执法,可以征税和解决人口管理问题,还影响了鸦片战争和"非洲之争"等世界历史事件。[10]皇家特许状赋予皇家尼日尔公司"执行政府意志、维护公共秩序、保护上述领土"的权力。[11]

今天,我们认为殖民主义是昭示了国家间冲突或是"种族"间冲突的血腥历史,然而,在很大程度上,这是企业所为,私营企业在世界各地充当着临时政府的角色。当殖民地在20世纪中叶开始获得主权时,英国殖民公司与新独立的民族国家之间的冲突就出现了。在这由各个国家组成的新世界里,就全球市场的土地所有权而言,谁会占据上风?

处于国家世界中的公司

帝国世界的终结,以及亚洲和非洲民族主义领袖的涌现,让英国波斯石油公司等企业对未来倍感焦虑。1951年,对这家公司而言,不断升级的紧张局势达到了顶点,这是跨国公司与此后所谓第三世界民族主义之间爆发冲突的早期事件。事件的起因是波斯改名为伊朗,穆罕默德·摩萨台(Mohammad Mosaddegh)当选为该国总理。摩萨台推行国有化的政治计划,这就意味着在石油利益上会不可避免地和英国发生冲突。英国波斯石油公司认为，他们负责发展该地区的石油工业，尽管伊朗新政府宣称对此拥有主权，但应尊重公司对油田的产权。1935年，这家公司将名称从"英国波斯石油公司"改为"英伊石油公司"（Anglo-Iranian Oil Company），但除了顺应时局变化，他们并没有放弃任何东西，尤其是他们所拥有的全部利润。在摩萨台赢得大选的前一年，英伊石油公司登记利润为1.7亿英镑（2020年约为50亿英镑）。然而，即便美国拥有的阿拉伯-美国石油公司（Arabian-American Oil Company）当时与沙特阿拉伯达成了对半分成的协议，他们也不愿就与伊朗的协议条款重新谈判。[12]

谈判失败后，倍感失望的摩萨台决定与该公司正面交锋。他决定将石油业国有化，并将外国公司驱逐出石油生产城市阿巴丹（Abadan）。[13] 1951年5月1日，摩萨台没收了英伊石油公司的资产。他采取这一行动的理由是，如果说起主权在新的国家世界中的意义，那么在伊朗主权范围内的土地上生产的石油首先应属伊朗人民。在其国有化计划中，有一项条款要求伊朗政府将油田利润的25%交给英伊石油公司，作为对其损失的补偿。然而，对这家公司的董事和他们在英国政府中的盟友来说，这种补偿只能算是进一步的侮辱。于是，英国立即利用其全球影响力向其他国家施加压力，不让他们接受伊朗政府生产的石油。对英国人而言，伊朗将油田国有化是一种盗窃行为，这是显而易见的；而对摩萨台政府来说，他们所做的只是将财产归还给其合法的所有者。

政变

在阿巴丹危机开始时，掌权的是英国政府，时至今日，在很多人眼中，这是英国历史上最激进的政府。世界大战后，帝国已日薄西山，总理克莱门特·艾德礼（Clement Attlee）领导的工党政府领导了国家的重组进程。这一进程扩大了失业保险和公共住房的范围，促进了国民医疗服务体系（National Health Service）的诞生。这项计划的一部分就是私营企业国有化。在仅仅一届任期内，艾德礼就将天然气、电力、煤炭和铁路等重要但不具有经济效益的行业变为公有。

鉴于这种情况，艾德礼政府或许会理解摩萨台将国家资源投资于教育、医疗和民众福利的愿望。然而，如果伊朗民众想从进步的工党政府那里获得同情，那么他们很快就会失望。英国政府听说摩萨台进行国有化的消息后，第一反应就是对伊朗发动军事入侵，以武力夺回油田。外交大臣赫伯特·莫里森（Herbert Morrison）是彼得·曼德尔森（Peter Mandelson）的祖父，他在第一次世界大战期间是一位有良知的反战者，但在面对伊朗肆无忌惮地展示其强大的主权时，他变成了一个好战的鹰派，呼吁使用老式的炮舰外交来对付这些当地的发迹者。[14] 不过，由于英国当时仍在评估第二次世界大战的代价，并且已经派出军队支持美国在韩国的行动，因此对伊朗展开全面的军事入侵将造成高昂的代价。

艾德礼政府采用了另一套方案，即对伊朗实施海上封锁和经济制裁，停止向伊朗出口钢铁等重要工业产品，并冻结了英国银行中的伊朗账户。随后,英国向新成立的联合国提交了一份正式申诉,称伊朗的国有化行为危及世界和平。令英国政府感到震惊和尴尬的是,他们没能在联合国获得足够的票数来支持他们。于是,他们将伊朗告上了国际法庭。在法庭上,伊朗人利用英国旧有的官方外交政策与英国企业利益"相分离"这一点来对付他们,而这条规定原先是用以助长帝国权力的。国际法只能干预伊朗和英国两个主权国家之间的争端,而不能干预伊朗和一家私企之间的纷争。如果英伊石油公司只是一家从英国政府分离出的私人公司——正如英国一直宣称的那样,那么国际法就没有介入的必要。[15]

在法律途径封闭和军事手段均不可行的情况下,英国政府最终采取了更隐蔽的方法来处理伊朗问题。这场危机延续了多年,1951年10月,艾德礼领导的工党政府被保守党政府取代,曾作为英伊石油公司有偿顾问的老盟友丘吉尔重新掌权。丘吉尔政府触发了美国的反共恐慌。1953年,由于担心摩萨台的成功会激发亚洲、非洲和拉丁美洲各国政府采取更为激进的政策,新任总统艾森豪威尔及其政府决定支持针对伊朗的极端行动。[16] 2017年公开的解密文件详细说明了1952年英国驻华盛顿大使馆的克里斯托弗·斯蒂尔爵士(Sir Christopher Steel)和美国助理国务卿亨利·拜罗德(Henry Byroade)为策动推翻伊朗总理穆罕默德·摩萨台的政变而举行的前兆会议的内容,政变代号为"阿贾克斯行动"(Operation Ajax)。[17]

1953年8月,美英与富有的伊朗将军法兹鲁拉·扎赫迪(Fazlollah Zahedi)合作,发动了一场暴乱,这场暴乱导致摩萨台下台。他先是被关进监狱,后来又被软禁在家,直至1967年去世,摩萨台一直过着被监禁的生活。扎赫迪接替摩萨台担任总理,随着亲西方的新政府上台,英伊石油公司重新掌握了伊朗油田。当然,任何精明的商人都明白,想要挽救一个因争议而受损的品牌,最佳方法就是更名。因此,在政变之后,英伊石油公司更名为英国石油公司(British Petroleum)。尽管英国石油公司仍是伊朗石油的主要生产商,但现在它不得不与美国石油公司分享资源,因为美国帮助英国解决了麻烦。为了将第三世界民族主义的爆发扼杀在摇篮里,英国实际上牺牲了它在西南亚的石油垄断地位。美国利用这个机会取代英国成为该地区的主导外国势力。不过,在这早期的旧殖民公司与新主权力量的争斗中,英国石油公司确实取得了胜利。在帝国之后的世界中,由民主选举而来的第三世界国家会对跨国公司的利益造成威胁,而伊朗政变则为应对这些威胁定下了基调。[18]对全世界为"去殖民化"前景感到振奋的人们来说,摩萨台的悲惨遭遇就是一个警告:小心,主权并不是你所期待的救世主。

主权时代

在英国脱欧公投当日,阿什克罗夫特勋爵开展的一项民意调查显示,近一半投票脱欧的民众表示,他们这么做是因为觉得英国正在丢失主权。[19]"夺回控制权"的求胜口号正好呼应了英国许多国民的挫败感。多年来,越来越多的人认为,在某种程度上,英国的国家裁决能力被窃取了。参与这起盗窃的主体有很多,从布鲁塞尔那被认为与英国人生活相距甚远的神秘的欧盟,到移民、宗教或少数族裔社区——在许多人看来，这些社区现在离英国人的生活太近了。但是，在过去 50 年里主导世界经济的跨国公司却很少被列入"窃取民主"的疑犯名单中。帝国时代后，出现了这样一个世界——在这个世界中，财富的流动独立于具有潜在不定性的民众意愿，而生活方式的公司化转变对这个世界的产生起到了何种作用，这是很多人所分析的内容，但这些分析并没有在关于英国脱欧的叙述中体现出来。在这个世界上，不同国家的权力仍旧是不平等的，但跨国公司在帝国时代之后取得的胜利导致国家主权相对于经济而言的价值被淡化了。发生在摩萨台和英伊石油公司之间的故事预示了近年来的世界趋势：民族国家利用主权抵御全球企业势力的能力越来越弱。

摩萨台计划的失败并非不可避免。当时，所有的话题都围绕着国家主权进行，世界各地数百万人都在利用这个概念来表达他们对自由的诉求。关于国际法的新机构——联合国，就是在主权平等原则的基础上设立起来的。[20] 联合国成立后，"去殖民化"、凯恩斯主义经济学、布雷顿森林货币兑换体系和欧洲福利国家逐渐兴起，这一切都以不同的方式表明：独立的民族国家在主权时代占据了主导地位。1951 年，《时代》杂志盛赞摩萨台，将其评选为年度风云人物，他似乎代表着未来的发展方向。[21]

然而，和当时很多其他的第三世界领导人一样，摩萨台也犯了脱离实际的错误——主权并不等同于控制。与现如今非常类似的是，帝国时代结束后，人们关注对主权工具的掌握和行使，这降低了私法、合同和财产等领域的持续控制力。如果说摩萨台和英伊石油公司之间的纷争暴露出 1953 年主权方面的局限性，那么在21世纪，我们又该如何理解这一概念？若主权无法使英伊石油公司屈服，那么在这样一个世界里——只要在法兰克福、上海或东京敲一下键盘，在桑德兰、斯托克波特或米尔顿凯恩斯的工作机会可能就会消失，工厂也可能关闭，而这些又意味着什么？

1957年，政治理论家恩斯特·坎托罗维奇（Ernst Kantorowicz）在其经典著作《国王的两个身体》（*The King's Two Bodies*）中描述了我们对于主权最常见的理解——在明确界定的领土边界范围内拥有最高权力。[22] 但至关重要的是，这种权力也需要其他主权的认可。例如，在16世纪，许多美洲原住民部落的领袖发现，在面对不承认他们领地主权的西班牙征服者时，危局往往会出现。根据国际法的要求，主权的实现取决于互惠的前提。一个统治者能获得主权权威，不仅因为他在这块土地上拥有最高权威，还因为其他主权对其平等视之。几个世纪以来，欧洲帝国只承认彼此的主权。1648年的《威斯特伐利亚和平协议》（*The Westphalian Peace*）结束了欧洲的宗教战争，成为国际上相互承认主权的范例。当然，正如世界大战所昭示的那样，这一体制在实践中并不总是统一的。直到20世纪中叶，主权得到承认仍是世界大多数人民无法实现的奢望。后来，"去殖民化"运动开始了，获得主权认可的国家也随之增多。

在创立之初，联合国并不想成为一个盖章授权的机构（通过这个过程把殖民地变成独立的民族国家）。在帝国主义问题方面，1945年的《联合国宪章》比之前的国际联盟（League of Nations）更加软弱，也没有提出任何"去殖民化"的举措，它没有像国际联盟那样将殖民地置于国际监督之下。《联合国宪章》只要求各大帝国提升其殖民地居民的"福祉"。[23] 在联合国成立的地方召开了旧金山会议①。会议前夕，在英国的影响下，美国放弃了此前的一些提议，这些提议的目的是让联合国行使对所有殖民地的监管权。[24] 联合国建立在多个国家的基础之上，但它也被寄予了保护旧帝国特权的期待。然而，随着越来越多的国家争取并赢得独立，联合国内部的权力平衡开始偏离之前的帝国势力。这些新兴国家开始向联合国施压，要求其在"去殖民化"问题上采取更为坚定的立场。1960 年，联合国大会通过了第 1514 号决议，该决议还有一个广为人知的名称——《关于准许殖民地国家及民族独立之宣言》(Declaration on the Granting of Independence to Colonial Countries and Peoples)。该决议明确表明联合国支持独立权、自决权和"去殖民化"。次年，联合国成立了"'去殖民化'专门委员会"(Special Committee on Decolonisation)，此举使联合国完成了一次转变——在诞生之初，联合国是英国、美国、法国和苏联之间的战时同盟，现在成为美洲、亚洲和加勒比地区民众根据国际法反抗殖民统治的保障。

当然，尽管联合国宣称主权平等，但它并不完全是一个奉行平等主义的机构。它的结构表明，成员国之间仍然存在着隐性的等级划分，最明显的例子就是英国、美国、法国、俄罗斯和中国都是安理会常任理事国。此外，联合国关于主权等关键法律原则

---

① 旧金山会议 (The San Francisco Conference) 是指在 1945 年 4 月 25 日至 6 月 26 日，于美国旧金山举行的《联合国宪章》制宪会议。雅尔塔会议决定在美国旧金山召开联合国会议，以便按照敦巴顿橡树园会议所确定的原则制定《联合国宪章》。——译者注

的概念仅来自少数国家的政治传统，英国的议会主权理念就是最重要的影响因素之一。苏丹、尼日利亚和肯尼亚等国受到限制，需要完成向主权实体的过渡，这就造成了一定的压力限制。根据这些限制条件，新的非殖民国家需要达到由其前欧洲殖民者确定的国家基础设施标准，但欧洲人自己都没有一直遵循这些条件。在联合国的政治环境下，每个政府都应代表一个国家；每个国家都应有自己的政府；每个民族国家都应尽可能地效仿此前的殖民国家。此时，在为了争取独立而艰苦斗争后，这些前殖民地似乎终于可以按照规定，自由地做自己想做的事情了。

"新"民族国家就这样被迫走上了议会制民主的道路，而"去殖民化"世界的主权能为英国作为"议会之母"的观点提供新的支持。与此同时，世界其他地区也坚定地遵循着这个范式。此外，领导这些新的"去殖民化"政府的人，通常都在英国接受过教育：印度第一任总理贾瓦哈拉尔·尼赫鲁（Jawaharlal Nehru）曾就读于剑桥大学和内殿律师学院；领导马拉维独立的黑斯廷斯·班达（Hastings Banda）曾是爱丁堡大学的一名医学生；领导坦桑尼亚独立的朱利叶斯·尼雷尔（Julius Nyerere）也曾就读于爱丁堡大学。如前所述，加纳的夸梅·恩克鲁玛和肯尼亚的乔莫·肯雅塔最初是在伦敦成为朋友的，两人都是伦敦政治经济学院的学生。然而，对一些英国政客来说，一手培养的管辖殖民地的"本土"精英如今开始反对他们，这令他们颇有种遭到背叛的感觉。1931年，丘吉尔驳斥圣雄甘地，认为他是"毕业于这个中殿①学院的

---

① 尊贵的中殿律师学院（The Honourable Society of the Middle Temple），简称中殿（Middle Temple），是英国伦敦四所律师学院之一。——译者注

律师，现在却装成东方人常见的苦行僧模样，半裸着身子进出英王王宫，同时还在组织着一场非暴力反抗运动"。[25] 丘吉尔的言论满含愤怒，不仅因为甘地所做的事情，还因为甘地的身份。曾经，大英帝国将诸如甘地、尼赫鲁、恩克鲁玛和尼雷尔这样的人物送到了精英大学，目的是让他们成为买办阶层——于是，当地民众觉得，在英国与自己的同胞之间，这些人与英国的距离更近，这将有助于维持英国对又一代人的统治。然而，随着世界大战结束，国际社会秩序开始转变，显而易见，大英帝国无意中培养了自己的掘墓人。

变革之风

在英伊石油公司与摩萨台发生纠纷的几年后，该地区又爆发了一场有关英国公司资产国有化的危机。1956 年，埃及的贾迈勒·阿卜杜勒·纳赛尔（Gamal Abdel Nasser）宣布将苏伊士运河国有化，并冻结了苏伊士运河公司的所有账户。苏伊士运河被称为"通往印度的高速公路"，对英国与东方的贸易往来至关重要。新上任的保守党首相安东尼·艾登（Anthony Eden）斥责纳赛尔是"穆斯林中的墨索里尼分子"，并且担心他所倡导的泛阿拉伯民族主义会蔓延到整个阿拉伯世界，损害英国在伊拉克、约旦和沙特阿拉伯等地的利益。[26] 然而，当英国政府在与纳赛尔的对抗中得到法国及以色列的军事支持时，美国人却背弃了他们的老盟友，拒绝支持重占运河的计划。正如鲍威尔所担心的那样，美国曾支持英国反对摩萨台，以此篡夺英国在该地区的地位，而

此时又在利用其新获得的全球力量来消除英国在这里的残余军事力量。²⁷

英国从苏伊士运河的艰难退出,推动了艾登首相任期的终结。他的继任者哈罗德·麦克米伦(Harold Macmillan)认为是时候接受大英帝国终结的现实了。1960 年 1 月 5 日,就在 20 世纪政治最动荡的 10 年开始之际,他来到刚刚独立的加纳,去讨好那位被视为新非洲国家浪潮中的先锋人物。

麦克米伦抵达阿克拉时,夸梅·恩克鲁玛已经和十多年前身无分文的伦敦政治经济学院学生完全不同了。此前,从大学出来的恩克鲁玛被任命为黄金海岸第一个政党的组织者,在他看来,他所服务的那些由上流社会的律师、医生和商人组成的阶级永远无法将民众组织起来。于是,他脱离原来的政党,组建了自己的政党——大会人民党(CPP),以"立即自治"的口号激励殖民地的劳动人民,并认为独立之日很快就会到来。1949 年 12 月,恩克鲁玛写信给英国殖民当局,宣称若他们不回应日益高涨的自治要求,他将呼吁民众举行大罢工,使国家陷入停顿。

英国当局认为非洲人缺乏举行全国大罢工的组织能力,于是选择对恩克鲁玛的警告置之不理。然而,殖民政府没有意识到,大会人民党在此之前已经要求黄金海岸闹市区的妇女将罢工的消息传给了每个来到她们货摊的人。在这些妇女的助力下,各家各户在通知罢工前就已囤积了足够支撑好几周的食物和钱。²⁸ 在推动罢工的过程中,这些在市场里做工的妇女增强了民众、组织罢工的不同工会以及恩克鲁玛政党之间的联系。1950 年 1 月 8 日,英国关闭了非洲的黄金殖民地。可可农场和金矿曾为拥有它们的殖民公司创造了丰厚的利润,但由于工人们拒绝上班,这些农场和金矿都空无一人。政府当局立刻逮捕并监禁了恩克鲁玛,但一年后,还在监狱里的他被民众选举为新立法议会的主席,该立法议会是为缓和殖民地的紧张局势而设立的。1951年2月12日,身处黄金海岸的夸梅·恩克鲁玛已经成为英国和当地精英都愤恨的囚犯。次日,他受邀来到了克里斯蒂安堡,这里正是英国在阿克拉的权力所在地,英国总督查尔斯·亚登-克拉克爵士(Sir Charles Aden-Clarke)邀请他出任黄金海岸总理。

1960年,黄金海岸变成了独立国家加纳,而恩克鲁玛则成为第一位非洲黑人总统。由于这个地方的特殊地位,当麦克米伦开始他的非洲大陆之旅时,他第一站理所当然地选择了这里。将恩克鲁玛推上当地政治高位的这种罢工运动已成为非洲大陆上日益流行的工具,很多工会和妇女组织利用这样的罢工获取了更多的政治权力。于是,对非洲人的殖民设想破灭了,在这种设想中,非洲人民生活在异域的民族社区,他们没有当时欧洲的各种阶级意识。英国当局意识到,如果黄金海岸的工人能通过有组织的劳工斗争建立起自己的政体,用不了多久,邻近的非洲殖民地民众就会开始效仿。随着当地民众好战情绪日增,维持帝国运作的成本开始超过收益。[29] 作为首相,尽管麦克米伦看起来只是从"伊顿—牛津—剑桥—保守党"这条生产线上刚走出来的一位举止优雅的帝国主义者,但他与其前任有所不同——他决定顺从独立运动的潮流,而不是逆流而上,让自己陷入困境。

身处阿克拉期间,恩克鲁玛在一场盛大的国宴上招待了麦克米伦。当时,尽管他们表面上彬彬有礼,但空气中却弥漫着紧张的气氛，与会者都在等着看英国首相将如何应对非洲大陆正在发生的巨变。正是在这次晚宴上，麦克米伦第一次明确表示，英国政府将不再阻挠"去殖民化"的进程。一个月后，麦克米伦在南非访问结束时发表了著名的"变革之风"演讲，但他这则演讲的最初版本是在阿克拉的恩克鲁玛宴会上。在这里，英国首相宣称："变革之风正在吹向非洲大陆，非洲国家的迅速崛起让这块大陆在世界上获得了新的重要价值。"[30] 如今，人们记住的实际上只是麦克米伦在南非演讲这件事。正如英国广播公司在2005年所说的那样，开普敦版本代表了英国政府"直言不讳地反对该国的种族隔离制度"，使英国与暴力的种族隔离制度拉开了距离，而这种种族隔离制度在其前殖民地南非一直延续到了1994年。[31] 回到这篇演讲的诞生之初，在那个闷热的夜晚，阿克拉的晚宴上，麦克米伦讲述起"变革之风"；他看起来不像是一位勇敢的反种族隔离者，更像是一名筋疲力尽的代表，其背后是一个正在分崩离析的帝国。

麦克米伦的让步使恩克鲁玛在争取泛非洲主权的运动中倍受鼓舞。同年年底，恩克鲁玛在纽约联合国大会上发表了类似的讲话。在这间坐满了世界各国领导人的大厅里，恩克鲁玛发表了他的演讲，将麦克米伦所说的"变革之风"重新命名为"非洲民族主义的运动潮流"，并认为这股潮流将改变全球秩序。[32] 几年后，他更为明确地阐释了这一点，他写道："席卷非洲的变革之风并不寻常，它是一场猛烈的飓风，是旧秩序无法抵挡的。"[33]

20世纪60年代初，人们对非洲主权国家影响世界的潜力充满信心。从麦克米伦在阿克拉发表演讲到恩克鲁玛在联合国发表讲话，短短9个月内，14个新的非洲国家诞生了。今天，我们对 20 世纪 60 年代革命的印象或许就是马丁·路德·金（Martin Luther King）在林肯纪念堂台阶上所说的"我有一个梦想"，或者是被熊熊火焰包裹着的越南僧人释广德（Thích Quang Đú'c）①，他以自焚的形式来抗议。但在 1960 年年底，当夸梅·恩克鲁玛站在联合国的讲台上，没有穿西装，而是从头到脚都裹着传统肯特布时，这一幕似乎同样具有变革意义。³⁴ 那时，全世界都称恩克鲁玛为"救世主"——他似乎代表着即将到来的全球主权平等秩序。恩克鲁玛本人对联合国未来在新世界中的积极作用充满信心。他在演讲中宣称："我认为联合国是唯一一个为人类未来带来希望的组织。"³⁵ 在联合国支持"去殖民化"的背景下，独立运动领导人的乐观态度是可以理解的——他们觉得自己顺应了时代潮流，还有国际法做后盾。然而，在主权和财产的权力博弈中，一些重大问题笼罩在非洲民族主义者上方，即使在其巅峰时期依然如此。

公司与"去殖民化"

在强调获取政权的重要性时，恩克鲁玛低估了殖民活动中的商业因素对大英帝国的价值。从"黄金海岸"这个名称就可以看出来，这里给英国带来了多少经济效益。全国各地的金矿为英国公司创造了巨大的财富，其中最引人注目的莫过于 1897 年成立的阿散蒂金矿公司（Ashanti Goldfields Corporation）。当恩克鲁玛走向权力之时，阿散蒂金矿公司的董事长正是古怪的前英国陆军

---

① 释广德自焚的动机是为了抗议南越政府领袖吴廷琰及南越天主教会迫害佛教徒的政策。——译者注

少将爱德华·斯皮尔斯爵士（Sir Edward Spears）。他在战时做过间谍，是丘吉尔的朋友，也曾是议会成员。斯皮尔斯希望阿散蒂金矿公司可以像英伊石油公司那样依靠英国政府，以保护其免受恩克鲁玛等人的侵犯。因为在斯皮尔斯看来，恩克鲁玛是一个狂热的煽动分子，不能真正代表他所领导的广大非洲民众。[36]

在新成立的独立加纳政府中，斯皮尔斯最初希望自己能为英国贸易利益争取到正式代表权，正如伦敦金融城在议会中拥有自己独一无二的代表权一样。该计划失败后，他又试着进一步扩大恩克鲁玛和阿散蒂当地酋长之间的分歧，在世纪之交，这种传统上的"分而治之"策略被用来拉开英属西非国民大会组织和大众之间的距离，现在则用来终结恩克鲁玛领导的新政权。[37] 1956年，斯皮尔斯的朋友、阿散蒂金矿公司的前董事邓肯·桑迪斯（Duncan Sandys）是唯一反对黄金海岸获得自治权的英国内阁成员。[38] 但是，就在恩克鲁玛上任总统后，阿散蒂金矿公司和英伊石油公司以及许多其他殖民公司一样，都不得不面对一个问题——旧殖民公司如何在非殖民国家生存下去？

事实上，关于罚没财产的问题，恩克鲁玛比伊朗的摩萨台更为谨慎。加纳独立后，被收归国有的外国公司数量非常少，而且都是濒临倒闭的公司。阿散蒂金矿公司并没有处于这样的危机中。即使在1966年，恩克鲁玛政权的末期，该公司的税前利润仍超过300万英镑，相当于2020年的5600万英镑。[39]

黄金并不是黄金海岸唯一丰富的自然资源。英国还将这片殖民地的钻石、木材以及利润最丰厚的可可出口到世界各地进行贸易。和许多同僚一样，恩克鲁玛很容易被关于主权和发展的承诺所诱惑，于是开启了开发这些自然资源的计划。于是，加纳的经济不再过度依赖原材料出口，而是转向了国家主导的工业化。这里将不再只供应生可可，相反，这里建立起可可加工厂，出售成品巧克力块，收益远超以往。加纳还将实施由国家主导的大型发展项目，如集体橡胶农场和沃尔特河大坝（Volta River Dam）——这是一个雄心勃勃、筹谋已久的水力发电计划。沃尔特河大坝是世界上最大的人工水体。为进行大规模的工业化转变，恩克鲁玛提高了对国内企业经营利润的征税。然而，他却试图避免攫取海外公司的财富——之前的殖民公司可以继续在新的独立的加纳获利，但他们必须为这种特权付出代价。

斯皮尔斯称，虽然加纳政府或许没有没收财产，但它给阿散蒂金矿等公司带来的税负"严重损害"了他们的利益。[40] 此外，恩克鲁玛也开始偏离他在"冷战"初期采取的中立立场。到 20 世纪 60 年代中期，他公开倡导社会主义，并与苏联建立了更紧密的外交关系。他也越来越迷恋自己新获得的治国权力。1960 年的新宪法赋予了恩克鲁玛作为总统的更大权力，他利用这些权力解雇了那些让他不满的司法部门和武装部队成员。在效忠新国家的名义下，曾将他推上权力宝座的工会和妇女组织的利益被边缘化了。此前，恩克鲁玛被誉为"新非洲的领导人"，到 1963 年，他却被《纽约时报》谴责为"黑人斯大林"。[41] 此时的他，不再与西方媒体交流，并且，恩克鲁玛日渐偏执，越来越追求威权主义。此时，他无限期拘留政敌，压制公众的异见。

最终，尽管恩克鲁玛没有走上摩萨台的道路，直接面对企业的帝国主义残留，但他遭受了与之相同的命运。1966 年，他在对越南和中国进行国事访问时,一场军事政变推翻了他的政权。取而代之的是一批自称为民族解放理事会(NLC)成员的军官和警察局局长。恩克鲁玛流亡国外时,斯皮尔斯回到了加纳,立即联系了民族解放理事会的领导人,向他们表示祝贺。[42]令他欣喜的是,民族解放理事会大大减轻了企业股息的税收负担,并使加纳货币贬值,降低外国贸易者的成本。[43]后来,加纳新领导人遵循国际货币基金组织(IMF)的指导,清算了恩克鲁玛长期经济安全计划中至关重要的国家项目,并将这些产业出售给私营企业。在撒切尔和罗纳德·里根(Ronald Reagan)将私有化引入英美世界的十多年前,撒哈拉以南第一个独立的非洲国家经历了"变卖家底"的时期,而这种现象在随后的几十年里越来越多。

恩克鲁玛曾宣扬过对主权的信仰,相信加纳一旦获得自治的法律权利,就可以利用其资源和财富"赶上"其前殖民宗主国。尽管恩克鲁玛致力于寻找一种创建新非洲的独特路径,但在他的设想中,前殖民地还在遵循英国的发展模式:首先,获得主权,然后投资工业化,这就是成为一个发达国家的方式;然而,就在恩克鲁玛坐到总统办公室的那一刻,针对这个前殖民地新建主权的反抗活动就开始了。在执政过程中,恩克鲁玛目睹了在这个看似独立的民族国家中,国家自决权却受到来此投资的跨国公司的挑战。

恩克鲁玛认为,一个像加纳这样的新民族国家失败的主要原因在于——尽管它可能拥有"所有国际主权的外壳",但实际上,它的"经济体系和政治政策都是由外部指导的";国民生活并非由政府决定,而是取决于外部力量。[44]国际市场上可可价格的波动,或者从未去过西非的股东在伦敦董事会做出的行政决定，都足以让整个国家陷入混乱。1965年，恩克鲁玛在其著作《新殖民主义：帝国主义的最后阶段》(*Neo-Colonialism: The Last Stage of Imperialism*)中描述了他对国家主权前景的失望态度，但这已经太晚了。就在第二年，他被赶出了办公室，开始了流放生涯，余生都未能再次踏足他所领导的这个独立国家。

财产的力量

事实上，追求主权的独立国家领导者只关注了英国政治传统的一部分。大英帝国解体后产生的新国家忽视了英国对其外部优势的依赖程度。英国的自由民主在国家"扩张"期蓬勃发展，其典型特点包括创立不成文宪法和对私有财产权的重视，但这并非寻求自我发展的新独立国家的理想模式。若将主权作为政治操控的关键因素，就会低估私有财产权在帝国世界构建中所起的巨大作用。或许，独立运动的领袖们读了太多的政治理论，而没有阅读足够的文学作品。无论是查尔斯·狄更斯的《荒凉山庄》(*Bleak House*)，还是简·奥斯汀的《理智与情感》(*Sense and Sensibility*)，这些英国经典小说中最受读者欢迎的故事往往清楚地阐明了这个岛上财产和权力之间的深刻联系。从英国内战到美国独立战争，在英国历史上，普通法对财产安全的优先考虑，多次被用作对抗政府当局的武器。或许，不可避免的是，这会被用于反抗非洲出现的新国家，这些国家在20世纪中叶摆脱了帝国统治并试图寻求自身主权。

从 17 世纪起，英国政论撰稿人就致力于明确个人财产问题，其中最具影响力的论述可能来自哲学家约翰·洛克（John Locke），他曾在早期投资了皇家非洲公司。[45]如果我们从这样一个观点出发，即全人类最初都拥有对地球的所有权，正如我们今天处理海洋问题一样，那么我们怎么会到达这样的地步——土地可以作为一种商品，一种能被特定人群或公司宣称具有其所有权的商品？对此，洛克解释说，发生这种转变，是因为一些人把他们的劳动和土地混合在一起。他们在一块土地上干活，开垦土地，在这样的过程中，土地成为他们的个人财产，而其他人就被排除在外。因此，拥有财产既是地位的标志，也是财富积累的最可靠保证。进入 18、19 世纪后，在英国，土地所有权不再是贵族专属，越来越多的土地掌握在向上流动的资产阶级手中。财产和土地往往相伴相随，但二者并不相同：虽然维多利亚时代的殖民者为帝国获取了越来越多的土地，但他们也增加了对其他形式的财产的使用，这些财产在必要时可以发挥比土地更为长久的作用。到了 20 世纪，股票、债券和其他金融产品等抽象资产取代了农村土地，成为最有价值的资产储备。[46]然而，关于财产的传统规则并没有改变。在封建贵族和大英帝国早期崛起的资产阶级之间的妥协中，私有财产法产生了，这推动了众多公司以帝国的名义开展航行，他们相信掠夺而来的任何财富都属于自己，别人没有所有权。如今，这套关于私有财产的法则仍是跨国衍生品交易、信用违约互换、知识产权索赔、债务或数字法规的典范。[47]

尊重财产权的文化被誉为英国对世界各国的卓越贡献之一。在英国政治家眼中，以财产安全背书的私企模式是大英帝国赐予其后代的礼物，这是法兰西或西班牙帝国所不具备的。⁴⁸沿着这条思路可以发现，东印度公司、英伊石油公司或阿散蒂金矿公司坚持他们的财产权，不只是为了它们本身的利润率，实际上也是为了它们所在社会的利益和发展。他们声称对无价资源拥有所有权，并将真正生活在这片土地上的人排除在外，用实际行动向当地人教授财产的不可侵犯性。

当然，在全世界，很多像恩克鲁玛和摩萨台这样的人对此并不买账。在殖民化开始之前，世界各地的原住民群体已经通过各种形式保有和使用财产。因此，将财产权作为英国普通法中"独特而利他的创造物"的说法不仅忽视了这一点，而且也忽略了数世纪以来人们在财产权的影响下失去财产和受到剥削的事实。关于财产的历史也是跨大西洋的奴隶制、土地征用制和士绅化①的历史。⁴⁹事实上，财产已经与种族、性别和阶级等观念混合在一起，成为统治体系的框架——妇女被认为是其丈夫的财产，奴隶被认为是其主人的财产。在"去殖民化"运动后，一种狭隘的财产观出现了，其目的是保护石油和黄金等关键的全球资源不被前殖民地中那些被调动起来的群体所掌握。这些群体在面对民主政府所赋予的新的权力时，或许表现得过于激动了。为了保障公司利益集团跨境积累财富，主权平等的法律原则开始被稀释。许多新的主权国家成立，而这不但没有弱化全球资本，反而削弱了国家主权，在这种新格局下，这些新的民族国家需要竞相照顾跨国公司的利益。

---

① 绅士化（Gentrification）又译作中产阶层化、贵族化或缙绅化。指一个旧区从原本聚集低收入人士，到重建后地价及租金上升，引来较高收入人士迁入，并取代原有低收入者的现象。——译者注

公司化的回旋镖

针对本书所强调的回旋镖效应，跨国公司是最早的例子之一。尽管黎凡特公司和东印度公司等公司是在英国成立的，但其影响首先体现在殖民地中。直到1844年，《股份公司注册法》（Registration of Joint Stock Companies Act）通过，商业公司才回到了它们的诞生地，从殖民垄断变成了我们今天看到的巨头。因为这项法案，公司的建立不再依赖于统治君主授予的皇家特许状，也无须承担所有附加的促进公共利益的义务。此时，公司可以通过两步独立注册程序创建。随着公司管理法案的自由化，在全社会范围内，商业公司不断发展壮大，在19世纪末和20世纪，它成为向全球各地提供商品和服务的主要载体。

然而，在这一时期，公司管理人们的生活通常被视为人类发展的积极表现。在英国，曾有这样一种说法：公司之福必为民众之福。直到千年之交，人们还普遍认为，公司对政权的占领，或者拥有吸引跨国公司前来的资源，这些都是麻烦不断的"新兴"国家才会面对的问题，像英国这样的发达经济体不需要担心。如今，人们已经不大相信不受约束的企业权力将给大多数生活在英国的人带来福祉。摩萨台与英伊石油公司冲突的结局就表明了这一转变。在危机发生之时，路德维希·冯·米塞斯（Ludwig von Mises）被称为"新自由主义"（这推动了当时的公司化走向胜利）经济理念的"教父"，他很清楚英国的虚伪：英国一边在国内推广国有化，一边又阻止伊朗的国有化进程，力争英伊石油公司的控制权。他写道："如果英国人将煤矿国有化是正确的，那么伊朗人将伊朗石油工业国有化也没什么错。"[50] 当然,对冯·米塞斯而言,解决办法并不是英国人承认伊朗拥有国有化的权力,而是让他们接受更大程度的国内私有化。并且,在接下来的几十年里,这一愿景成了现实。1987 年,为尽可能多地将国家资源私有化,撒切尔政府出售了其在英国石油公司的最后股份。就在几十年前,英国还冒着在国际社会上陷入难堪境地的风险保护这家公司。1998 年,英国石油公司与美国石油巨头阿莫科公司(Amoco)完成合并,成立了 BP 阿莫科公司,简称 BP,是世界上规模最大的公司之一。[51]

长期来看,英国在 20 世纪 50 年代对英伊石油公司的支持得到了什么回报?现在的英国石油公司一直被认为是英国最大的避税公司之一。据报道,2018 年,英国石油公司利润总额为 56 亿英镑,但最终仍获得了英国政府的税收抵免,这意味着纳税人支付了高达 1.34 亿英镑的额外补贴。[52] 如今,英国石油公司和其他英国老牌殖民公司的后继者不再像曾经的英伊石油公司那样依赖于英国政府的权力。当然,它们仍与英国政府紧密联系,但现在掌权的是跨国公司。拥有新哥特式塔尖的威斯敏斯特与拥有玻璃和钢铁办公室的伦敦金融区大楼之间,会有员工互相跳槽的现象,这在总体上确保了英国政府政策对企业的友好态度。英国商人约翰·布朗(John Browne)的经历就是这一过程的典型例子。1998 年,他作为首席执行官监督了英国石油公司与阿莫科的合并,确保该公司在进入新千年时拥有比以往任何时候都更大的权力。在让英国石油公司再次成为全球最大的石油公司后,约翰·布朗成为议会成员,于 2001 年成为马丁利的约翰·布朗勋爵。借用上议院的影响力,约翰·布朗勋爵监督企业领导者正式进入每个政府部门的董事会,通过这种方式,来提高商界在政府内部的影响力。[53] 2010年6月,政府邀请他成为其新的"超级董事",目的是协助政府确保所有部门都保持对商业友好的风气。

就在约翰·布朗勋爵就任该职位的几个月前,他之前所在的英国石油公司发生了历史上最大的石油泄漏事故,对墨西哥湾造成严重破坏。[54] 这次事故也被称为深水地平线漏油事件(Deepwater Horizon),导致约400万桶石油被倾泻到海洋盆地,对海洋野生动物造成危害,并直接导致11名钻井平台工作人员丧生。[55] 很多人认为,这场环境灾难应归咎于世界各国政府未能充分监管石油公司的安全措施。时任伦敦市市长约翰逊立即站出来为英国石油公司辩护,声称对该公司的攻击是"反英"行为。[56] 但这种对跨国石油公司的爱国主义辩护却被人们置若罔闻,在英国和世界其他地区,当人们看到从漆黑的大海中打捞出的野生动物尸体,无不感到愤慨。人们对这一情况发生的缘由产生疑问:为什么这么多国家,却没有一个能与石油公司相抗衡?

此前,各国政府一直相互竞争,保持英国石油公司等企业对其的好感,将对企业友好的重要性置于保障本国公民的环境安全之上。在英国,有批评人士指出,约翰·布朗在石油公司的时候就已经发生了几起事故;然而,在墨西哥湾石油泄漏事件中,政府还是聘请了他。此前的事故包括2005年得克萨斯州炼油厂爆炸事故,以及2006年"深水地平线"灾难发生后不久的阿拉斯加石油泄漏事故,这些都让人们很难相信石油公司将面临清算。[57] 事实证明,他们的担心是正确的。英国石油公司在"深水地平

"线"事故后只受到了轻微的惩罚,此外,它还继续利用影响力削弱监管部门对其行为的控制。2013 年,英国石油公司成功迫使欧盟放弃环保提案;2018 年,它游说美国撤销了一项具有里程碑意义的环境法案。[58]

英国选择站在英伊石油公司和企业利益的一边,这促使全球经济走上了一条企业权力越来越远离民主控制的道路。在国际社会中,像英国这样的前帝国主义国家对待企业就像对待一只它喜爱的家犬——允许它在屋外撕咬任何它想咬的东西,但它一回家就得乖乖听话。在 21 世纪的今天,英国发现跨国公司不再是一只听话的宠物,而是一头野兽,让每个人(甚至那些饲养它的人)都害怕它下一步会采取什么行动。现在,企业游说、海外逃税、公共产品私有化以及政府对企业债务的疏解,都被认可为正常经济和政治进程的部分。全球各地的公民,即使身处商业公司诞生的前帝国核心区域,也越来越感到无法对公司权力周围的保护性泡沫带来任何实质的挑战。

新等级体系

20 世纪 90 年代,我穿梭于发展中国家和发达国家之间,这是我在成长阶段经常发生的事情。于我而言,即便是在孩童时期,跨国公司权力与国家主权之间的规模变化都让我印象深刻。我经常会做这样的事情——在英国和加纳之间来来回回。但在加纳,跨国公司似乎以一种不同的方式占据着这个空间,并且发展迅速,很快就渗透到日常生活的方方面面。在阿克拉,可口可乐、雀巢和壳牌等公司不仅像在伦敦那样占据了各种广告牌，范围还覆盖到了出租车、住宅甚至人的身上——半裸的男子站在嘈杂的交通路口，他们的身体从头到脚被涂成芬达的橙色或健力士黑啤酒的黑白色，胸前分别画着各自的标志。在烈日下，他们会穿着这种服装，一站就是几小时，头上顶着一箱沉重的公司产品，这是要卖给路过司机的。在阿克拉、拉各斯和内罗毕这样的城市，你经常会发现房屋的一整面墙，甚至整个乡镇的住宅都被漆成了蓝色，正面则印着百事可乐的标志。这种规模的广告投放几乎给这些公司带来了超能力，让它们能够渗透到发展中国家个人生活的方方面面。作为补偿，住在这些房子里的人们除了免费的油漆什么都得不到，运气好的话或许还会获得一些免费的百事可乐。[59] 身处加纳的人会有这样一种感觉——跨国公司比你可能遇到的任何权威机构都拥有更多权力。不论是政府、教会还是非政府组织，他们都听从于沃达丰（Vodafone）①或英国石油公司。如果人们来到加纳的农村地区，可能很难喝到干净的饮用水，但总是可以在附近买到一瓶可口可乐、雪碧或芬达。

20 世纪 50 年代，当摩萨台、恩克鲁玛和其他许多人在夺取国家主权时，公司权力在"去殖民化"国家的胜利并非不可避免。然而，为保护公司产权而削弱新国家的主权，直接导致美国法学教授弗兰克·帕斯夸莱（Frank Pasquale）所说的"功能性主权"（functional sovereignty）出现在如今的大型公司里。[60] 在 21 世纪，

---

① 沃达丰是跨国性的移动电话运营商，现为世界上最大的移动通信网络公司之一，在全球 27 个国家均有投资。在另外 14 个国家则与当地的移动电话营办商合作，联营移动电话网络。——译者注

亚马逊和谷歌这样的巨头崛起，不同于以往在自由市场中参与竞争的公司——它们本身就是市场，其他公司需要借助它们的平台，遵守它们制定的贸易规则。时间拉回到大英帝国主义的巅峰时期，东印度公司和哈德逊湾公司权势滔天，一度成为准国家般的存在，而这一切仿佛在当代重新上演。[61]

于是，各个国家竭力提供更优惠的条款，以吸引这些公司。降税是民族解放委员会给出的条件，现在各国给出的优惠条件已经不止于此了，他们甚至要求跨国公司接管国家业务，这促进了外包业务在英国的增长。爱彼迎公司（Airbnb）不仅为用户提供关于度假房的信息，现在还开始负责为衰落的城镇做城市规划。[62]曾经，东印度公司操纵着自己的法院，现在出现了亚马逊这样的公司——通过制定种种争议的解决方案，这些公司运营着事实上属于自己的法律系统，旨在解决使用其平台的买家和卖家之间的冲突。[63]或许，它们没有东印度公司那样的军事力量，但今天的跨国公司有能力收集数目空前的个人数据，或通过其知识产权操纵疫苗的分发。

我们再也不能自欺欺人地说，只有发展中国家才会在公司强权面前屈膝了。无论是拥有谷歌的爱尔兰共和国，还是拥有星巴克的荷兰，欧洲国家都在调整自己的税收、环境或监管政策，以取悦这些企业的主子。[64]由于英国的法律、政治和经济体系原是为外包的企业殖民主义利益而建，所以它在这个由跨国巨头操控的世界中显得尤为脆弱。

自摩萨台时期以来，一种国际性的法律框架业已建立，在这种法律框架下，任何尝试以极端手段对抗跨国公司利益的政府都会面临残酷的经济惩罚。现在，人们不怎么需要发动政变了，因为出现了像世界银行国际投资争端解决中心（ICSID）这样的私人法律系统。企业能经常起诉那些在它们看来违反了其财产或合同权利的国家，并且往往能获得成功。1966年，经世界银行国际投资争端解决中心批准后，投资者成功起诉了乌干达、菲律宾和加纳等国，称其实施了导致他们利润率下滑的政策。如今，跨国公司投资者和政府之间的纠纷也给英国自身带来了巨大威胁，这些公司担心英国脱欧带来的经济影响。此外，英国通过脱欧条款确保了未来许多贸易问题都由仲裁小组和私人法庭解决，但这些机构一直倾向于企业利益，而非国家利益——脱欧派大谈主权，但这真的就是主权吗？

因为与企业资本主义建立了密切的关系，历届英国政府首脑都在试图遏制主权自治势力，而主权自治正通过"去殖民化"进程向世界各地蔓延。英国脱欧所带来的主权并没有削弱私人企业家的权力，他们如今得到了法律保护网提供的全方位支持。权力不仅存在于国家议会、国旗和激动人心的宪法之中，还存在于财产权、严格起草的合同和公司董事会之中。可以说，当今跨国公司的流动本质进一步撕裂了财富积累与社会责任之间本就脆弱不堪的联系。

在20世纪，若跨国公司想在世界各地自由发展，就必须确保其资本跨国界流动的机制能流畅运转。然而，正如20世纪后期所表现的那样，资本的流动也促进了人员的流动。如果跨国公司继续在前殖民地的土地上榨取财富，那么许多生活在那里的人都会决定追求经济利益，这没什么可奇怪的。

第三章 边界

第三章 边界

1947年，在印度走向独立时，英国首相艾德礼恳请印度人民不要忘记英国在殖民统治期间给他们的指导。艾德礼站在著名的下议院橡树会议厅宣读《印度独立法案》(Indian Independence Bill)，他自豪地宣称："印度的统一和自由……都要归功于英国。"¹通过演讲，他试图平息民族主义者的狂热情绪。他们在此处庆祝自由，这里曾几何时还是大英帝国王冠上的一颗明珠。同时，他还提醒印度民众，走向文明和成功的独立民族国家之路，最终得益于摒弃其古老文化中的迷信幻想，他们应该拥抱英国人出于善意而赋予他们的种种准则。在印度独立前夕，艾德礼的议会演讲听起来更像是一位校长给学生们做的毕业演讲，而不是一个主权国家承认另一个主权国家的宣言，这表明了鲍威尔设想的这个犹豫不决、仁善友爱的英国形象跨越政治边界的方式。按照艾德礼的说法，印度之所以成为大英帝国的一部分，首先是因为印度人民厌倦了本国的"无政府主义"统治者，于是"自愿将权力让给英国"。²由此，印度次大陆上过去几十年的罢工、非暴力反抗和武装抵抗所取得的成就都被掩盖了。显然，英国意识到，印度已经结束了学徒期,于是大方地承认该地区独立。

艾德礼政府认为,对英国来说,从这个人口最多的殖民土地上分离出来并不是什么重大损失。如果硬要说有什么影响的话,那就是一种解脱。之前,英国要为这个规模庞大的次大陆提供指导,现在终于可以放下这样的重担了。面对这一改变世界的重要事件,许多英国政客都公开表示过不屑,艾德礼的财政大臣休·道尔顿(Hugh Dalton)就是其中一个——这一事件所促成的新的体量巨大的国家不止一个,而是两个——英属印度被划分出多个边界,形成了印度和巴基斯坦。面对世界格局的变化,道尔顿声称:"只要不对英国人构成威胁,我相信没人会在意(印度)。"[3]艾德礼政府将"独立"重构为对英国文化势力的又一次强化。按照他的话说,独立是"英国在印度的最终使命的完成"。过去几个世纪以来,印度次大陆发生了很多事件,如孟买瘟疫、孟加拉饥荒、东印度公司私人军队占领土地、阿姆利则惨案以及最终导致印度发生混乱的非暴力不合作运动,这些都只是"通往这个既定目的地的脚步"。[4]面对印度独立,英国做出的反应为其对普遍意义上的"去殖民化"政治反响奠定了基调,即坚称"一切都在计划之内"。在接下来的几十年里,随着这个横跨世界的庞大帝国开始以指数级的速度分裂,越来越多的人将听到数百万印度人在1947年收到的临别话语:"别忘了我们给你们提供的经验。"

2012年,当英国政客谈起印度时,方式却截然不同。那一年,一群在当时还名不见经传的保守党议员在一本名为《被解放的不列颠尼亚:全球增长与繁荣的教训》(*Britannia Unchained: Global Lessons for Growth and Prosperity*)的书中阐述了他们对英国未来的展望。⁵当这个国家的自由党媒体在庆祝伦敦奥运会时，这个雄心勃勃的后座议员团体试图警告人们不要沉迷于懒惰和自恋的文化，他们认为这种文化正在控制英国。伦敦奥运会展现了一个歌舞升平的、有着多元文化的英国，但在后座议员看来，英国俨然变成了一个停滞、懒惰和自恋的国度——国民沉醉于慷慨过头的国家福利中，在全球经济中不再具有什么竞争力。要知道，全球经济才是唯一真正重要的东西。

为了让英国从白日梦中醒来，这些政客呼吁英国借鉴发展中国家的经验，尤其是印度的。65年前，艾德礼对即将独立的印度发出警告：要记住英国给它的教导。但如今，印度却被树立为英国自己要效仿的榜样。这些作者认为，印度之所以能够崛起，是因为"与痴迷于名声的浑浑噩噩的英国人相比，印度那些受过中等训练的计算机工程师或技术人员越来越成功"。⁶在他们看来，英国工人已经变成"世界上最懒惰的人群之一"。"我们的工作时间很短，退休很早，工作效率很低。"⁷被惯坏的英国年轻人可以向印度同龄人学到一些东西，因为"与那些来自班加罗尔小巷的学生不同，来自英国低收入家庭的学生不认为学习是摆脱贫困的一种方式"。⁸英国学生会选择容易毕业的学科，他们害怕高难度的理工科，而此时，"印度和墨西哥的年轻人正排着队报名学习这些课程"。⁹《被解放的不列颠尼亚：全球增长与繁荣的教训》一书的作者预测，随着金钱和资本可以自由地在全球化的世界中流动，跨国公司会很快将业务从英国转移到"班加罗尔和瓜达拉哈拉的那些受过高等教育且精通技术的低成本工人手中"，这是理所当然的。¹⁰这本书的结论是，英国经济急需某种"休克疗法"。在本书中,有一个用"回旋镖"来做喻体的例子:有一篇文章公开宣称,与全球南部经济体在"去殖民化"后所遭受的困境一样,早期的帝国中心地区会经历同样的艰难过程。这是因为在 21 世纪,"面对从亚洲到拉美地区席卷而来的满是欲望和野心的国际经济竞争,英国发现自己越来越无力应对"。[11]

该书出版时,其作者夸西·克沃滕(Kwasi Kwarteng)、多米尼克·拉布(Dominic Raab)、普里蒂·帕特尔(Priti Patel)、利兹·特拉斯(Liz Truss)和克里斯·斯基德莫尔(Chris Skidmore)还只是一群名望不高、有抱负但缺乏经验的年轻政治家。差不多 10 年后,他们已升至英国政坛的最高层,并成为约翰逊政府的中坚力量。就在本书写作之时,帕特尔已任内政大臣之职,拉布担任司法大臣,特拉斯任外交大臣,克沃滕任商务大臣,而斯基德莫尔担任大学国务部部长。当英国迈出出人意料的一步(即脱离欧盟),成为一个"独立"国家时,与《被解放的不列颠尼亚:全球增长与繁荣的教训》有关的作者实际上管控着英国的各行各业。在政府中,他们既是脱欧的鼓吹者和控制英国边境的推动者,也是"全球化英国"运动的助推者,目的是让英国体系漂洋过海,再次"领导世界"。[12] 这种撬开和压制民族国家边界的双重愿望,表明了帝国终结所带来的挑战。

民族国家与福利国家

《被解放的不列颠尼亚:全球增长与繁荣的教训》一书提到了 21 世纪英国的懒散和停滞的状态,罪魁祸首显而易见——艾德礼政府在第二次世界大战后确立的福利国家。随着帝国的结束和英国新民族形象的建立,建立福利国家成为战后国家发展前景中的关键点,人们对此展开了激烈争论。20世纪二三十年代,有组织的劳工运动获得胜利,于是,劳动人民的苦难生活开始从运动胜利走向催生改革,到最后得到改善。在21世纪初的几十年里,一场日益壮大的妇女权利运动也为福利国家的出现扫清了道路。当时,为提高妇女和儿童的健康和福利水平,活动家们不仅争取了投票权,还争取了更好的条件。但是,促进全面福利国家到来的,却是与民族主义和集体主义有关的斗争。出于战争需要,英国政府已经在民众的健康上花了很多心思——因为担心人们营养不良、体弱多病,以至于影响战争结果,政府提供产科服务和免费的学校膳食。[13]战争结束后,人们觉得国家应为人民做出的牺牲而承担责任,这种感觉强化了建立新的社会联系的愿望。1945年,艾德礼领导的工党赢得大选,受命创建一个全新的英国。福利国家的建设,不仅催生出了新型的英国社会,还让英国产生了一种新的身份认同形式。尽管大英帝国正走向衰亡,但人们仍对20世纪50年代英国那固定的公众形象记忆犹新——那时,英国沉浸在欧战胜利日游行的热情中,并借助这种热情推动建设一种由国家出资的医疗、住房和失业福利体系。

1945年后,英国国家医疗服务体系的建立、福利公屋的修建以及社会安保体系的发展,打造出英国的浪漫神话。第二次世界大战之后,英国社会受到多种因素的影响,此时,福利政策已成为英国社会民主崛起的基础。然而,正如历史学家大卫·埃哲顿所指出的,推动改革的不仅仅是艾德礼政府的慷慨之举;旧的帝国开始崩溃，要建设福利国家，英国需要一种新型民族主义。[14] 在新政治体系广泛出现的国家建设过程中，福利国家只是其中的一部分而已。工党在1945年的选举宣言，对这种"国家"问题从总体上做了清楚的表述。在宣言中，"健康"一词出现了9次，"社会"一词出现了16次，而"国家"一词则出现了27次。[15] "四五精神"成为消灭帝国的重要工具。通过将"获胜的小岛"与新的国家医疗保障框架联系起来，福利国家让大众记住了20世纪五六十年代的叙事不是"去殖民化"，而是社会民主的发展。[16]

尽管艾德礼的演讲试图淡化其重要性，但损失印度一事表明，英国须从帝国残迹中尽力找出一种新的国家模式。这不仅仅是损失一个殖民地的问题；这是整体意义上的殖民地损失。殖民统治一直是整个大英帝国赖以运转的支点。没有哪个政治家比鲍威尔更清楚失去印度统治权的重大影响。鲍威尔对印度的重视并非毫无根据，他宣称印度是"帝国最引人注目的卷首之作"。[17] 回到英国后，鲍威尔极力主张英国对印度保留某种形式的主权。[18] 在他看来，如果没有印度，英国将立即失去其在东半球的大部分军事和经济实力。鲍威尔试图告诉他的同僚，英国全球权力的"重心"不是伦敦，而是新德里。[19] 以印度为出发点，英国可以将其势力扩展到印度洋和阿拉伯半岛。没有帝国的存在，特别是在没有印度的情况下，鲍威尔担心美国和苏联的武装力量会毁掉小体量的古老英国。[20] 当丘吉尔和保守党明确表示不会反对艾德礼允许印度独立的决定时，愤怒的鲍威尔辞去了在保守党印度委员会的职务。[21] 当鲍威尔结束在印度的战争工作时，他说道，他觉得自己既是印度人，也是英国人。从那时起，他就专注于建立大英民族的计划，这个计划将削弱和否定帝国的重要性及其消失的事实。如果这个帝国已经不存在了，那么它如今也不得不被人遗忘。

新英国臣民

战后，从通过的移民和国籍立法浪潮中，可以看出英国政府对脱离帝国的问题的反应。大英帝国的灭亡加速了人口在世界各地的大规模流动。在此之前，一名来自印度加尔各答的年轻棉纺厂工人与一名来自兰开夏郡乔利的年轻棉纺厂工人一样，在法律上都是英籍人士。在整个帝国范围内出现的人口流动仍旧是不平等的，但这并没有明确地体现在不同的公民类别中。在很大程度上，英国利用了各地帝国臣民的集体力量来为战争提供动力。来自肯尼亚和南非的士兵，以及来自加拿大和西印度群岛的空军都前来援助母国。250万印度人报名参加第二次世界大战，成为人类历史上规模最大的志愿军。之后，在印度独立的第二年，艾德礼政府于1948年提出了《英国国籍法案》(*British Nationality Act*)。随着印度这个英国人口规模最大的殖民地的损失，一个问题变得愈加紧迫——过去几个世纪以来，这些人都是被当成英国子民来看待的，但是现在印度独立出去了，那么这片大陆上公民的身份会发生什么变化？1948年出台的《英国国籍法案》创设了一种"英国与殖民地公民"的新类别，这标志着具有普遍性的"英国公民"地位的首次转变，而在那之前，"英籍人士"是所有帝国民众的共同身份。虽然1948年的《英国国籍法案》首次承认了"联合王国"和"殖民地"的区别，但仍给予所有独立的英联邦国家和英国殖民地的国民到英国定居的权利。

对更大范围的帝国而言，这项法案成了一种邀请。政府招募的主要目标是来自澳大利亚、加拿大和新西兰的白人。战后，有些英国家庭移民到了国外，因此政府希望吸纳一批白人移民，以弥补这种人口流失。然而，在1948年，一艘名为"帝国疾风号"的船驶进了埃塞克斯的蒂尔伯里码头，船上载着一群加勒比工人。在战后从非白人殖民地来到英国定居的这一代人中，这些加勒比工人有着永恒不变的形象。虽然我们常把"疾风一代"称为移民，但要记住很重要的一点，那就是当他们登陆时，他们已经是英国的臣民了，他们只是从英国的边缘领地迁移到宗主国而已。严格来说，他们与从班戈搬到布莱顿的人一样都是移民。并且，同样重要的是，他们之所以来到英国，是因为英国政府已明确表示迫切需要大量劳动力来重建国家。这种新的国家福利政体迫切需要工人。1956年至1966年，伦敦交通公司仅在巴巴多斯就直接招募了3500多名员工，并且通常会支付他们来英国的差旅费用，然后从他们的第一份薪水支票中扣除这笔钱。[22]如果没有来自殖民地的额外职员，英国国家医疗服务体系就不可能有充足的人手，这就是为什么帝国在各地设立机构来挑选和招募人员，以便在英国培训包括护士在内的从业者。

但是，在20世纪五六十年代，来自加勒比、西非和印度次大陆的工人收到前去重建遭受战争蹂躏的英国的邀请——这就是所谓的"工作"之邀，并非让他们前去定居。英国政府认为，他们预想过来的人数正好够填补劳动力的空缺，并且他们干完活就会离开。政治家想引进的是劳动力，但事实上他们得到的是活生生的人。在战争期间,许多人就已响应母国号召来为英国服务;对他们而言,移民到英国不过是继续履行同样的职责。从很多方面来说,在这个时代,从金斯顿、布里奇顿或孟买前往英国就像回到家里一样。他们在童年时期所接受的教育与简·奥斯汀和板球有关;而就在不久前,他们又为英国战争做出了巨大牺牲。因此,在得知宗主国仍急需他们的帮助后,这些来自大不列颠各处的家庭纷纷前往目的地。

想象一下这样的场景:当他们发现他们的新邻居和新同事认为,他们并不是自己人,而是外国人,是肮脏的入侵者,就像当时纳粹德国空军的轰炸机那样让人生厌,这将是什么样的感受?尽管黑人和从亚洲殖民地过来的移民为英国福利国家建设做出了巨大贡献,但他们在享受英国新社会契约带来的好处时,却受到了赤裸裸的种族主义限制。在住房和就业方面,英国存在一种非官方的"肤色歧视"。虽然英国没有种族隔离的法律,但在很多情况下这些人是没有人要的。公司会拒绝雇用黑人员工,而对于那些正在设法找工作的黑人员工,一些工会也会拒绝让他们加入。找房子更是难上加难。关于"疾风一代"遭受的偏见,在我们印象中挥之不去的,仍然是他们在酒吧和展示租赁业务的窗户上看到的海报:"黑人、狗和爱尔兰人不得入内。"虽然,一些历史学家质疑这些海报数量是否有激增、是否真实存在,但没有人质疑这样一个事实:20世纪五六十年代,来自殖民地的移民被房东拒之门外,被排除在议会等候名单之外,还因肤色被著名的抵押贷款公司拒绝。[23] 1959年年底,在伦敦北肯辛顿,1/6的租房广告中都存在着某种"反有色人种"的规定,包括"不接受有色人种""只接受欧洲人""只接受白人"或"只接受英国人"等。[24]

这些日常生活中的侮辱还不是全部,当英国新移民打开他们的早报,往往会不可避免地发现其他人一直把他们所在的社区与暴力和犯罪联系在一起。[25] 政客们开始在选举中堂而皇之地歧视有色人种。在战后英国的种族主义选举中,最险恶的一次或许就是1964年在西米德兰兹郡斯梅斯威克选区的选举。那里居住着当时新来的英联邦移民,尤其是那些来自锡克教社区的印度人。保守党人彼得·格里菲斯(Peter Griffiths)赢得了那次选举,他说服工人阶级和传统工党选民,让他们相信他们正与这些新的外国移民争夺日益减少的资源,以此来吸引足够多的传统工人阶级选民投票给他。他的竞选口号是:"如果你想和黑鬼做邻居,那就投工党的票吧!"[26] 然而,尽管斯梅斯威克的选举丑陋不堪,但几年后发生在邻近城市伯明翰的一件事更加糟糕。在"帝国疾风号"驶入码头的20年后,鲍威尔前往伯明翰发表演讲,当时的鲍威尔是受人尊敬但偶有反叛之行的保守党和英国政界人士,这次演讲强化了他那英国史上最为臭名昭著的人物形象。

"血河"

鲍威尔的名字永远是一个代名词:移民——尤其是来自非洲、加勒比或南亚的移民——永远不可能成为真正的英国人。1968年4月20日,鲍威尔参加了在伯明翰举行的保守党协会会议,此时,他在英国右翼建制派中已然树立起了独特的名声。当晚,鲍威尔警告他的听众说,来自殖民地的移民催生了种族战争,英国的河流很快就会"一片血红"。²⁷ 就在这场被称为"血河"的演讲中，鲍威尔抱怨说，在 20 世纪 60 年代，英国种族主义的真正受害者是他的白人选民。正因为移民的存在，这些选民现在"无法得到医院床位"，并且"他们的孩子没法上学了"，还看到"他们的家园和社区变得面目全非"，可以说，他们"在自己的国度里变成了陌生人"。²⁸

从多种角度来看，"血河"演讲不仅是对移民社区的攻击，也是"帝国疾风号"登陆 20 年以来取得的成功。面对刚到英国时所遭受的歧视，从非洲、加勒比和南亚移居到这个古老殖民母国的人们并没有消极接受，他们早已组织起来，在这个国家里为自己开辟了一片天地。1963 年，布里斯托尔爆发的一场公共汽车抵制运动迫使该市接受了黑人和亚洲人成为公共汽车驾驶员。1966 年，为了反对种族攻击，诺丁山地区设置了一个加勒比狂欢节，如今，这是欧洲最大规模的街头狂欢节。克劳迪娅·琼斯（Claudia Jones）、奥利弗·莫里斯（Olive Morris）和达克斯·豪（Darcus Howe）等人领导了几场抗议运动，反对他们所在的群体在求职、租房或使用公共服务时不得不忍受的歧视。来到英国的移民群体，此前并非没有相关的经历，许多人都曾在殖民地为争取劳工权利或获得英国当局的政治承认而四处奔走。²⁹ 最终，他们对英国政府施加的压力促使后者在 1965 年通过了《种族关系法》（*Race Relations Act*）。后来，由于这项立法被认为并不完善，政府又在 1968 年颁布了另一版《1968 年种族关系法》，最终将房东和雇主公开歧视肤色的行为视为非法。对许多人而言，《1968 年种族关系法》不仅让受压迫人群正式获得了权利，同时，这也是对这些群体继续存在的一种认可。英国需要找到成为一个多种族国家的方式。

鲍威尔曾是帝国最坚定的捍卫者之一。然而,在发表"血河"演讲时,他却采用了一种"被抛弃的情人"的辩护方式,宣称英国如果依靠自己,情况会更好。事实上,像印度这样的殖民地一直过度依附于英国,而不是英国依赖于它们。[30] 尽管鲍威尔住在印度时曾迷恋过印度文化,但现在他警告他的选民,来自印度次大陆的"移民潮"带来了他们落后的文化和古老的民族与宗教冲突。[31]《1968 年种族关系法》的通过使鲍威尔清楚地认识到,身处英国的黑人和亚裔正打算在这里长住,这使他反对他们的决心更加坚定了。1968 年 4 月 20 日,当他在伯明翰米德兰酒店一个尘土飞扬的会议厅里站起身时,鲍威尔相信自己就是纯种英国人中的最后一道防线。1000 年来,英国人没有受过外部因素的干扰。此刻,他对外宣称,英国公众担心的是"再过上 15 年或 20 年,黑人将迫使白人交出这个国家的控制权"。[32] 在演讲的最后,鲍威尔呼吁保守党在未来致力于"再移民"政策。他认为,阻止英国被持有外来文化的劣等人所占领的唯一方法就是将英联邦臣民送回他们的老家。

保守党领袖泰德·希思(Ted Heath)将鲍威尔逐出了影子内阁,而鲍威尔也因其"血河"演讲被赶出一线政坛,但这次演讲引起了全国民众的共鸣,使他成为英国最受欢迎的政治家之一。随后的一项民意调查显示,74% 的英国人赞同他的观点。[33] 此外,尽管鲍威尔受到具有正统思想的政治阶层的嘲笑,但对战后英国各政治派别的历届政府而言,实际上按照民族(甚至种族)的界限重新划分英国公民身份是它们共同的目标。在《1948年英国国籍法案》颁行后，其他国籍和移民法案纷纷出台，试图通过一种无声而暴力的排斥手段，公然将英国公民与世界各地英国臣民的地位进行区分。[34]

1962年，保守党政府通过了《英联邦移民法》，结束了来自英国殖民地和英联邦的人在英国自动获得的定居权。虽然它使所有英联邦公民都可能受到移民控制，但这项法案针对的并非来自新西兰或罗得西亚的白人。据保守党内政大臣拉布·巴特勒（Rab Butler）所言，该法案的"最大优点"是它看起来适用于英联邦所有地区，但实际上，它的"限制性效果几乎只对有色人种起作用，这就是事实"。[35]工党延续这一趋势，用1968年的《英联邦移民法》取代了1962年法案，进一步加强了管控。最终，《1971年移民法》创造了"居住权"的概念——进入和居住在英国的权利，并将其与英国血统挂钩。这一举措非常明确，即只允许英联邦白人公民进入，而他们的父母很可能原本就出生在英国。1981年，新出台的《1981年英国国籍法案》强化了移民法案，不仅废除了《1948年英国国籍法案》的大部分条款，还在很大程度上不再承认英联邦公民为英国国民。继《1971年移民法》之后，《1981年英国国籍法案》将公民身份以及进入英国的权利与某人的父母是否在英国出生挂钩。[36]在法律身份上，此时的英国是一个固定的、有边界的民族国家；大英帝国由此消失了——这不仅发生在现实场景中，还发生在法律的记忆里。

尽管鲍威尔的"血河"演讲受到当权派政治家的公开反对，但从《1948年英国国籍法案》到《1981年英国国籍法案》，对英国公民身份的立法调整与鲍威尔的要求至少存在一些共同点。1956 年 8 月，鲍威尔宣称："在对西印度移民采取任何限制措施之前，必须对法律进行根本性的修改。有必要根据出生地和种族来确定不列颠群岛的公民身份。"[37] 随着每一项新移民和国籍法案出台，英国国家结构正悄然发生着根本性的变化，这些变化使其从一个多种族的全球帝国变成了一个孤立的民族国家，但这未得到任何实质性的公众认可，也没有从宪法上承认所有已经发生的变化。公民身份的类别逐渐被改变，在这种情况下，从圣卢西亚到斯里兰卡等地的民众不仅不再被标注为英国人，而且被认为从来都不曾是英国人。

发表"血河"演说、宣扬种族战争"福音"的人是鲍威尔，宣称帝国是"一项创举"的也是鲍威尔。通过忽略帝国的重要性（甚至其存在性），鲍威尔可以淡化第一代黑人和南亚移民所遭受的可怕的种族主义，而正是这些种族主义行为导致了《1968 年种族关系法》的通过。他认为"英国的英联邦移民和美国黑人之间没有可比性"，因为美国黑人一开始就是奴隶，并且在法律层面上受到歧视。[38] 鲍威尔在这里的论点已然成为一种常见的处理方式，即通过与美国比较来规避英国遗留的种族问题；种族问题成了美国特有的问题，而包容的英国则与之没有任何关系。这种解读方式轻易地抹除了"境外"英国在牙买加和巴巴多斯等殖民地广泛推广的种植园奴隶制度，这些地方在英国成为真正的国家之前就已经是英国的一部分。此外，该做法还故意忽视了这样一种情况——即便法律中不包含明确的种族歧视，在社会生活和人际交往中，还是有很多切实存在的种族歧视。在此期间接连通过的移民法和国籍法与鲍威尔的言论是一致的，显然，它们对英国黑人和亚裔人口的影响远远大于对白人的影响。

然而一方面，尽管鲍威尔非常想拉起吊桥，阻止他想象中的外国入侵者，呼吁英国乃至所有的文明国家都加强边境管理，抵御人口的全球流动；但另一方面，他又想要各国放松对边界的管控。"去殖民化"意味着曾经庞大的、横跨大陆的帝国如今横亘着一条又一条主权边界。对在殖民主义时期发家致富的公司而言，每一条新边界都意味着又一个需要克服的障碍，以确保其公司业务能继续正常进行。在鲍威尔看来，这不应是边界的用途。此外，鲍威尔的观念里还有着对全球经济的狂热追求，在这种全球经济背景中，货币、住宅和各种资产都可以自由流动。[39] 如今，在人们的印象中，鲍威尔就是一名民族主义者，一个想在地图上画线并将人们置于适当位置的人。但是，从某种意义上说，他也是一个全球主义者，期望在经济方面消除这些界限，呼吁开放和灵活的全球资金流动。鲍威尔关于全球自由市场的想法在当时是很小众的，甚至在他所属的党内也是如此。不过，幸运的是，他之后会遇到一群志同道合的知识分子，后者在1955年创建了英国第一个自由市场智库——经济事务研究所（Institute of Economic Affairs）。

经济事务研究所

第二次世界大战即将结束时，英国皇家空军飞行员安东尼·费舍尔（Antony Fisher）在家庭杂志《读者文摘》（*Reader's*

Digest）中偶然读到了弗里德里希·哈耶克（Friedrich Hayek）的观点——《读者文摘》本来是态度很温和的杂志，却出现了一篇激进派人士的文章。哈耶克是一名激进的奥地利经济学家，任教于伦敦政治经济学院。[40] 该杂志简略陈述了哈耶克在《通往奴役之路》（The Road to Serfdom）一书中提出的论点，该书警告说，欧洲缓慢走向社会主义的选择将最终导致自由的毁灭。在阅读这本杂志时，费舍尔灵光一现：哈耶克的一席话暴露出这样一个事实，对饱受战争蹂躏的国家来说，英国的福利制度并不是众人口中所谓的"赋予劳动人民的慈善礼物"，它只是在通往"农奴制"道路上又向前迈进的一步，它打破了所有的个人自由和自由意志。

费舍尔在战后的平民生活中发现了自由市场经济可以带来的个人利益。作为英国第一个电气化养鸡农场主，他积累了一笔财富，并且计划将这一启示带给这个国家的全部民众。于是，费舍尔找到了哈耶克，询问这位经济学家自从他读了那期《读者文摘》后一直困扰着他的问题——像他这样的人可以做些什么以助推更大范围的反社会主义斗争？他是否应努力进入议会？令人惊讶的是，哈耶克告诉费舍尔，做一名政客是浪费时间。相反，费舍尔应该专注于影响政党政治之外的公众舆论。在英国，建立福利国家的理念已成为常识，所以哈耶克建议费舍尔将知识分子、学者和政治家召集起来，以期改变这种常识。[41]

费舍尔与哈耶克的一番谈话促使他在 1955 年建立了经济事务研究所，这是一个独立于正式政党政治外的智库，其灵感来自美国的布鲁金斯研究所（Brookings Institute）或卡内基国际和平基金会（Carnegie Endowment for International Peace）等组织机构。

费舍尔找到了两位年轻的自由市场经济学家来指导他的新项目,他们是拉尔夫·哈里斯(Ralph Harris)和阿瑟·塞尔登(Arthur Seldon)。在战后的英国,人们已经接受了这样一种观点——福利国家是帮助那些没有经济来源的人的最佳方式。哈里斯和塞尔登都有工人阶级背景,这使得他们对福利国家的批评显得更有分量。经济事务研究所迅速成为英国政治领域一股奇特而又引人注目的新生力量,然而,一直到鲍威尔成为他们在议会中的代表,他们才真正开始有存在感。

在鲍威尔支持经济事务研究所之时,大多数英国保守党人士认为该组织的成员都是边缘的极端分子。人们认为,一定程度的福利主义和国家对经济的控制是不可避免的。但是,通过与经济事务研究所的合作,鲍威尔成为英国第一位挑战这种思维方式的重要政治家,他公开呼吁公共服务的非国有化,并呼吁政府放松对资金的控制。鲍威尔、哈里斯和塞尔登共同倡导一种经济思想——"民主是自由企业的真正敌人";政府必须"迅速而忠实地服从于市场力量";另外,人们必须"接受财富和收入的差异,没有这些差异,竞争和自由企业就不可能存在"——这种思想在现在被广泛接受,但并不符合20世纪60年代英国的普遍潮流。[42]战后的福利国家已经融入了新英国的版图,像英国电信、英国航空和国家医疗服务体系这样的公共服务成为新国家身份的一部分,这就意味着脱离帝国的历史影响(且不论其劳动力构成)是必要的。经济事务研究所将促使英国离开政府资助的茧缚,并将找到自身真正的企业家精神视为天职。哈里斯支持鲍威尔重走学术道路，开始为经济事务研究所撰写专著，以求大众认识到自由市场经济的重要性。1960年，鲍威尔出版了一本与经济事务研究所合著的书，名为《自由社会中的救赎》(Saving in a Free Society)，在这本书中，他主张各国政府停止利用其对利率的主权权利来试图操纵经济。[43] 该书出版后，鲍威尔和经济事务研究所携手合作，在各种会议、座谈会和后续出版物中大力反对政府控制的有利于英国经济的观点。

即便在鲍威尔发表了"血河"演讲并遭到了主流政坛盟友的抛弃后，经济事务研究所还一直对鲍威尔保持忠诚，鲍威尔与经济事务研究所的关系变得非常密切。1988年，就在伊丽莎白女王二世封费舍尔为王国骑士的4周后，他去世了，鲍威尔是仅有的两位参加其追悼会的政客之一，另一位则是同为保守党煽动者的基思·约瑟夫（Keith Joseph）。巧合的是，约瑟夫与鲍威尔有着相似的政治生涯。两人都曾是保守党的潜在领袖，且都因在同一座城市发表了不堪的演讲，葬送了他们的职业生涯。鲍威尔在伯明翰的一家酒店发表了"血河"演讲，这让他的政治生涯走到终点，而就在几年后的1974年10月19日，约瑟夫来到英国第二大城市发表了他那激进却不合时宜的优生学演讲。在这场演讲中，约瑟夫并没有强调移民问题，而是福利国家导致的传统保守道德的崩溃。他认为，正因为有了公共资金，"低智"的贫穷母亲如今可以生出无数的"问题儿童"，这些孩子正威胁着国家未来的"人力资本"。[44] 约瑟夫的这番优生学演讲所得到的反响与鲍威尔之前所得到的反响类似——他也惊恐地发现，当权派媒体和主流政客都背弃了他。

固定汇率

因为发表了大量诸如此类的演讲，鲍威尔和约瑟夫在很多人心目中失去了担任领导者的资格。不过，幸运的是，他们在缺乏盟友的情况下还是得到了经济事务研究所的一贯支持，但下议院的同僚很少公开对他们表示支持。在议会中，仍有少数人为他们辩护，其中包括雄心勃勃的政治新星——撒切尔。1974 年，当保守党的建制派正奋力拉开该党与鲍威尔和约瑟夫之间的距离时，刚被罢免的教育部前部长撒切尔在《泰晤士报》上发表了一篇整版文章，她在这篇文章中为这两人辩护，认为他们拥有"优秀的学术思想"。[45] 撒切尔多年来一直钦佩鲍威尔，在其政治生涯中一直与约瑟夫有着密切合作。对她而言，虽然他们的看法有些极端，但不容忽视的是，他们都对英国面临的主要问题（经济）给出了正确答案。

鲍威尔和约瑟夫与经济事务研究所展开合作，他们高呼计划经济的危险，但这几乎只是空谷跫音而已。他们将哈耶克等前沿自由市场经济学家的思想引入主流政治，也引起了撒切尔的注意。他们期盼的一个重要变化是改变全球资金的流动方式，相比于其他问题，鲍威尔在这个问题上也许更能影响撒切尔。与经济事务研究所一道，鲍威尔致力于挑战凯恩斯主义在全球层面对市场的限制。在 1968 年鲍威尔陷入的争议怪圈中，人们常常会忘记他在这一年发表了另一个演讲，阐述了他的"无国界"愿景。就在他发表"血河"演讲的几个月后，鲍威尔又在颇有影响力的朝圣山学社①的一次会议上做了演讲。这次演讲题为《固定汇率和统制经济》("The Fixed Exchange Rate and Dirigisme"),它在历史书上可能不怎么起眼,但它有着自己独特的价值,对于我们理解过去数十年中世界所遵循的方向十分重要。46 鲍威尔认为,虽然人需要被限制在适当的地方,但资本应按照自己的意愿在世界各地自由流动。

如今,在人们的口耳相传中,朝圣山学社已成为一个秘密组织,一个上层社会的专属俱乐部。和典型的邦德电影中的反派一样,他们在密谋统治世界之时,就藏在朝圣山学社。在现实中,这个组织并不像它有时被描述的那么神秘或险恶,但它的影响力不容小觑。该组织由弗里德里希·哈耶克于 1947 年在瑞士的一个同名度假村中成立,会集了学者、政界人士和商界领袖。他们一致认为,当今时代的目标是阻止社会主义在欧洲乃至全世界蔓延。47 其成员包括了一些 20 世纪最有影响力的经济学家——不仅是哈耶克,还有他的导师——奥地利自由意志主义运动代表人物路德维希·冯·米塞斯,以及德国战后复苏时期的设计师威廉·罗普克(Wilhelm Röpke)。这支宣扬自由竞争的市场经济的精英队伍中的英国人包括经济事务研究所的所有重要人物——安东尼·费舍尔、阿瑟·塞尔顿、拉尔夫·哈里斯(他将短暂地领导该协会),以及哈耶克曾向哈里斯描述的那个"似乎我们现在对英国的所有希望

---

① 朝圣山学社(Mont Pelerin Society)是由哈耶克发起成立的一个新自由主义学术团体,成立于 1947 年 4 月。新自由主义以复兴古典自由主义为主要特征,宣扬资本主义和市场自由的普遍性,反对社会主义公有制,维护资本主义私有制,坚持自由竞争的市场经济是新自由主义的实质和核心。——译者注

都寄托在他身上"的人——伊诺克·鲍威尔。[48]

从第一次会议开始,朝圣山学社就致力于挑战政府对经济的控制,该协会成员发现,这种控制在国内和国际层面上都在增强。国际秩序的广泛变化给"去殖民化"时代笼罩了一层阴影,其中一个变化就是管理全球贸易的新机构的建立。1944年,在美国新罕布什尔州布雷顿森林召开的会议上诞生了两个机构——国际货币基金组织(International Monetary Fund)和国际复兴开发银行(International Bank for Reconstruction and Development),这两者本应成为战后新国际法律秩序的金融支柱。国际复兴开发银行在1946年成为世界银行。起初,国际货币基金组织的职责是确保货币稳定,防范导致大萧条的那种赌场资本主义;世界银行的任务是在民族国家无法获得商业银行贷款时为其提供信贷,避免其陷入财务危机。或许最有争议的是,为避免货币在国家之间的价值波动太大,并控制资本在世界范围内流动的方式,布雷顿森林体系确保货币之间的汇率是固定的。鲍威尔批评了这种稳定世界货币的尝试,他将其称为"大规模自欺行为"。[49]

简而言之,固定汇率的理念就是,世界各国将本国货币与美元挂钩,而美元此时已取代英镑成为全球储备货币。美国将把美元与黄金的价值挂钩,而黄金是一种永远都有需求的贵金属。每个国家的央行都将保持固定汇率的范围,并且整个体系都受到国际货币基金组织的监督。在全球货币都被锚定在一起的情况下,货币价值不会出现大幅的上涨和下跌;国际贸易的自由度降低,但会更加稳定。只有当各国政府能对进出国家的资金保持一定的控制时,固定汇率体系才能持续下去。这就意味着各国实施了资本管制，即限制个人跨境携带的资金数量。英国在国际上的固定汇率和1947年国内的《外汇管理法》有关，该法案限制了英国公民带出英国或以海外资产形式持有的资金数量。直到20世纪60年代，英国人出国度假还被限制只能带50英镑（相当于今天的900英镑左右）。

固定汇率和随之而来的资本管制引发了经济学家和政界人士的意见分歧，这并不让人意外。即使在朝圣山学社内部，针对此问题也有很大分歧。哈耶克手下是一群年长的成员，他们可能还记得发生在1929年的"大崩盘"，因此担心更灵活的汇率可能带来不稳定因素。他们认为，所有货币都应与黄金价值结合得更为紧密，而不是放开汇率，他们坚信货币是促进资本主义和公司企业发展的最佳途径。以雄心勃勃的美国经济学家米尔顿·弗里德曼（Milton Friedman）为首的年轻一代则认为，放松汇率可以让国际贸易收益更高，因为流动货币可以抵消世界各地工会和社会主义政党日益增强的力量。[50] 尽管鲍威尔本人很欣赏哈耶克，但在固定汇率问题上，他坚定地站在了弗里德曼这边。他贪婪地认为，决定不同货币价值的是自由市场，而不是平庸刻板的国内外官僚。[51]

因此，1968年，在发表那灾难性的"血河"演讲后不久，鲍威尔在对朝圣山学社的一次演讲中清楚地表达了自己对固定汇率的看法。通过将固定汇率与"国家统制"（Dirigisme，法国国家主导经济的概念，与自由放任的经济理念相反）相关联，这次演讲试图将全球货币控制体系与许多人对国家极权主义的恐惧联系起来。鲍威尔认为，固定汇率不仅人为地提高了小国家的货币价值，而且这样一种机制给政府提供了完美的掩护；在这层掩护之下，政府可以尽情实施那套"国家控制、限制自由"（甚至包括暴政）的管理形式。而如果没有这层掩护，这些行为都是不可接受的。[52] 现在，各国政府有权控制私人和投资者跨境转移资金的自由，而更糟糕的是，因为这是以稳定全球货币的名义进行的，连资本家也开始接受这种明显侵犯自由的行为。在鲍威尔看来，通过必须防范经济崩溃的幌子，政客和官僚们"可以把自由人变为奴隶，把理性的人变成顺从的牲口"。[53]

鲍威尔声称，正因为固定汇率是国家实行极权控制的一种有效工具，所以尽管工党等党派经常谈及要挑战国际金融体系，他们却并未叫停固定汇率。即使通货膨胀可能会促使工党政府需要更多的自由来调节英镑的价值，"但他们还是要求更大的控制权，要控制进口、控制私人消费、控制贸易、控制资本流动。这是为什么呢？因为固定汇率是控制型经济的制高点"。[54] 在鲍威尔眼里，有了固定汇率，政府就可以自由加税，将私人产业国有化，并且采取更严厉的举措。因为他们知道，根据法律规定，富裕的民众很难带着他们的钱跑到另一个国家。鲍威尔的这两种思想可以概括为这样一种愿景：在这个世界上，边界的存在是为了人，而不是为了财产。人类的流动范围是一个被栅栏和高墙分割的空间，在这一空间中，每个人都被限制在他们本来的位置上；但是，资本流动的领域应该是郁郁葱葱的、开放的草地，是一块能在全球范围内吸引人的土地——在这块土地上，财富可以自由地发展。

鲍威尔在朝圣山学社发表此次演讲时，围绕这一想法的讨论仍存在很大分歧，这对协会成员之间长期形成的友谊构成了威胁。然而，在接下来的几年里，从固定汇率制转向浮动汇率制的提议开始在欧洲和北美产生影响。该运动的领导者正是米尔顿·弗里德曼，他开始成为一个日益突出的知识分子。尼克松当选后，他与这位新美国总统建立了密切的职业联系。弗里德曼阵营的经济学家担任了颇有影响力的政府职务，如戈特弗里德·哈伯勒（Gottfried Haberler）成为美国国际收支政策工作组（US Balance of Payments Policies）主席。[55] 随着时间从20世纪60年代到了70年代，西方各国的政界人士、银行家、报刊记者和企业主开始反复强调放弃固定汇率这一观点。他们的呼吁得到了一些智库的支持，如美国的美国企业研究所（American Enterprise Institute）、西德的沃尔特·尤肯研究所（Walter Eucken Institute），当然还有英国的经济事务研究所。后者主办了各种会议，并且发表了出版物，主张建立浮动汇率。1971年，尼克松总统决定单方面将美元与黄金脱钩，这一跨国运动达到了本身的目的，固定汇率制在事实上结束了。由于美元不再与黄金的固定价值挂钩，世界上其他货币继续以固定汇率与美元挂钩就没有意义了。于是，其他国家政府很快效仿，将本国货币与美元脱钩，这为"过度金融化"（hyper-financialisation）的新黄金时代创造了条件。在这一背景下，企业可以更容易地实现跨国界经营，市场也日益全球化。正如鲍威尔在演讲中所设想的那样，各国货币的价值根据市场需求上下波动。另外，各国开始放松外汇管制，整个世界再次成为富人的游乐场。

1979年，英国首相玛格丽特·撒切尔入主唐宁街10号后，首先采取的一项行动就是取消外汇管制。当这个消息被宣布时，仍任国会议员（但已不再是保守党成员）的鲍威尔在议会中承认，他非常"羡慕"撒切尔政府，因为他们"有机会和权力宣布这样一项促进我国经济发展、有助于恢复民族自豪感的措施"。[56] 此前，英国的金融机构就已开始改变国际上对全球资金流动的控制局面，为实现这一目标，他们采取的方式是协调高歌猛进的离岸经济和英国仅存的殖民区域。随着资本的自由跨境流动，伦敦重新成为众多新资产和债务交易的分拣中心，而在接下来的几十年里，这些交易实现了激增。在2020年，相比于世界其他金融中心，包括瑞士、新加坡和美国的银行，伦敦的银行被认为具有更多的"敞口风险"。[57] 到21世纪初，真正掌握国家主导权的不是鲍威尔所担心的移民，而是英国的金融业。

充满变数的生活

若能把鲍威尔在1968年发表的两篇演讲放在一起，其效果是最好的。当人们将"血河"与"固定汇率和国家统制"相结合，一个自由市场经济和反移民的民族主义政治携手并进的世界就出现了。鲍威尔并不是一个可悲的帝国怀旧主义者，对一个早已过去的世界恋恋不舍——他的经济学著作表明，他期待着一个利润与人相竞争的未来世界。

在随后的几十年里，每当有政客警告说英国可能被移民压垮时，鲍威尔所描述的"血河"图景就会重新浮现。1978年，也就是鲍威尔演讲的10年后，撒切尔表示，她很担心随着英联邦移民的增加，英国正"充斥着不同文化的人"。[58] 她曾经的门生威廉·黑格

（William Hague）在 2000 年竞选期间也重复了这一观点。他当时认为，英国遍地都是虚假的寻求庇护者。[59] 2007 年，《星期日泰晤士报》(The Sunday Times) 发表了一篇文章，呼吁英国应该"阻挡移民洪流"。[60] 2015 年，也就是英国脱欧公投的前一年，奈杰尔·法拉奇（Nigel Farage）煽动了人们对伊斯兰主义者"妄图淹没"英国和欧洲的忧虑情绪。[61] 在鲍威尔、法拉奇及其如今的追随者们看来，解决这场所谓"洪流"的唯一办法是英国实施更为严格的边境管制措施。在这种观念的影响下，很多人来到英国并不是因为大英帝国之前与全球众多地区建立的联系，也不是因为后帝国时代对财产权的保护和资本的流动，使许多发展中国家的生活变得更加不稳定。这些都不是原因。很多人来英国只是因为它有求必应——这是一个边界宽松、福利丰厚的国家。然而，世界其他国家却看到了一个完全不同的图景，人们普遍认为英国的移民法规是欧洲最严格的。[62] 要了解英国移民法的严格程度，我们可以看看像吉米·穆本加（Jimmy Mubenga）这类人的亲身经历。

1994 年，吉米·穆本加从安哥拉来到英国。2006 年，他与妻子和孩子一起住在伦敦东部。因为一场夜间发生的纠纷，他被判定犯有袭击罪，被判处两年监禁。当他从监狱获释之时，穆本加在英国的停留签证已经过期了。虽然他已经开始了申请永久居留权的程序，但由于政府向民众保证会驱逐在外国出生的罪犯，于是他被告知，任何申请都是徒劳的，他将被送回安哥拉。由于这项罪名，他不仅要离开他生活了 16 年的家，还要离开他的妻子和 5 个孩子。

英国政府将国内的驱逐权外包给了 G4S 这家私人公司。2010

年 10 月 12 日，G4S 雇佣的 3 名拘留官将穆本加从希思罗机场护送到前往安哥拉首都罗安达的英国航空公司的航班上。与许多被驱逐出境的人一样，穆本加被带上了一架普通的商业航班。那时，在希思罗机场的每一天，都可以看到伤心欲绝的被驱逐者与无动于衷的游客一起登上飞往金斯敦、卡拉奇或金沙萨的航班。游客们更关注的是机上的娱乐节目，而不是他们身边那些被驱逐者的经历。可悲的是，穆本加在飞机上时，曾大喊着自己无法呼吸而后死在了飞机上，于是同机乘客终于意识到了他的存在，也发现了那些被雇来将他驱逐出英国的警卫。穆本加和 G4S 的警官比其他乘客早登机 10~15 分钟，起初一切都风平浪静。然而，在接到妻子的电话后，穆本加和警官之间发生了争执，在争执过程中，穆本加被他们制服，戴上了手铐，随后被控制了大概 40 分钟。其他乘客听到穆本加在被控制时哭喊道："我不能呼吸了！我不能呼吸了！"这可怕地预示了遭受美国警察暴力的受害者埃里克·加纳（Eric Garner）和乔治·弗洛伊德①的最后一句话。[63] 最后，警官向外界请求医疗救助，但当医生到达时，穆本加已经死了。[64]

穆本加的死不仅说明了英国移民控制的严酷程度，还显示了在全球准入方面富人和穷人之间存在的差异。与撒哈拉以南非洲的其他国家一样，安哥拉常常陷于战争和贫困，但令人尴尬的是，那种充斥着血钻和儿童士兵的旧社会已然成为过去式了。2017 年，罗安达被评为全球物价最高的城市；在具有全球一流影响力的

---

① 两者都是警方施暴的受害者。2014 年，手无寸铁的黑人男子埃里克·加纳在纽约死于警方过度执法。2020 年，非洲裔美国公民乔治·弗洛伊德遭到 4 名美国警察暴力执法导致窒息身亡。——译者注

"外籍人士"生活成本调查中,罗安达被列在香港、东京和苏黎世之前。[65] 相比之下,这项调查主要评估的是全球各大城市的房价、食品、交通和娱乐的价格,作为对比,伦敦排在第 30 位。自新千年以来,石油财富促进了安哥拉首都的大规模经济增长。然而,这些财富并没有扩散到整个城市。虽然全新的海滨房产每月租金高达 16000 美元,但 3/4 的人口还是继续住在他们自己建造的、有着波纹铁皮屋顶的贫民窟里。[66] 富有的"外籍人士"和当地精英挤满了从伦敦飞往罗安达的航班,他们前往这个发展中国家的目的是在环绕罗安达海岸线的豪华游艇上享受奢华派对。

当看到穆本加死在英航飞往世界上最昂贵城市的航班上时,我们见识到了这个不平等世界的缩影。如今,各种边界不再简单地按照地图上的界线为准。方方面面都有边界:在医院、学校、银行,甚至在飞机上。在头等舱,我们或许会看到一位来自其他国家的女性企业继承人,或者一位西装革履的商人——他将座椅斜放成床,然后查看当天的石油股票价格。而就在同一架飞机后面的位置,我们可能看到这样一个场景:一位 46 岁、带着 5 个孩子的父亲遭到英国政府雇佣的私人保安的控制,最后窒息而死。受雇保安所做的勾当就是把一个可怜的黑人带回他应该待的位置。

在英国关于移民问题无休止的讨论中,这种区分似乎是不存在的。控制那些没有经济能力的人的流动已经与夺回控制权,英国重新获得独立的想法混为一谈。但是,在解决英国经济如何以国际市场利益为导向的问题上,硬边界起不了什么作用。此外,硬边界也无法解决这个问题:资本的全球流动以什么样的方式让人们离开自己的出生地,离开自己的配偶多年,或者将他们的孩子交给亲戚照顾，并试图在其他地方开启新的生活。2008年，市场投机使全球经济陷入崩溃。那时，在英国，付出代价的并不是银行或有资本的个人，而是失业者、残疾人和移民。经济崩溃后，政府承诺采取措施，将英国变成一个"敌对环境"，展现在那些政府认为的不受欢迎的人面前。[67] 于是，英国政府通过了一些政策，使得日常生活中的医疗、住房、银行账户和其他必要方面都和个人更新的移民身份挂钩。就这样，移民再一次被视为入侵者。英国政府认为他们让"真正的"英国人陷入了贫穷，但却没有反思同一种导致经济崩溃的金融投机行为如何在一开始就扰乱了人们的生活，促使人们走向世界各地。

边界的回旋镖效应

我是在英国国家医疗服务体系下成长起来的。我不是在医疗服务体系下的医院出生的，而是在位于阿克拉的科勒-布教学医院里出生的。那里环境闷热，满是灰尘，但医疗服务体系很快就接收了我。为了逃离加纳结构调整计划造成的经济困难状况，我的父母都成为从移民大军中进入英国医疗服务体系的新成员。他们夜以继日地在全国各地工作，医院成了我和我妹妹度过童年时光的家园。那里的等候室成了我们的游乐场；闲置的实验服成了我们的睡袋。像"高级住院医师""随叫随到"或"护士长"这样的短语在我还不知道它们是什么意思的时候，就已经很熟悉了。寻呼机和警笛的声音是我青春期的伴奏。听起来我度过了一个孤独的童年时代，但事实并非如此。不管身处哪家医院，我们都会有一群现成的玩伴——他们也在医院外野营,等待着那些身为护士、医生、清洁工、搬运工或护理人员的父母过来接走他们。这些孩子中,许多人也有英联邦背景,他们来自埃及、斯里兰卡、巴基斯坦和尼日利亚。大家会一起在空荡荡的检查室里跑来跑去,此刻,我们都是幸福的,我们这个诞生于帝国的小团体并不了解那悠久的帝国历史。

在我成长的过程中,我逐渐明白了这样一件让人震惊的事:在公众的设想中,国家医疗服务体系是一个典型的英国机构,是对国家自我牺牲能力的一种检验方式;在这一体系中,移民只是被榨取的对象而已。毕竟,发生在我们这里的事情并不少见。根据英国国家统计局的数据,在国家医疗服务体系中,约1/3的医生和1/5的护士都是移民。[68]然而,那些政客和记者的职业生涯本就建立在煽动本土主义者对危险移民涌入的恐惧之上,他们总是回避这样一个事实——国家医疗服务体系一开始就向我们展现了英国对于移民劳动力的依赖。

这样的故事不仅存在于医疗领域,在食品加工业、酒店业和运输业也是如此。也许,在战后,最能暴露英国移民人口及其"基本"工人重叠程度的就是新冠肺炎。这并没有改变人们对与谁共享义务和承诺的看法。相反,这些护理人员、医疗保健专业人员和货运司机让人们看到,有那么多人愿意为国家福祉而自我牺牲。在新冠肺炎病毒肆虐期间,我可能会天真地认为,由于大量的移民从事送餐、护理和医疗等重要工作,而其他人则在室内蛰居,这也许会减少近来主导英国政治的反移民言论。就像宗教人士认为"战壕里没有无神论者",人们或许也会认为"重症监护室里没有仇外者"——当你在医院病房里与一种致命的新病毒做生死搏斗时,真的会计较治疗你的人来自哪里吗?在英国,对很多人而言,答案似乎是肯定的。死于新冠肺炎的前 8 位医生都是移民,但这并没有减缓英国对于移民的恐慌情绪。就在他们死亡的消息被报道几周后,报纸头条充斥着关于几艘移民船在多佛登陆的骇人故事,法拉奇将其称为"入侵",移民再次成为英国面临的最大威胁,尽管新冠病毒还在人群中蔓延着。[69]

从 20 世纪 70 年代开始,随着全球货币市场的开放,许多英国人越来越有一种不安全感,这一现象是非常罕见的。如今,对货币的控制已经放松了,局面也随之发生了变化:人们走向全世界,寻找更大的投资回报,从而实现赚钱的目的。现在,财富管理是一种全球性行业,那些有能力的人可以从新加坡来到百慕大,在众多国家中进进出出,就像醉酒的人在晚上游荡于各种酒吧一样,他们总是寻找更好的环境或可能对他们更有益的条件。同时,各个司法管辖区相互竞争,提供最优的条件,希望能吸引资本,这是一场监管制度上的"竞次"现象。人们的生活开始受赌场资本主义的摆布,因为金融监管的放松和投机导致越来越频繁和越来越具有破坏性的经济崩溃。随着时间推移,金融世界和现实世界变得越来越疏远。

然而,由于强调其他"公敌",资金跨境流动所造成的混乱往往被掩盖了。自 1970 年以来,政客们一直将福利国家受到腐蚀一事归咎于移民。他们提出的观点是,福利国家只可能在像瑞典这样所谓的"同质化社会"中存在,而不可能在像美国或英国这样的伦理和种族多样化社会中存在。[70] 我们发现,人们不愿意交税来帮助那些他们认为没有相似文化背景的人。各大报纸继续出现"多病的移民使国家医疗服务系统的花费增加10亿英镑"这样的标题，或者出现"禁止移民免费获得NHS服务"这样的呼吁。[71] 2015年，英国政府利用这种情绪推出了移民医疗附加费，要求在英国的非欧洲劳动者付费使用国家医疗服务体系，尽管他们已像其他人一样通过税收支付了相关服务费用。这项收费甚至也面向国家医疗服务体系和社会护理行业中的工作者。2020年，就在新冠肺炎疫情最严重的时候，外国医护人员牺牲自己的时间、精力甚至生命，努力保护英国公众，约翰逊政府却试图增收他们的移民附加费。[72]

全球经济的过度金融化意味着越来越多的人成为资本主义所要求的剩余劳动力。事实上，让全部人口生活在不稳定状态之中的做法始于后殖民世界，但这种情况不会持续下去。绝望的人们往往不会简单地接受这样一件事——即便本地没什么生存机会，他们也必须留在原地。无论边界法律有多严格，人们仍会冒着生命危险，乘坐橡皮艇漂洋过海，或爬上卡车的后车厢，试图得到更好的生存条件。然而，如今在世界范围内流动的不仅是不稳定的人群，还有不稳定的生活本身。[73] 金融化浪潮不仅阻断了"去殖民化"过程，还侵蚀了英国"本土"的福利政治。自撒切尔以来，历届保守党和工党政府都将英国的社会安全网破坏得支离破碎。由于资金可以自由地转移到劳动力成本最低、雇员最缺乏权利的地方，即使是一个往日的帝国主义大国，现在也需要确保它对全球资本有吸引力。在21世纪的英国，非正规就业、不安全住房和个人债务陷阱都在增加。资金的自由流动使得英国房地产市场变成了俄罗斯、中国、阿联酋和其他地方金融精英可选择的银行,这完全切断了工薪阶层和富人阶层间的联系。[74]

英国各大城市现在居住着越来越多所谓"不稳定无产者"——没有合同、没有福利、没有任何希望为自己购买安全保障的非正规劳动者。在英国,这种劳动模式可能是最近才出现的现象,但对那些目睹了大英帝国崩溃、全球化对前殖民地造成影响的人来说,这并不新鲜。[75] 长期以来,人们注意到非正式和不稳定的工作关系是标准的"发展中"世界经济的一个重要因素。然而,根据经济学家的解释,该趋势是这些经济体正处在全面发展阶梯上的另一种指标。这是线性发展路径的一部分。随着时间的推移,资本主义最终将把非正规的、不稳定的经济吸收到正规市场中。然而今天,非正规经济不仅在整个"发展中"世界蓬勃发展,还在向英国等国家蔓延。当今正处于工业福利国家时期,20世纪艾德礼政府首先提出这个概念,并引以为傲,这是像印度这样已经脱离殖民统治的国家应该效仿的——这看起来像是一种例外,而不是常规。

《被解放的不列颠尼亚:全球增长与繁荣的教训》的作者对当今印度的钦佩之处在于,它将自身继承的英国资本主义传统与"发展中"世界不稳定的劳动力和有利于市场的条件结合起来了。印度保持着以英国普通法为基础的法律体系,更加重视财产权,同时允许企业实行比欧洲更宽松的监管政策,以鼓励国际投资。在 2016 年财政部特别委员会的一次会议上,英国脱欧首席理论家雅各布·里斯-莫格(Jacob Rees-Mogg)认为,印度应成为英国未来环境和安全法规的标准。当涉及新建筑在安全方面的检查与制衡，或有毒物质在运输中所需的包装类型时，里斯-莫格建议，英国的立场应该是"如果这对印度来说没问题，我们就可以接受"。[76] 自 20 世纪 80 年代以来，印度对自由市场政策的拥护一直有增无减，而在 2014 年纳伦德拉·莫迪（Narendra Modi）当选总理后，印度的自由市场已经进入了高速发展阶段。2018 年，经济事务研究所兴奋地推进英国和印度在脱欧后可能达成的自由贸易协议。[77]

21 世纪的"疾风号"

在未来，任何与印度的贸易关系都不仅要考虑帝国的历史影响，还要考虑人们如何在英国和这个世界第二人口大国之间流动的问题。此前，关于贸易协议的谈判已经因为英国的移民规定问题而陷入停滞。于是，"全球化英国"和"敌对环境"两项计划之间的紧张关系再次变得清晰起来。2008 年经济危机带来的严重后果不仅影响了那时移民到英国的人们，也影响了鲍威尔多年前怒斥的"疾风一代"。2018 年，发生在英国的一件事被披露出来——数以百计的居民被毫无理由地从家里拖出来，拘留在移民中心；他们在那里受到官员的盘问，还有些人实际上因为"敌对环境"政策被驱逐出了英国。这一消息在英国引起了举国关注。由于许多受害者都是战后从殖民地移居到英国的"疾风一代"，这场危机就被称为"疾风丑闻"。

在人生的最后几年里，德克斯特·布里斯托尔（Dexter Bristol）被这个丑闻毁掉了。[78] 1968 年，年仅 8 岁的他从格林纳达来到英国与母亲团聚。他的母亲持有英国护照,当时是英国国家医疗服务体系中的一名护士。因为当时的格林纳达还是英国的殖民地,所以布里斯托尔可以用他母亲的护照来到英国。直到1974年,这个加勒比岛国才成为一个独立国家。2016年,在英国生活和工作了一辈子的布里斯托尔突然被英国内政部告知,他不仅不被认为是英国人,而且无权留在这个国家。他失去了清洁工的工作,并被剥夺了福利待遇,这使他的生活陷入赤贫。关于他的移民纠纷一直持续到2018年3月,不幸的是,他突然在伦敦北部的家中晕倒,最后死于心脏衰竭。虽然医学上认为他是死于心脏问题,但他的母亲认为,内政部剥夺他的公民权,这给他造成了巨大压力,导致了他的崩溃和早逝。[79]

在大多数人期望享受长寿果实之时,来自英国加勒比社区的老年人不得不突然面对这样一个事实:他们唯一了解的这个国家不再欢迎他们,并且要把他们送回那个他们刚会走路时就离开的地方。几十年前,这些受害者正是从加勒比地区过来的,而造成"疾风丑闻"的多方力量同样影响了加勒比地区。虽然鲍威尔和他所推动的反移民政治促使人们忘记了英国和加勒比地区的历史关系,但他的大部分经济发展愿景都将在那里得到实现。时间从20世纪60年代来到70年代,牙买加的金斯敦——这个很多乘客登上"帝国疾风号"后改变战后英国面貌的地方,成为帝国之后世界竞争格局未来面貌的新战场。

第四章
债务

第四章 债务

1976 年 12 月,在一个炎热潮湿的夜晚,约 5 万人聚集在牙买加金斯敦的国家英雄公园,希望看到一位没人确定是否还活着的音乐家。[1] 罗伯特·内斯塔·马利(Robert Nesta Marley)是 60 岁的英国白人种植园主管诺瓦尔·辛克莱·马利(Norval Sinclair Marley)和 18 岁的牙买加黑人妇女塞德拉·马尔科姆(Cedella Malcolm)的儿子,他克服重重困难,最后成了一名国际巨星。[2] 马利是一名流行歌手,他的音乐代表了所有受压迫人民的痛苦和渴望。他不仅在其家乡牙买加被人熟知,在当时被称为第三世界的所有国家也同样如此。在一个由英美流行歌手主导的音乐世界中,来自非西方世界的马利获得了空前的成功,这在过去和现在都是前所未有的。然而,就在身为当地雷鬼音乐和拉斯塔法里教(Rastafarian)① 代表的他使全世界的注意力都投向牙买加时,他所在的这个新国家的社会和经济框架开始被撕裂。

---

① 源于牙买加,崇拜前埃塞俄比亚皇帝海尔·塞拉西(Haile Selassie)的教派。——译者注

自上次于1972年举办选举活动以来，政治暴力就一直笼罩着这座岛屿。随着下一次选举的临近，马利试图以和平的名义组织一场免费的公共音乐会来缓和社会氛围。这场音乐会后来被称为"微笑牙买加"（Smile Jamaica），并在宣传中明确其为非政治性的。[3] 但是，鉴于马利自身对政治的同情，有些观察者怀疑（这并非完全没有依据）这场音乐会将成为该国现任总理、民主社会主义者和自称为第三世界捍卫者的迈克尔·曼利（Michael Manley）的集会。曼利宣布，1976年音乐会结束后就立即举行选举活动，由此加重了人们的疑心。在这座岛上，与政治有关的暴力事件非常多，在这种情况下，即使是该国最著名的音乐家也无法避免被卷入流血冲突之中。就在音乐会开始的前两天，马利和他的工作人员在其家中集合练习时，一些全副武装的人闯了进来，开始从一个房间到另一个房间疯狂射击。当时，马利刚排练完《我射杀了警长》，枪手就朝他的胸部和手臂各开了一枪。在离开前，他们还朝马利的经纪人和乐队成员开枪，甚至朝他的妻子丽塔的头部也开了一枪。

几天后，人们聚集在国家英雄公园，但他们聚在一起的原因是参加演唱会还是追悼会，这不得而知。枪击事件的消息已然传遍全岛，谣言四起，很多人都担心马利及其随行人员的情况。堪称奇迹的是，每个人都在这次袭击中幸存了下来。如果马利在子弹击中他的胸部时正在吸气而不是呼气，那么子弹就有可能进入他的心脏。然而，当人们在金斯敦等待消息时，马利已经出院了，并到城外山上的一个朋友家寻求庇护。

一开始，他拒绝参加这场音乐会；由于枪手还没有被捕，他的生命仍然受到很大威胁。但是，由于总理和反对派政治家保证其安全，他决定下山，只去演唱一首歌。马利慢悠悠地走上舞台，标志性的脏辫垂在脸上，天空还是一片漆黑。部分观众对站在他们面前的人有所怀疑。乐队开始演奏，马利张开嘴，对着麦克风展示出他那独一无二的音色，此刻所有的问题都得到了解答。最后，尽管一颗子弹仍在他的手臂中，马利还是坚持表演了整整90分钟。随着音乐声回荡在人群中，马利像着了魔一样在舞台上旋转、跳舞。音乐会结束时，他撩起衬衫让观众检查他的伤口，就像他们是"疑心的托马斯"一样①。4

在"微笑牙买加"音乐会后，总理迈克尔·曼利如愿赢得了连任，并且，他也获得了一项授权——可以在他所倡导的第三世界社会主义和在国内投资的国际资本主义之间展开全面对抗。但马利不肯留下来亲眼见证。当时，每年大约有2万本地人离开牙买加。5大多数人都去了英国这个之前的母国。演唱会结束后的第二天早上，马利也加入了离开的队伍，在接下来的两年里定居伦敦。在举行音乐会和选举活动时，牙买加从英国独立出来不过14年。在独立前，该岛已被英国控制了300多年，这让它成为与英国保持殖民关系最长的地区之一。粗略比较之下，爱尔兰从正式并入英国到独立只有122年。几个世纪以来，众多国家的历史塑造了横跨世界的英国体制，其中牙买加的历史起到了最重要的作用。然而，这段历史却鲜为人知，甚至对每年前往该国享受豪华

---

① 使徒托马斯，通常被称为"疑心的托马斯"，是耶稣基督的12个主要门徒之一。在《约翰福音》中，托马斯怀疑耶稣复活的真相，并对其他门徒说，除非他真的可以碰到耶稣的伤口，否则他不会相信。——译者注

游轮或五星级海滩度假村的多数英国人来说,也是如此。

一直以来,牙买加都是英国人在欧洲外最受欢迎的旅游目的地之一,每年有近 25 万英国国民到访这个加勒比岛国。[6] 在旅游公司的宣传中,牙买加就是一个遥远的热带天堂,而不是一个几百年来与英国发展密切相关的国家——也许是因为这段血腥和暴力的历史会影响游客阅读度假手册时的心情。1660 年,英格兰国王首次从西班牙帝国手中获得了对牙买加岛的控制权。10 年后,在《马德里条约》(Treaty of Madrid)签订后,这种控制权得到了正式认可。英国商人迅速开始从西非运送奴隶到利润丰厚的种植园工作,牙买加奴隶种植园产出的财富成为如今的英国和当时的大英帝国主要财富的来源之一。[7] 后来,在 1831 年,遭受奴役的黑人山姆·夏普(Sam Sharpe)领导了一场叛乱,但他最后因此事被处死。这场叛乱最终导致牙买加种植园奴隶制的崩溃。1834 年,奴隶制在法律上被废除。1865 年,另一场名为"莫兰特湾叛乱"(Morant Bay Rebellion)的起义爆发了,这次事件促使英国正式将牙买加定为直辖殖民地,这是英国宪政殖民统治最为直接的形式。

1962 年,牙买加从英国独立,但这并没有立刻促成两国命运的完全分离;在牙买加的帝国遗存还会对当今世界的运作方式产生重大影响。20 世纪 70 年代,牙买加能够产生像马利这样的人物,不仅得益于它的音乐传统,还因为当时该国正处于第三世界国家主权和跨国资本主义产权之间的全球政治和经济对抗的中心。那时,牙买加岛上存在着一种政治文化和艺术文化,即马利在《巴比伦体系》(Babylon System)中唱到的"燃烧与掠夺"。从很多方面来说，20世纪70年代初在牙买加发生的一系列事件都是英国所谓"新自由主义"的前奏。当时，曼利鼓舞了全世界的人们，让他们相信还有其他的选择，还有另一种构造全球经济的方式。因此，当撒切尔宣传"别无选择"的口号时，其实是对所有这些人的反驳。在20世纪末，发生在迈克尔·曼利和罗伯特·马利身上的事情就是牙买加本身的故事——在这个故事中，一个小岛最终逃离了帝国，却陷入了一场难以承受的经济危机。

第三世界

如今，"第三世界"的标签毫无疑问象征着一种侮辱，是一种带有冒犯性的提示——提示你处于全球等级的底层。身处第三世界，就意味着你是贫穷、肮脏且落后的。但是，第三世界并不总是一种负面的诋毁。词典中关于"第三世界"的定义是"亚洲、非洲和拉丁美洲的发展中国家"。[8]但是，究竟哪个词可以准确地描述出亚洲、非洲及拉丁美洲的各种经济体和社会结构呢？这个问题的答案我们很难知晓，更不用说经常被包括在其中的中东和加勒比地区了。有一项历史分析扩展了这个词的定义。1952年，"第三世界"这个说法首次流行起来，当时法国人口学家阿尔弗雷德·索维（Alfred Sauvy）将战后的国际秩序描述为"'一颗星球'上存在的'三个世界'"：美国领导的资本主义"第一世界"；苏联领导的共产主义"第二世界"；以及遭受剥削和缺乏领导的"第三世界"。[9]在此架构下，似乎从一开始，第三世界的劣等地位就是确定的。然而，索维的叙述中包含了对自鸣得意的第一、第二世界的警告：他对第三世界的区分是基于他所看到的第三世界与大革命前法国第三阶级的相似之处。索维也看到了雄心勃勃的第三世界的潜力：或许有一天，它会颠覆全球秩序，正如法国农民和工人最终冲进了皇宫，震惊了皇室，而这些皇室成员还以为下层阶级会永远接受他们的从属地位。

在动荡的 20 世纪 60 年代，前殖民地民众重新借用第三世界的概念来描述他们想要建立的另一个世界。与后来取而代之的发展中国家的理念不同，在这些人的新设想中，第三世界本身就是一个目的地、一种鼓舞人心的口号和身份；它不仅被拉丁美洲、非洲和亚洲的反殖民主义活动者接受，也为伦敦、纽约和巴黎的学生抗议者和新左派知识分子所接受。因此，成为"第三世界主义者"就意味着与恩克鲁玛、弗朗茨·法农（Frantz Fanon）、埃内斯托·格瓦拉（Ernesto Guevara）以及他们的第一世界合作者，如让-保罗·萨特（Jean-Paul Sartre）、安吉拉·戴维斯（Angela Davis）、塔里克·阿里（Tariq Ali）站在同一阵线。随着 20 世纪 60 年代的结束和 70 年代的到来，第三世界主义逐渐发展成熟，成为一个协调统一的政治、经济和法律愿景，其目的是重塑世界。后来，第三世界主义的斗争延伸到了联合国大会等各种机构的论坛中。第三世界运动的核心问题很简单：如果国际机构应该代表每个民族国家都受到平等对待的新世界，并且第三世界的民族国家比第一或第二世界更多，那为何这些机构没有发挥作用？它们为什么没有解决全球系统中存在的不平等问题？20 世纪 70 年代，这位第三世界的最新发言人大声质问这些问题——作为一名老练的牙买加政治家，他大步走上世界舞台，似乎他生来就是为了这个舞台,他在很多方面就是如此。

作为一位众所周知的政治团体的继承者,迈克尔·曼利本可以轻而易举地成为那种值得信任的当权派人物,然后管理一个至关重要的前殖民地,并且不会遇到什么麻烦。他的母亲埃德娜是著名的艺术家,其雕塑如今被视为牙买加国宝。[10] 20世纪初,埃德娜出生在英国伯恩茅斯,父亲是英国牧师,母亲是行事低调的混血儿。虽然埃德娜可以"变成"完全的白人,但她还是欣然接受了自己的黑人血统,这让她的家人感到愤怒和蒙羞。最终,她嫁给了她的牙买加混血表哥诺曼·曼利(Norman Manley),他们二人是在诺曼·曼利来到英国学习后相遇的。[11] 后来,诺曼·曼利带着埃德娜回到了牙买加,在那里她的艺术事业蒸蒸日上,而诺曼·曼利则成为人民民族党(People's National Party)的领导人和牙买加殖民时代的最后一位总理。作为总理,诺曼·曼利推动了该岛从英国独立出来。但是,在助推国家走上自由之路后,诺曼·曼利却在最后的选举中败北——这次选举本可以使他成为独立牙买加的第一任总理,他政治生涯的后半部分是以反对派领导人的身份度过的。在埃德娜和诺曼·曼利的两个儿子中,小儿子迈克尔·曼利继承了父亲的衣钵。

迈克尔·曼利是在英国殖民地的贵族学校中接受的教育,他在第二次世界大战中担任过战斗机飞行员,在别人看来,他就是一位英俊潇洒的英雄,一生结过5次婚。[12] 曼利又高又瘦,皮肤白皙,很可能被误认为是纯白人。他本可以利用自己的背景和外貌,作为牙买加精英阶层的一员,享受舒适的生活。在一个几乎所有人口都是黑人的国家,牙买加社会的富裕阶层仍是以肤色为标志的——最富有的家庭通常是白人或白皮肤的牙买加人。然而,和他的母亲一样,曼利颇为自豪地接受了自己的黑人血统。此外,和其他第三世界领导人夸梅·恩克鲁玛和乔莫·肯雅塔一样,曼利也曾在伦敦政治经济学院读大学,他 1945 年入学,那时艾德礼政府刚刚开始建立福利国家。给这位年轻人留下深刻印象的,既有英国的社会民主主义氛围,又有哈罗德·拉斯基(Harold Laski)、拉尔夫·米利班德(Ralph Miliband)等伦敦政治经济学院马克思主义教授的教导。当曼利回到牙买加继承父亲在人民民族党的领导权,并开始自己的政治生涯时,他把学到的这些理论转为了实践。

虽然他身上有很多父亲的影子,但曼利仍试图以不同的方式实践政治理想,他不仅希望赢得受过教育的人的信任,还希望能获得大众的支持。他相信,牙买加的精神力量和神秘力量都可以被召唤出来,从而为他变革政治和经济的世俗野心服务。此外,他的言论与当时流行于牙买加年轻人中的宗教——拉斯特法里教[13]产生了共鸣。在曼利成为该党领袖的数年前,他曾前往埃塞俄比亚会见海尔·塞拉西,这位埃塞俄比亚统治者被拉斯特法里教教徒视为活着的神。[14]曼利邀请塞拉西前来访问牙买加,于是在 1966 年,塞拉西抵达金斯顿,并赠送给曼利一根白色法杖,许多满怀敬畏之心的民众见证了这一幕。曼利和他的追随者将这根法杖命名为"惩戒之杖"(Rod of Correction),并将这位政治家称为"约书亚"(Joshua)①,致敬那个曾带领以色列人获得自由的人。

---

① 据《圣经·申命记》所载,约书亚继摩西后成为以色列人的领袖,带领以色列人离开旷野进入应许之地——那丰富的迦南美地。——译者注

[15]当时，就像牙买加人从小了解到的《圣经·旧约》中的领袖一样，曼利从此拥有了一种神圣的武器，他可以用这个武器将腐败和贪婪赶出他们天堂般的加勒比家园。后来，在他的竞选集会上，他挥舞着这根白色法杖，那些欢呼雀跃的追随者们高喊道："用惩戒之杖击退他们！"[16]

曼利对普通民众的支持使他迅速成为颇受欢迎的政治家，并于1972年登上牙买加总理的宝座。上任后，他开始实施最为雄心勃勃的社会改革计划，该计划曾在一个前英国殖民地试行过。曼利为牙买加工人制定了国家最低工资标准，比英国通过全国最低工资法案早了整整25年。政府还通过一项法律，为公民提供负担得起的住房和免费的小学、中学和大学教育，此举在国际上引起了前所未有的轰动。对他而言，国际法提供了一个最合适的平台，在这个平台上，所有新近摆脱了殖民统治的国家都可以利用它们日益增长的力量来呼吁全球经济的再分配，并追求曼利及其盟友所说的"新国际经济秩序"（NIEO）。

在新国际经济秩序的愿景下，曼利政府成为其他第三世界国家的动力来源，这些国家很艰难地看到了在一个仍由私人控制的世界中刚刚获得独立的价值。在曼利看来，作为第三世界国家并不是一种羞辱，而是一种骄傲。用他的话说，如今前殖民世界早已"宣称自己属于第三世界，这标志着它从一个需要唯唯诺诺的时代过渡到了一个自信的时代"。[17]为何第三世界国家会一直接受那些发达国家或者殖民国家施加给他们的条款？随着越来越多的国家脱离旧帝国，获得独立，并在新世界中占有一席之地，曼利意识到，在20世纪70年代，第三世界国家占据着全球的大多数，如果这些国家能团结起来,就可以成为一个举足轻重的权力集团。[18] 然而,若要完成"去殖民化"进程,它们就需要把重点从独立和主权转向经济发展。

国际经济新秩序之梦

在1945年至1975的30年里,联合国成员国从51个增加到144个。但是,像恩克鲁玛和尼雷尔这样的第一代民族主义独立领导人已经在主权局限性方面得到了惨痛教训。独立国家虽然有着丰富资源,但仍发现国际贸易规则对它们不利。迈克尔·曼利成为牙买加领导人后,他的主要设想之一就是看看这些新国家能否在联合国等组织中集体利用数量优势,重新应对这种不公平的经济体系。正如"新国际经济秩序"这一名称所暗示的,其需求虽然简单,但内涵却很丰富。这些国家要求重新制定全球贸易规则,以便各国都能实现经济和政治独立。

推动"新国际经济秩序"的建立,可以说是新"去殖民化"国家在国际环境中不断加强合作的高潮。1955年,亚非独立国家在印度尼西亚万隆召开会议,这次会议如今被视为第三世界国际主义的诞生标志。[19] 在这次会议上,第三世界国家明确表示,虽然欧洲和北美的报纸上充斥着不断升级的"冷战"事件,但全球大多数人口生活在这些权力集团之外,更关心保护他们新建立的主权。后来,在1966年,他们再次会面,这次参与的还有拉丁美洲国家,成了"三大洲大会"。来自82个国家的代表参加了这次在古巴哈瓦那举行的会议,会议为第三世界国家提供了一个在联合国之外的交流平台,因此他们不会笼罩在旧殖民统治者的阴影中。这次会议的主题不仅是正在进行的反帝国主义和民族解放运动,还涉及种族歧视、反核武器和经济发展问题。[20]

在1972年当选时,这位信心满满的牙买加新总统很快意识到,他期望在本岛上实施的任何变革,在很大程度上都取决于更为广泛的国际秩序变革,因此,曼利站上了第三世界经济利益发言人的位置。之后,在1973年,阿拉伯石油输出国组织(OAPEC,一个确保阿拉伯世界石油生产国之间合作的组织)对少数几个他们认为支持以色列的国家实施了石油禁运,其中包括美国和英国。在禁运的影响下,石油价格飞涨。这给其他发展中国家带来了两个教训:第一,虽然石油价格的上涨对所有必须进口石油的国家(无论贫富)经济造成了毁灭性影响,但那些经济规模较小的国家则更强烈地体会到了深度依赖国际市场的后果;第二,发展中国家也从石油禁运中感受到,如果采取一致行动,他们可以在全球范围内发挥部分重要的议价能力。

石油禁运一年后,曼利出版了《变革的政治》(*The Politics of Change*)一书,他在书中这样写道:"显然,第三世界国家必须在外交事务中制定一项反映它们共同问题和需要的策略。这一策略必须考虑到贸易条件、国际资本的流动、外国技术的适用性、国际贸易的形式以及自决的权利。"

为了实现这些目标,曼利把目光转向了联合国,因为他认为,尽管有"各种制度上的限制",联合国仍代表着"人类的最高愿景",并且仍是"为所有人设计的最能实现这些愿景的有效工具"。[21]

曼利与来自前殖民世界的盟友一道，利用他们在联合国享有的数量优势，于 1974 年 5 月推动通过了一项决议——《建立国际经济新秩序宣言》(Declaration on the Establishment a New International Economic Order)，该决议至今仍具有重大意义。该宣言做出了停止浪费任何食品的承诺，承认各国对本国自然资源享有完整、永久主权的权利，但或许最引人注目的是，其中一项条款加强了政府控制"跨国公司活动的权力，政府可以采取符合跨国公司经营所在国国民经济利益的措施"。[22] 对跨国资本而言，这无疑是让跨国公司只能依附于其所投资的主权国家的恩惠，如此一来，联合国可能会成为它们的敌人。

这一宣言在联合国通过了，同时，联合国跨国公司委员会 (UN Commission on Transnational Corporations) 也成立了，其宗旨是分析和监督全球围绕企业利益的行动。[23] 第二年，联合国以"发展与国际经济合作"为主题召开了特别会议，旨在"消除发达国家和发展中国家之间的经济不平衡"。[24] 一时间，曼利及其盟友所推动的结构改革似乎开始见效了。然而，当人们把注意力都集中在联合国之时，此前的世界中心伦敦的威斯敏斯特出现了政治格局的变化，这很快就对第三世界的美梦产生了重大影响。

撒切尔的崛起

就在"新国际经济秩序"行动在联合国的影响力逐渐增强的同时，英国发生了一场政治地震。20 世纪 70 年代末，和许多移居英国的牙买加人一样，罗伯特·内斯塔·马利也经历了一次划时代的转变。如鲍威尔和约瑟夫这样的自由市场主义者并没有夺取保守党的控制权,在这之后的 1975 年,一位蔬菜水果商的女儿——撒切尔在他们曾失败的地方获得了成功。在担任了几年政党领袖之后,1979 年 5 月 3 日,撒切尔成为第一位当选为大不列颠及北爱尔兰联合王国首相的女性。两周后,她给经济事务研究所的负责人阿瑟·塞尔顿和拉尔夫·哈里斯写了一封信。在这封信中,她明确了他们所做的贡献——发挥聪明才智,运筹帷幄,为撒切尔的成功提供了方向:"感谢你们这么多年来为自由企业的发展所做的一切。对我党而言,我们在过去发展道路上取得了成功,这主要归功于你们的基础性工作,因为这使我们能够重新找到通往成功的方法。我们欠你们太多了,我非常感激。"[25]

次月,撒切尔选择拉尔夫·哈里斯作为她执政期间任命的第一位幕僚,让他成为高十字的哈里斯男爵。[26] 此时,在经济事务研究所,一位有名无实的领导者已在上议院站稳脚跟,而唐宁街又住着一位与其有着很多相似之处的首相。因此,经济事务研究所占据了有利地位,它自 1955 年以来设想的一些政策成为现实。

撒切尔太急于求成了。她对抗工会,放松资本控制并且促使英国加速迈向市场化国家,其市场化的程度达到第二次世界大战以来的最高水平。当时,撒切尔主义已然广为大众所熟知,其中牵扯众多事件:罢工的矿工,大发横财的雅皮士①以及 1981 年发生在布里克斯顿、汉兹沃斯和托迪斯的各种暴乱,还有 1990 年发生在特拉法加广场的暴乱事件。然而,与之前的鲍威尔主义类似,

---

① 指城市中受过良好教育、收入水平很高的职业人士。——译者注

撒切尔的宏图并不局限于国内。我们常把撒切尔主义与它产生的全球背景分开考虑，但促使撒切尔打破工会和英国去工业化的经济理论也被用来剥夺非洲、亚洲和加勒比海地区第三世界政府的权力，这些政府为了建立新的国际经济秩序采取了一系列的行动，而当时这些行动对全球资本主义造成了威胁。

撒切尔的计划不仅关乎英国经济的恢复，也关乎英国作为国际领袖的角色。撒切尔因对自己与欧洲走得太近而感到不安，但也对英国完全屈从于美国的想法感到恼火，有人指责她是位内心骄傲的维多利亚时代的笃信者，她希望恢复英国自20世纪初以来逐渐失去的全球影响力。当曼利及其盟友在联合国疯狂地四处奔走，试图证明世界可以采取另一套运行机制时，推动撒切尔主义的知识分子们也在忙着推广他们构建的国际经济新秩序，只是这一次，资本流动、保护外国投资、放松管制和国有工业私有化占据了舞台的中心。

1970年，经济事务研究所创建人安东尼·费舍尔在经历了其电动养鸡场的衰落和令其伤痛的离婚之后，逐渐对英国产生了厌倦之感。最初，他试图在开曼群岛复制他的养殖模式，却遭到了环保组织的阻挠，他们反对为了食肉而繁殖和捕捞海龟，这个项目也随之陷入破产。[27] 不过，对费舍尔来说，幸运的是，在1975年朝圣山学社的一次会议上，他结识了多里安·克罗克（Dorian Crocker）——一位腰缠万贯的寡妇，她对拯救自由市场一事颇有兴趣。他们很快就结婚了，之后费舍尔搬到了北美地区，在那里，他受到了新一代经济学家、政界人士和商界人士的欢迎。他们和费舍尔一样，都有一个大胆的关于全球自由市场的愿景。最终，费舍尔不仅和米尔顿·弗里德曼住在旧金山的同一栋楼里，还与他成了密友，而弗里德曼在1976年获得诺贝尔经济学奖后，经常在费舍尔家接受媒体采访，因为弗里德曼夫妇都觉得费舍尔家的公寓装修得更好。[28] 有了这位富有的新婚妻子的资助，费舍尔得以将其计划提升到新的高度。

经济事务研究所取得这样的成功后，下一步就是走向全球，在世界各地创建类似的组织。1981年，费舍尔创立了阿特拉斯经济研究基金会（Atlas Economic Research Foundation）。经济事务研究所在成立之初一直逆潮流而动，而阿特拉斯经济研究基金会是在这股潮流逆转之时出现的。当时正值资本主义利好时期，正在对全球经济进行重塑，在接下来的10年，资本主义获得了丰厚的收益。阿特拉斯开始成为所有这些新型经济事务研究所（如今被称为阿特拉斯网络）的母舰，它为志同道合的组织提供启动资金、与潜在的捐赠者联系，以及指导这些新组织采取必要步骤，使其在本国获得影响力。[29]

20世纪80年代，阿特拉斯经济研究基金会赞助了哈耶克和弗里德曼前往新型智库国家的行程，资助他们，将他们的著作翻译成当地语言，并举办多场研讨会来分享他们的专业知识。[30] 1987年4月21日至26日，阿特拉斯成员甚至在牙买加的蒙特哥湾（Montego Bay）临时居住，向那些在拉丁美洲和加勒比地区工作的坚定的自由市场斗士提供专业技术和组织支持。[31] 费舍尔的目标是在全世界复制经济事务研究所的模式，这一目标取得了显著成功。到2020年，阿特拉斯网络涵盖了95个国家的446个机构，这些自由市场机构如今遍布世界各个大洲，既有巴哈马的拿索研究所（Nassau Institute），也有印度的公共政策研究中心（Centre for Public Policy Research），还有加纳的自由与政策创新研究所（Institute for Liberty and Policy Innovation）。[32]

费舍尔和经济事务研究所并没有忽略英国，他们支持建立新的智库，如 1974 年的政策研究中心（the Centre for Policy Studies），由约瑟夫和撒切尔共同创立。撒切尔主义不仅重塑了英国，其产生的意识形态环境也帮助重塑了世界。在得知阿特拉斯经济研究基金会成立的消息后，刚任首相没多久的撒切尔写信给费舍尔，这封信不仅是为了强调她"钦佩经济事务研究所多年来所做的一切"，而且"赞赏"这些将其范围"进一步扩展"的新计划，在这封信的结尾，她对费舍尔说道："我是你最坚定的支持者之一。"[33]

第三世界的终结

随着撒切尔及其盟友在世界各地传播自由市场的福音，曼利和他的伙伴们在联合国的影响力越来越大——很明显，国际擂台上的对抗已经不可避免。1980 年，罗纳德·里根当选美国新总统，这大大提升了撒切尔的地位——里根同样致力于废除对市场的限制。在发达国家和发展中国家之间的紧张态势达到顶峰之时，盎格鲁文化圈做出了这一决定性的意识形态转变。1981 年，来自五大洲的 22 位国家元首举行了第一次（也是唯一一次）"南北会议"。世界各国领导人聚集在坎昆喜来登酒店（Cancun Sheraton），在那里，他们放眼墨西哥海岸，望向风景优美的加勒比海，到处是宜人的风光。这与权力斗争造成的紧张气氛形成鲜明对比。

撒切尔、里根、法国总统密特朗（François Mitterrand）、加拿大总理特鲁多（Justin Trudeau）、坦桑尼亚总统尼雷尔、印度总理甘地等人出席了当天的会议。曼利和他在新国际经济秩序方面的努力为坎昆会议铺平了道路。在此次主要峰会之前，曼利在 1978 年主办了一场发达国家和发展中国家间的小型峰会。虽然曼利无法确保那些西方主要国家都来参加这场会议，但他邀请到了西德、澳大利亚、加拿大和挪威的领导人与尼日利亚和委内瑞拉的领导人一起参加在牙买加举行的会议。事实证明，这次会议富有成效，在改善全球贸易这一议题上取得了一些进步。[34] 然而，在坎昆会议召开的前一年，准确来说，是里根赢得美国大选的 5 天前，曼利却输掉了西半球最艰难、冲突最严重的选举之一。[35] 在一场以政治暴力为标志的血腥斗争之后，牙买加选出了一位新总统——"对商业持友好态度"的爱德华·西加（Edward Seaga）。由于他被认为与美国关系密切，因此反对者将他称为"爱德华·美加"。[36]

岛上的生活正在发生变化。就在坎昆峰会召开的前几个月，罗伯特·内斯塔·马利因癌症去世，年仅 36 岁，许多人将他视为第三世界斗争的先发之声。世界各地数百万人在经历"去殖民化"梦想破灭的痛苦时，都曾在他的音乐中寻求慰藉。因此，他们将马利的死亡解读为另一场悲剧即将到来的预兆，这是可以理解的。坎昆会议开始时，由于当时的牙买加政府更加贴近西方资本主义利益，坦桑尼亚和加纳等国试图承担起对抗英美领导人的角色。

但是，随着变革潮流不断涌现，撒切尔和里根没有理由再妥协了，他们任意地反对这些变革。与之相反的是，撒切尔借此告诉第三世界国家，解决问题的办法就是进一步开放国际市场——并不是说这些国家不需要外界的帮助，而是在此之前他们需要自助。[37] 当第三世界国家政府抱怨国际货币基金组织和世界银行为换取贷款而强加给他们的"结构调整政策"时，英国代表回应说，由于他们也处于私有化和去工业化的过程中，汽车和钢铁行业的就业岗位也在大量流失，他们是因为对结构调整非常了解才这样做的。[38] 第三世界国家应停止向外界寻求同情，并且要开始注意开展经济私有化的时机，而向外国开放投资可以提供这样的机会。

有人提出了这样的想法——建立一个"联合国银行"（UN Bank），以比国际货币基金组织和世界银行更有优势的利率向发展中国家提供贷款，但这一想法遭到了撒切尔和里根的否定。撒切尔认为，这种银行不可能在联合国这样的组织中取得成功，因为发展中国家在数量上占优。她说道："我不可能把在英国的存款放入一家完全由透支者经营的银行。"[39] 撒切尔认为"要取得发展，主要取决于发展中国家本身"，它们有责任"推行能够吸引私人投资的政策"，而不是试图获得控制全球贸易规则的手段。[40]

最终，伴随着那些希望建立新国际经济秩序的人的失望情绪，坎昆会议结束了。在与会者登机返回时，还没有达成任何新的法规或行动计划。撒切尔也回到了威斯敏斯特，面对英国议会时，她为自己在坎昆的阻挠策略辩护道："人们对这次会议的目的存在诸多误解。我认为对这次会议的愿景被人为地拔高了。"[41] 在她看来，"联合国决议本身是模棱两可的"——由曼利等人煞费苦心起草的关于国际经济新秩序的种种愿景其实是没有实际意义的空洞陈词。[42] 新国际经济秩序的梦想永远地破灭了。

曼利设想发展中国家能够控制在其境内经营的跨国公司，但接下来的数十年里，这一设想越来越难以落地。他的雄心是达成一项有约束力的国际条约，让企业遵守一套固定的国际管制制度，但这永远不会实现。新国际经济秩序的核心目标之一是世界各国政府就跨国公司问题达成《联合国跨国公司行为准则》(*United Nations Code of Conduct on Transnational Corporations*)，但这一计划却在 20 世纪 80 年代破裂，因为撒切尔 / 里根主义革命转移了重点问题——此前，人们关注的是保护国家免受具有潜在掠夺性的企业的伤害，如今，他们的关注点在于保护企业免受具有贪婪倾向的政府的伤害。[43] 后来，在 1993 年，联合国跨国公司委员会解体为联合国贸易和发展论坛（UN's Trade and Development Forum），此时其定位为联合国投资、技术和相关金融问题委员会。[44] 从此处传达出的信息很清楚——对企业的操控行为已经过时，而吸引外资的行动已经开始。

最终，在 1989 年，离任 9 年后的曼利重新当选首相，但全球形势的变化意味着他第二次首相的任期将与第一次有很大不同。曼利重新上任时，"冷战"刚刚落幕，"历史的终结"在各处出现，许多人相信新时代的全球化已然到来。20 世纪 70 年代，支持曼利的激进的第三世界领导人中，有的屈服，有的离开，还有的被杀害了。那时，布雷顿森林体系对金融的控制已成为遥远的记忆，随着货币变得比以往任何时候都更具有灵活性，金融化占据了主导地位。20 世纪 70 年代出现的国际经济新秩序让一些人心生恐惧，而现在到了那些人开展报复的时候了。曼利重新执政，但不得不接受（甚至推动）自由市场的改革，而这些都是他在首次任期里极力反对的。为尽力满足此前西加谈判达成的一项新的国际货币基金组织的条件，他很快推动牙买加货币贬值，并对经济实施紧缩措施。[45] 1992 年，就在曼利第二次首相任期结束时，他正在推动加勒比国家支持美国主导的《北美自由贸易协定》(North American Free Trade Agreement)。[46] 曼利等人曾梦想通过联合国建立一种新的世界经济秩序，但这短暂的时光已经过去了。在撒切尔的漫长任期结束仅仅一年多后，曼利也离任了，他认为自己这时的政治观点"与撒切尔的观点相当接近"。[47]

负债累累的第三世界

曼利的想法是先改变牙买加，然后进一步改变世界，但这并不是一个顺畅的过程，从今天的角度来看，这就是一场悲剧。在现代意义上，他周围的暴力环境带给了他悲伤和痛苦，不仅如此，在古典意义上，他的悲剧人生就像希腊戏剧的主角一样——曼利领导下的牙买加及其第三世界盟友从一开始就有一个缺陷，而这最终导致了他们的溃败，这就是债务。

20 世纪 60 年代，由于第三世界国家是相对新的主权国家，通常都持有少量主权债务，一般是从其他政府或世界银行获得的贷款，其目的是为发展项目提供资金。然而，石油输出国组织在 1973 年发生了一场石油危机，在此背景下，若发展中国家想维持生计，就需要在较短时间内获得更多资金。1979年，石油危机进一步恶化，与此同时，美国做出提高利率的决定，于是对依赖对外贸易的第三世界国家政府来说，很多问题变得更加严重了。商业银行找到了一个契机并介入其中，它们大方地向这些国家提供贷款，以满足他们眼前的需要，但这些贷款都附带很高的偿还利率。每年，这些负债都吞噬着越来越多的国家预算，而当这些国家意识到自己已无力偿还债务时，他们别无选择，只能向国际金融机构、国际货币基金组织和世界银行寻求帮助。1973年，迈克尔·曼利领导下的牙买加也卷入其中。当时，牙买加与国际货币基金组织签署了一项短期贷款协议，以帮助该国克服资金短缺问题。[48] 虽然国际货币基金组织的贷款利率没有那么高，但在其他方面，支付这笔贷款的成本很高。在借贷给牙买加之前，国际货币基金组织要求政府同意通过接受大幅削减公共开支来调整其经济结构（即坎昆会议上讨论的"结构调整政策"）——曼利虽陷入困境，但哪儿还有别的选择呢？[49]

牙买加很早就陷入了所谓的"第三世界债务危机"。一个又一个拉丁美洲、非洲和亚洲国家也很快陷入这种恶性循环——1971年至1982年间，发展中国家的债务偿还额增加了1000%以上。[50] 主权债务早在第三世界崛起之前就存在了；几个世纪以来，欧洲的君主们无一不是借贷后就干脆选择拒绝偿还——毕竟，谁会向国王催债呢？经历了两次世界大战的德国，需要支付《凡尔赛条约》规定的巨额战争赔偿，这说明用债务牵制一个主权国家在历史上是可行的。然而，第二次世界大战结束后，经济学家们意识到，将德国锁在债务状态下，助长了纳粹主义的崛起。[51] 布雷顿森林体系旨在阻止各国在更大程度上陷入债务危机，但到第三世界债务危机出现的时候，其崩溃的体系已无法阻挡全球资本发展，国际货币基金组织和世界银行不再担心让一个民族国家被国际债务束缚的后果。

在为1980年的选举做准备时，曼利决定切断牙买加与国际货币基金组织的联系，然而这只会给他那些深陷贫困的人民带来更大的困难。牙买加这时面临着经济上的孤立状况——在英国和美国，它被称为新古巴。52 曼利被视为英语国家的菲德尔·卡斯特罗（Fidel Castro）①，尽管他坚称，他并非要把牙买加变成一个共产主义国家，而是一个民主的社会主义国家。他的目标是让第三世界成为一个获得人们尊重并可以繁荣发展的地方，"不受美国、英国、苏联、古巴和任何其他国家控制"。但随着牙买加被视作苏联共产主义的工具，很少有西方国家愿意伸出援手以避免其陷入更多的债务困境，尤其是它的"母国"英国。53 于是，爱德华·西加利用这种不满情绪在选举中战胜了曼利，他向绝望的人们承诺，他要让"钱在你们的口袋里叮当作响"。54 然而，当曼利1989年重新上任时，尽管西加签署了额外的国际货币基金组织结构调整贷款协议，债务却只增不减。曼利别无选择，只能同意进一步的救助计划和更多的改革条件，包括进一步削减医疗、教育和住房支出，以及将更多国有资产出售给私人公司。2013年，当牙买加签署最新的结构调整贷款时，其债务仍是该国国内生产总值的

---

① 全名菲德尔·亚历杭德罗·卡斯特罗·鲁斯，又称老卡斯特罗，是古巴共和国、古巴共产党和古巴革命武装力量的主要缔造者，被誉为"古巴国父"，是古巴第一任最高领导人。——译者注

147%，这意味着即使该国倾尽全力，每年仍有 1/3 的债务无法偿还。[55] 财政紧缩已成为牙买加这个主权民族国家的永久生存状态；到 2019 年，牙买加已经独立 57 年了，而其中有 32 年都与国际货币基金组织那一个接一个的结构调整计划捆绑在一起。[56]

20 世纪 80 年代，第三世界债务危机失控，撒切尔的助手彼得·鲍尔（Peter Bauer）等经济学家仍坚持认为，无论代价如何，他们都要偿还债务。鲍尔是朝圣山学社的成员，他或许在私下关注着第三世界，并公开把第三世界（而非西方）视为经济政策的主战场。撒切尔在第一个任期内还提拔他担任上议院议员，但更为重要的是他在国际舞台上的影响力。[57] 鲍尔所做的事情改变了经济发展的原则，并向发展中经济体展现了一个"良好的图景"，这越来越受到国际组织的支持。他帮助说服了国际货币基金组织、世界银行乃至世界贸易组织的官员们：主权国家试图控制本国经济——固定价格管制、贸易保护主义关税以及关键行业的公有制——这实际上是制造贫困而非缓解贫困。对鲍尔来说，第三世界需要的是面向自由市场开放。此外，第三世界还须偿还债务。

鲍尔认为，第三世界国家声称他们没有还债的能力，不过是在撒谎。[58] 在他看来，若他们真的愿意，他们是可以偿还贷款的，但由于他们没有因为延长贷款而受到惩罚，于是就认为不必还债。他说到，为了筹钱，负债的国家在任何时候都可以向劳动公民加收税，出售更多的国有资产，甚至没收公民资产。[59] 在这样的情况下，通过让这些国家的债务不断增长，全世界发现"第三世界政府似乎像孩子那样不为未来考虑"。[60] 鲍尔认为，这个问题的解决办法是坚持使用更严格的手段从负债政府那里收回资金，并且抵制任何在债务问题上采取妥协态度的诱惑。他警告说,免除或减少债务"将给那些无视自己义务的人提供援助……这也加强了第三世界生活的政治化"。[61] 此外,他反对在发展中国家免费提供节育措施,这一立场可以用来反驳人们认为鲍尔关注的仅仅是改变第三世界贫困局面的观点,但普遍而言,节育措施是减少贫困的一条捷径。[62]

重重债务夺走了贫困人民的控制权,让他们陷入顺从的境地,并且让他们一直认为这是他们自己的过错。在20世纪80年代,关于加勒比海沿岸、拉丁美洲、非洲等国家的腐败、无能和长期贫困的观点在全球确立了下来。在英国,20世纪80年代出现了全球性的以大众娱乐为形式的慈善活动,电视节目中的"现场援助"(Live Aid)和"漫画救济"(Comic Relief)[①]展现了营养不良的黑人儿童艰难求生的画面。但是,他们展示出的画面完全脱离了历史或经济因素,而是呈现为某种自然灾害的结果,是降临在这些可怜民众身上的诅咒,只有那些更加幸运的人慷慨解囊才能解除。有一件事是确定无疑的——没有人指出BBC新闻的摄像机在孟加拉国、苏丹或牙买加拍摄的贫困画面,与英国此前的帝国主义行动及其在促进新自由主义全球化方面起到的关键作用有任何联系。

---

① 一个英国的慈善组织。——译者注

债务的回旋

在当时的英国,经济革命正如火如荼地进行着。这是"贪婪是好事"(Greed is Good)的 10 年,英国国有企业向私人金融开放,并且资金在全球自由流动,寻找获得更大利润的机会。在这个时代,不平等已成为英国经济的一个基本特征,在撒切尔治下的分裂的英国,那些右翼人士凭借这位首相的政策积累了巨大的个人财富。撒切尔甚至重新解读了耶稣关于"善良的撒玛利亚人"(The Good Samaritan)①的寓言,认为这是一个讲述涓滴经济学②好处的故事。"如果这位乐善好施的撒玛利亚人只是出于一片善心,那么没人会记得他;他还是得有钱才行",这是撒切尔对"贪婪是好事"这一观点的辩护。[63]"现场援助"和"漫画救济"这样的慈善行为之所以能够实现,是因为随着货币市场的放开,那些有幸拥有财产和资本的英国人能够积累更多的财富。与其说金融和法律服务之下的利益增长是第三世界贫困的原因,不如说它们是第三世界实现救赎的唯一希望。因此,长期以来,第三世界国家的种种事务在全球范围内是被忽视的。

20 世纪 80 年代,第三世界的债务危机是全球经济重构的核心问题,这将对人们的生活产生影响,不仅在金斯顿、阿克拉和拉各斯,在伦敦也是如此。[64] 随着固定汇率和资本管制的崩溃,

---

① "善良的撒玛利亚人"是基督教文化中一个著名的口头语,意为"好心人、见义勇为的人"。——译者注
② 涓滴经济学,常用来形容里根经济学,因为里根政府执行的经济政策认为,政府救济不是救助穷人最好的方法,应该通过经济增长使总财富增加,最终使穷人受益。——译者注

货币摆脱了战后的束缚，向全世界人民提供信贷和贷款的交易成为一条致富之路，因为商业银行通过利息实现了利润的猛增，但人们却不得不努力偿还债务。第三世界的债务危机加速了债务的商业化——每当一笔新的贷款被借出，另一笔资产就会被添加到国际金融市场上，并在全球范围内进行交易。此时，在英国，私人债务爆炸性增长。在20世纪80年代前，信用卡是一种并不常见的东西；但突然之间，到处都是信用卡。在接下来的几十年里，由于工资持续走低，人们只能转向信贷以维持其基本生活。

这一点在大多数人所背负的最大债务——抵押贷款上表现得最为明显。虽然工资水平停滞不前，但越来越多的抵押贷款使普通工薪阶层仍能拥有住房。到千禧年之交，100%的抵押贷款都被出售给了各类客户，与此同时，银行对借款人还债能力的详细调查却越来越少。毕竟，这个宽松的信贷体系意味着房价飞涨——只要房价持续上涨，客户就没什么可担心的。最终，他们会卖掉房子，还清债务，然后获得丰厚的利润。随着英国停止生产商品，房产市场成为英国经济增长的主要引擎；房产所有权成为那些赶上撒切尔发展浪潮的人与"后来者"之间的分界线，而抵押贷款则提供了通往"城堡"的钥匙。这就像一个大规模的传递包裹的游戏——要判断一个人能否很快在英国获得经济上的安全，与其说取决于这个人能做什么，不如说取决于这个人承担债务并及时将其传递给下一个人的能力。

2007年冬天，这场闹剧停了下来。事实证明，将全球经济锚定在债务投机上是一个有风险的观点，因为欧美地区先后陷入了一场历史性的金融危机。[65] 在这场危机中，那些无力偿还贷款的家庭被收回了手中的房屋，他们因此伤心不已。小企业无力偿还启动贷款，不得不永久关门。政府这时向那些苦苦挣扎的人宣讲个人责任；即将成为英国首相的戴维·卡梅伦当时说道："是时候开始量入为出了。"这次仍然不是全球经济体系的问题，或许是个人的不负责任导致了此次危机吧。[66]

然而，自20世纪80年代打开资金阀门以来，世界各国政府一直在过度扩张。事实证明，主权债务就是一种传染病，并在20世纪最后的几十年迅速蔓延到全世界，其中欧洲和美洲国家首当其冲。2008年金融危机爆发时，欧洲国家发现自己也承担着巨大的主权债务压力，尤其是葡萄牙、爱尔兰、希腊和西班牙。英国的公债虽没有飙升到一些欧洲邻国那样的水平，但政客们仍认为，这足以让他们有理由在一段时间内采取严格的紧缩政策，在此期间，英国政府的社会容纳力被大幅削减。在削减债务的名义下，英国人见识到了原本被视为极端的政策——如减少残障福利、关闭图书馆、削减对儿童中心的支持等——如何突然以一种中立的（甚至是道德的）姿态呈现在他们眼前。当那些因高风险资产投机而导致经济崩溃的银行得到公共资金救助时，为此买单的却是公共服务部门。种种抗议团体强烈反对削减开支，认为应该通过对富人增税来偿还公共债务。但是，这种抗议被认为是出于嫉妒，不仅如此，反对者还强调，如果提高税收，那么富人就会带着他们的钱逃离这个国家——因为20世纪七八十年代，全球范围都放松了对资金流动的控制。在对英国实施严厉的紧缩政策时，卡梅伦回想起撒切尔对第三世界国家采取的一贯回答，他说，陷入挣扎中的英国不得不忍受让人痛苦的开支削减，除此

之外,"别无选择"。⁶⁷

在 2008 年经济崩溃后的几年里,尽管关于主权债务、赤字、紧缩和公共服务削减的讨论充斥着政治话语,但在英国,很少有分析家将他们的债务危机与过去几十年来困扰全球大部分地区的第三世界危机联系起来。当然,2008 年的英国与 1978 年的牙买加有很大不同——与债务规模相比,英国国内生产总值要大得多,而且其更强大的货币体系使债务偿还更容易操作。然而,第三世界债务危机预示了经济情况的变化,特别是金融方面。2008 年之后,英国和欧洲最终认识到主权债务所具有的政治力量。⁶⁸ 从文学到宗教神话,我们发现债务不仅是一种经济条件,还具有一定的心理影响;它一方面要求持有人承诺偿还债务,另一方面要求其服从债权人的控制。因此,最好的债务是永远无法偿还的债务。这就是主权债务发挥作用的方式——尽管从未被偿清,但偿还债务的方案可以成为一个有用的保护伞,在它的保护下,一个社会的经济基础可以被重塑。债务的力量几乎是超越一切的——只要提起它的名字,你不仅可以让人们同意他们通常不会同意的事情,甚至可以让他们觉得它不仅是必要的,还是一个很多人进行自我净化和更新的契机。对 20 世纪 80 年代的第三世界国家来说,偿还债务比向农村提供清洁用水更重要,也比资助防治传染病的医疗计划更紧迫。在 2008 年金融危机后的英国,债务一直是削减高等教育的资金投入、心理健康设施和社会住房的正当理由。

一旦与政治效用沾边,不计社会成本都要偿还主权债务的观念经常被当作一种工具使用。正如放宽资本管制、公共服务私有化或承诺低税率一样,我们围绕主权债务的观念在现在看起来似乎是不可辩驳的事实，但其实它们是由知识分子推动的。鲍尔坚持将国家继续还债和停止"生活政治化"联系起来，这让人们了解到主权债务所拥有的真正力量——它中和了政治的不可预测性。当必须偿还债务时，选举的波动、民主和主权政府不断变化的议程都被限制在履行偿还义务的范围内；突然间，真正决定国家政策的是会计师而非政治家。对希望赚钱的公司和投资者来说，在适当的情况下，一个负债累累的国家提供了一个更干净、更平静的交易环境。人们的情绪会被各种各样的数据左右。政府也愿意放弃对其领土主权的控制。

资本的自由

"自由港"，即允许贸易蓬勃发展的港口，不受本土主权当局通常实施的税收、规章和条例的影响，这一概念至少在意大利文艺复兴时期的海上城市就已存在。在欧洲帝国崛起期间，法国（马赛）、德国（汉堡）和比利时（安特卫普）都曾使用过自由港模式，试图在全球贸易中获得立足点。但是，尽管英国是其中最大的海上贸易帝国，却没有在不列颠群岛上创建任何自由港。[69]大英帝国唯一尝试过自由港模式的地方是在其殖民前哨，即新加坡和西印度群岛。[70]直到20世纪末，自由港仍是一个相对罕见的现象。"去殖民化"的进程和联合国的崛起似乎预示着主权民族国家的时代，随着这一时代的到来，自由港可能消失在历史书中。应该说，自由港的再现是全球资本主义在过去50年中发生的最重要的变革之一。

1976年，当曼利同意开放金斯顿自由区（Kingston Free Zone）时，全球共有25个国家的共计79个自由贸易区。到2006年，也就是全球经济开始崩溃的前一年，全球193个国家中的130个国家共有3500个自由贸易区。[71]自由港曾经只占据着一些沿海前哨地区，现在却遍布全球——不仅有传统的港口，还有城市、机场和农村地区，它们不受其管辖国家其他地区的税收或海关法的影响。自由港有很多别称，它在菲律宾是"出口加工区"，在印度则被称为"外贸区"。这是一个由相互连接的齿轮所组成的网络，在外界的监视下推动全球贸易进展。

20世纪70年代和80年代，在主权债务的背景下，一个又一个国家与国际货币基金组织和世界银行达成了结构调整方案，以此换取更多贷款，这促使政府实施建立自由贸易区这一政策。自由贸易区的免税不受当地规章制度的约束，这有助于吸引国际企业投资。[72]20世纪70年代末，在曼利首次加入国际货币基金组织后的十年间，牙买加最终签署的结构性协议几乎比其他任何国家都要多。[73]因此，它也成为现代自由港模式的测试个案。自由贸易区的创建成为国际货币基金组织要求牙买加增加其非传统出口的一个关键部分。1976年，岛上的第一个自由港金斯顿自由区成立。随后，1985年蒙特哥湾自由区成立。没过多久，加梅克斯（Garmex）自由区、海耶斯（Hayes）自由区和卡祖马尔（Cazoumar）自由区也相继成立。除了免税，自由贸易区内的企业还可以避开在国内其他地区都适用的许可法规、就业法规和对有关商业行为的控制措施。

自由港的目标是利用这些有利条件吸引跨国公司在牙买加设

立工厂和车间,增加社会就业机会。在某种程度上,这确实有一定作用,因为各种服装缝制厂或食品加工厂占据了自由贸易区的空间,成千上万的牙买加人(特别是年轻妇女)可以在这里找到工作。然而,虽然自由贸易区使得流入牙买加的资金增多,但这些资金几乎都没有流动到实际在工厂、车间和仓库工作的牙买加人手中。与全岛的生活成本相比,自由贸易区公司的薪酬非常低。[74] 1987年,金斯敦自由区的工人试图成立工会,但遭到了政府的镇压,因为政府不想惹恼在该地区经营的公司。[75] 如今,由于没有强有力的劳动法和工会,牙买加自由港的工作条件仍然很恶劣,当地人抱怨说,他们在公司中几乎没有晋升机会。[76] 而且,事实证明,不受政府监管的商业区会引来洗钱和毒品走私行为。

20世纪80年代,撒切尔对英国港口进行了私有化,这之后,英国确实在少数几个地方尝试了自由港模式。然而,由于英国是欧盟成员国,为吸引跨国企业投资而提供的激励措施受到很大限制。欧盟自由港的范围很小,而且限制了政府向公司提供支持,这就意味着它们在放松管制方面无法与迪拜或牙买加的自由港相比。2012年,英国最后一个自由港关闭,但此时,约翰逊提出了建立真正的贸易自由港的计划,认为这是该国可以在离开欧盟后抓住的一项新的巨大机遇。英国脱欧公投成功后,由撒切尔创立的政策研究中心与当时名不见经传的年轻议员里希·苏纳克(Rishi Sunak)合作,发表了一份报告,呼吁在英国建立自由贸易区式的自由港。[77] 在这份报告中,刚刚当选为国会议员的苏纳克认为,现在是英国通过在全国各地建立自由港,来"重新将我们的经济增长与我们引以为豪的航海历史联系起来"的时候。[78] 苏纳克认为，英国的欧盟成员国身份阻碍了其建立自由港模式，但现在英国再次独立出来，应该抓住此次机会在那些破旧的港口建立自由贸易区。[79]自由港的设立带来了一个将"英国经济从伦敦转向其他地区"的机会，这预示着越来越多的政客认为加大放宽监管力度是解决英国经济持续不平等的途径，而不是造成这种不平等的原因。[80] 2020 年 2 月，英国政府启动了在全国各地新建 10 个自由港的计划。[81]至此，人们再次被提醒，在第三世界，为实现资本主义积累所进行的创新不会一直只存在于这里。这些措施会持续反弹，重塑世界的其他地区，英国也在其中。

发展中的世界与资本主义边界

我记得当我回到学校说我在加纳度过了假期时，人们会问："哦，那是哪里呀？"会这样问的不只是学生，还有老师。然而，虽然人们对这个几十年前曾是英国殖民地的地方一无所知，但这并不足以打消人们对这块土地的胡乱猜想："整个夏天不看电视是不是很无聊啊？""没有车怎么出行？"我向所有人展示了我和家人在阿克拉的照片，照片里的我们一边看着 BBC，一边吃着玉米片，这简直要把他们的整个世界都颠覆了。事实上，西非的生活并没有与世隔绝，而是充斥着西方现代化的小玩意儿。当然，在加纳，西方消费品的出现实际上象征着这个国家的贫困，但这种贫困导致的生活状态与我的老师心目中那些泥屋和水井非常不同。帝国溃败后的一项主要工作就是确保"去殖民化"国家继续购买国际大公司生产的大量消费品。在 20 世纪八九十年代，像加纳这样的国家进行结构调整计划的一项要求就是向西方开放贸易。在阿克拉，当你经过一个交通路口时，总会有人向你兜售在欧洲卖不出去的迪士尼玩具，或是从美国超市退回仓库的冰箱。全球贸易的经济现实使得像加纳这样的国家基本上成为英国产品的垄断市场，同时也使它拥有了所有存在于英国市面上的东西。

若想看到上述现象令人信服的证据，可以到阿克拉的工业区去。在那闪闪发光的国际酒店和商业大厦的阴影之下，有一个叫阿博布罗西（Agbogbloshie）的地区，这里有被称为世界上最大的电子废料场和废金属场。[82] 燃烧电缆产生的烟雾弥漫在空气中，毒素渗入食物和水中。孩子们爬上损坏的电脑和汽车轮胎，而他们的父母则在拆卸废旧产品，寻找可回收的材料以便出售。阿博布罗西的大部分电子垃圾都是直接从西方进口的，但根据联合国的说法，其中大部分来自西非丢弃的消费品。这表明，该地区电子产品供应不断增长，出现了溢出的现象。大量卖不掉的商品从伦敦、鹿特丹、拉各斯和库马西运到这里，堆积在这个资本主义全球供应链最后的仓库中。大英帝国的失忆症导致许多英国人认为，第三世界的问题在于，生活在那里的人们无法获得西方消费资本主义的副产品。但现实情况是，他们无法从这些产品中挣脱。

2011年，当牙买加准备庆祝从英国独立50周年时，该国发行量最大的报纸表示，60%的牙买加人认为，如果这里仍然是一个殖民地，他们会过得更好。[83] 由于牙买加经济仍完全依赖外国投资和旅游业，主权并没有给人民的日常现实带来他们所期望的改变。这个岛上仍然存在着两种完全不同的生活方式，鲍勃·马利在歌里所唱的不平等和不公正一直都存在。富有的白人游客可以从当地的女裁缝身边经过,从来没有想过他们即将前去享受的豪华酒店会如何将她拒之门外。20世纪70年代,曼利试图挑战的问题之一就是经济和法律的不平等,这不仅是为了牙买加岛,还针对当时自豪地自称为第三世界的整个地区。曼利和国际经济新秩序项目短暂地向我们展示了国际经济体系的另一种发展走向,而那是一条与现在全然不同的道路。

然而,曼利低估了欧洲和美国已经开始的反对势力。撒切尔入主唐宁街后不久,里根当选美国总统,这再一次巩固了她的地位。很明显,国际经济秩序将被重塑,但并不是以曼利和国际经济新秩序所希望的方式。同时,对货币的控制已有所放松,保护跨境财产的法律得到了加强,国际机构成为促使反叛国家归顺的工具。国际货币基金组织和世界银行被重新部署——从抵御投机资本主义的守护者,变成了全球市场纪律的执行者——本质上则是充当全球投资者的裁判员,以确保他们无论付出多大的成本,都能从政府那里拿回自己的钱,以及不断增加的利息。

如果想知道关于债务、赤字和紧缩的讨论为何在我们的政治话语中无处不在,何以成为剥夺人民越来越多主权的正当理由,那么我们需要了解20世纪70年代的一位年轻而独立的牙买加人试图改变国际经济体系的经历。在自由的名义下,第三世界的反抗被击溃了。政府不仅被要求削减公共开支、减少监管、取消对工人的保护措施,他们还被告知这些行动是为他们自己好,这是将他们从债务桎梏中解放出来的唯一途径。但事实证明并非如此。到了2021年,这些国家还是负债累累,并且由于新冠肺炎疫情的长期影响,经济活动受限,它们还得面临一场还债危机。[84]虽然人们仍倾向于将债务视为一种动力，但在第三世界债务危机之后，当代金融资本主义已经开始把债务当作创造市场、促进贸易和控制政府政策的一种方式。随着越来越多的国家被卷入不断上升的主权债务旋涡，试图真正偿还债务的努力变成了一场西西弗斯式①的斗争。此外，问题不只发生在第三世界国家，资金的自由流动已经成为一列失控的火车，在世界各地飞驰，意图寻找更大利润。它每停一站，就给越来越多的人留下不断增长的债务。

第三次世界债务危机过后，全球经济的重建增强了跨国资本的实力。事实证明，面对"去殖民化"所带来的大规模主权威胁，债务能够有效地泼上一盆冷水。债务在貌似平等的实体之间制造了一种等级体系，并且它让从属实体认为，权力被剥夺是它们自己的问题。英国人必须问问自己——为什么这么有效的一项策略，跨国资本却只用来对付发展中国家？在过去的20年里，"债务"一词一直被政府当作最有用的武器，用于分解艾德礼福利国家残余部分。在新冠肺炎疫情的影响下，英国政府需要借出更多债务，以履行紧急公共支出的承诺，并且在未来几年可能会应对一种"别无选择"的新要求。因为在经济复苏的名义下，人们会匆忙做出一些重大的政策决定。曾经，只有那些关心发展中国家的"行善者"才会谈论免除公共债务的话题。如今，来自英国各个阶层的人们都在呼吁免除债务。[85]

可以说，在20世纪的后几十年，牙买加所经历的种种事件

---

① 在西方语境中，形容词"西西弗斯式的"（sisyphean）代表"永无尽头而又徒劳无功的任务"。——译者注

向我们揭示了当代全球经济中债务、主权和资本主义之间的关系。通过促进现代自由港的发展，第三世界的债务危机也为民主主权的危局提供了一个解决方案——部分土地将被简单地离岸，并脱离政府的监管范围。目前，英国政府正在推进其在英国各地建设低税自由港的计划，尽管有多方警告称，这些自由港往往会引发负面的社会和经济后果。但有一点不能忘记，英国在全球资本主义的离岸安全策略方面有着悠久的历史，这也可以追溯到"去殖民化"开始的那一刻。[86] 在同一份报纸的民意调查中，60%的牙买加人宣称他们希望本国从未获得过主权。调查给出的理由之一是，自"去殖民化"时代以来，邻国的开曼群岛同牙买加相比，走向了截然不同的命运。

开曼群岛并没有寻求完全独立，而是一直作为英国的海外领土，其殖民地总督利用它作为英国离岸前哨的地位，把开曼群岛变成了世界上最著名的避税天堂。在牙买加独立50周年时，开曼群岛的人均国内生产总值为43800美元，而牙买加为7500美元。[87] 然而，尽管这种避税天堂的地位可能有助于提升一些开曼群岛居民的生活水平，但它对全球经济的影响正逐渐对英国人的生活产生回旋镖效应。要理解当代的政治和经济趋势，就必须先了解帝国的衰落是如何导致离岸世界崛起的，即那些曾被称为英属西印度群岛的地区。

第五章 税务

如果有人说，英国的帝国统治是为了在全世界推广自由主义、民主和公平竞争，那说明这些人忘记了巴哈马的"海湾街男孩"——他们的名字源于巴哈马首都的主要商业街。¹ 直到 20 世纪 60 年代，这一小群白人商人仍把这些岛屿当作自己的领地来经营。少数家庭彼此之间签订了有利可图的合同，获得了重要的管理职位。通过这些方式，他们既可以在 18 世纪管理殖民地的种植园经济，也可以在 20 世纪从洗钱交易中获利。300 年来，英格兰（后来是英国）一直控制着这片风景如画的加勒比海角落，几代海湾街男孩享受着由此带来的经济利益。

鉴于海湾街男孩对权力的长期控制，我们很容易理解为什么最终成功打破他们垄断地位的黑人政治家被本国其他人戏称为"黑摩西"（Black Moses）。² 林登·平德林（Lynden Pindling）是一位极具智慧和魅力的律师，他经常被人拿来与他儿时的朋友做比较。这位朋友就是奥斯卡获奖演员西德尼·波蒂埃（Sidney Poitier），他可以说是巴哈马群岛上最负盛名的人士。平德林是一名退休警察的儿子，他从小勤奋好学，在各种殖民地学校都表现优异,后来去伦敦上大学,这在当时对一个巴哈马黑人来说是罕见的成就。和许多其他独立时代的领袖一样,平德林挑战英国殖民秩序的想法是在伦敦求学期间开始形成的,后来他又在中殿学院获得了律师资格。1953 年,他回到巴哈马,加入了新成立的进步自由党(Progressive Liberal Party),那时大多数巴哈马黑人甚至还没有投票权。

1965 年 4 月 27 日,平德林作为进步自由党的议会领袖进入议会,带来了巴哈马政治史上最具戏剧性的一个时刻:在一场关于选举范围的激烈辩论中,他怀疑执政的巴哈马联合党试图限制岛上占多数的黑人人口的民主权利。出于报复,平德林从座位上跳起来,抓起了那根有着 165 年历史的镀金议长权杖——这是议会权威的象征,也代表着英国的殖民统治。在国会议员们震惊的目光中,平德林把权杖从顶层窗户扔了出去,于是,大英帝国力量的象征就掉落到了地面,发出"啪嗒"的响声,此时,他的支持者们就在外面等候。通过这令人震惊的反抗行为,这位精力十足的黑人政治家向旁观者(既有朋友也有敌人)传达了一种信息——一场巴哈马黑人民众的夺权运动已经开始了。[3] 两年后,平德林当选巴哈马总理,不久后,他宣布了一条令海湾街男孩们担忧不已的消息:他打算领导巴哈马群岛从英国独立。1973 年,巴哈马群岛最终独立,但在那时,一些经营殖民地的白人商业精英已经以令人惊讶的速度逃离了这个国家(他们好几年前就开始这么做了),并且带走了他们几十年来藏在岛上的大部分资金。在 20 世纪后期,很多"去殖民化"政府都会发生资本外逃的情况,其中一个颇具戏剧性的例子让平德林意识到,尽管他在英国受过教育，有着迷人的魅力，政治和经济观念实际也相当保守，但他当选总理一事足以让投资巴哈马的资本主义利益集团感到不安，这纯粹是因为他所代表的东西。

虽然巴哈马群岛曾是大英帝国的一部分，但它那时已成为不义之财的避风港，在这里，一袋袋的钱可以从经过的飞机上被扔下来，而且不会有什么人过问。海湾街男孩建立起了一种法律和金融文化，使该地区成为世界上那些穷凶极恶的人（国际罪犯、被推翻的独裁者等）首选的洗钱场所。但是，现在的巴哈马群岛是独立的，其领导者是当地多数黑人的代表，在这种情况下，世界上还有人认为这些岛屿是存黑钱的好地方吗？还有什么地方能提供像巴哈马那样专门从事审慎的金融仓储服务呢？幸运的是，对那些担心"去殖民化"可能导致财富无法离岸的人来说，同在加勒比群岛的另一片岛屿已经准备好填补这一空白。直到今天，在开曼群岛，律师和银行家们还在开玩笑说，政府应该为巴哈马群岛的林登·平德林爵士（Sir Lynden Pindling）建一座雕像。[4]

在巴哈马的独立巨变之后，开曼群岛可以坚定地将自己确立为新型国家的典范——不是旧的避税天堂、黑钱的藏身之处，而是新的、现代的"离岸金融中心"——一个不会寻求逃避法律的避税天堂，而是拥抱法律，学会最大化地利用法律来合法地将全球经济中的大部分资产安全离岸，从而规避民众的再分配要求。通过建立在离岸方面的优势，短短几十年，开曼群岛就从一片无人问津的热带沼泽地转变为全球金融领域中引人瞩目的前线地带。而且，至关重要的是，它实现这一变化的方式是留在英国主权的保护伞下，而不是寻求独立。开曼群岛的发展模式被记者尼古拉斯·沙克森（Nicholas Shaxson）称为"大英第二帝国"（Britain's Second Empire）。在 21 世纪后期，遍布世界的英国残余领土的集体继续维护着金融权益在世界的跨国流动。⁵ 帝国解体后，主权的扩张本应使世界更加平等，但我们却看到，在财富方面的不平等达到了新的水平。这一矛盾背后的关键因素之一，就是从大英帝国的废墟中崛起的离岸属地，以及他们在分割财富领域和工作领域方面所起到的作用。

英国的离岸属地

2016 年，在一场关于避税天堂的辩论中，腹背受敌的英国首相戴维·卡梅伦最终击败了人数众多、喧嚣嘈杂的下议院。他在演讲中宣称，将英国皇家属地和海外领土置于世界各地"税收保密金字塔的顶端"是"不公平的"。⁶ 面对工党领袖杰里米·科尔宾（Jeremy Corbyn）提出的一连串激进问题，卡梅伦拒绝了将避税天堂列入黑名单的呼吁，他认为这不是"正确的方法"，并且相信英国政府能找到与英国海外领土合作的方式，专家们认为这些海外领土位于全球避税网络的核心。⁷

就在这次议会会议的前一周，"巴拿马文件"①被泄露给了媒体，卡梅伦本人也被曝光，他的父亲拥有一家离岸投资基金，而他正是受益人。⁸ 泄露的文件显示，卡梅伦的父亲在巴哈马注册了布莱尔莫尔基金（Blairmore Holdings），并雇佣巴哈马当地居民

---

① 2016 年的"巴拿马文件"揭发了全球众多权贵、政要、名人利用离岸公司隐藏资产的事实，曾一度震惊世界。——译者注

签署了基金文件，这是一家以卡梅伦家族祖宅命名的投资基金。[9]公众对避税天堂的愤怒不断上升，而当被问及英国首相个人从家庭财富离岸转移中获利是否合理时，卡梅伦的发言人只是轻描淡写地回避了这件事，称这是"私人问题"。[10]毕竟，布莱尔莫尔基金在结构上没有任何违法之处；该基金在其30年的发展历史中从未在英国纳过税，但这并不是该基金董事们的问题，他们只是对全球法律和经济体系制定的激励措施做出了回应。

布莱尔莫尔基金并没有触犯法律，基于金融世界的构建方式，它的成立合理合法。在20世纪的进程中，全球出现了一系列司法制度，目的是将财富和资本从大众负担中区隔出来。随着"去殖民化"带来的主权扩张，以及潜在公共责任的增加，越来越多的总统、政府和选民对此做出了反应，在这种情况下，避税天堂成为私人资产的维护者。它推动了这样一个世界的形成：很多时候，经营跨国公司的亿万富翁所缴纳的税，比打扫他们办公室的保洁员所缴纳的税还要少。此外，它还让人们看到这样一个世界：企业可以从这些国家提供的医疗、教育和交通基础设施中受益，但却几乎不向其体系支付任何资金。可以说，避税天堂远不是卡梅伦所说的"私人事务"，它已成为当今全球贸易、金融和财富网络的重要支柱。

对于什么是避税天堂，目前没有一个公认的定义。所有通常被认为是避税天堂的地方都坚称自己不是避税天堂，这使得其定义更加扑朔迷离。如今看来，在许多方面，"避税天堂"这个名称属于用词不当。对那些拥有众多资源的人而言，21世纪的离岸金融中心提供的机会远远不止避税这一项。在千年之交，避税天堂已成为有钱人和资金雄厚的公司规避公司监管要求的首选目的地，这也可以帮助他们规避其业务所在国的所有权或透明度规则问题。与低税率同样重要的，还有那高超的保密水平。比如，如果你想注册一笔信托基金，但要对其受益人做保密处理，会有很多地方专门从事这项服务。

在过去几十年里，这些离岸司法管辖区的扩张改变了全球经济的整个发展方向，并成为关注不平等问题的经济学家面临的主要障碍之一。每年，大量律师、银行家和会计师都会将巨额财富转移到这些专属的金融掩体中，导致目前多达10%的全球经济总产出估计都被藏在避税天堂中。[11] 对那些能够负担得起这些昂贵的专家咨询费的公司和个人来说，避税天堂对于全球资金流动的重要性，就像机场对于飞机的重要性一样。在这种全球资本主义的新平衡中，输家一直都是那些被限制在"岸上世界"的民众，他们不得不年复一年地听到这样的消息：他们指望用于学校、医院和护理服务等公共资源的资金将被再次下调。

税收问题将相距甚远的金融领域和道德领域联系在了一起。它把财产的概念和义务的概念结合起来——前者体现了"什么东西是理应属于我们的"这一问题，后者体现了"我们应给予世界上其他人什么东西"这个问题。税收的概念，因为显而易见的原因，从来都未为人所知，但它在很大程度上已被大多数人接受，因为它是一种社会集体选择共同承担的社会契约的金融表征。如果你想生活在一个社会中，并从该社会中获利，或成为社会的一分子，那么支付你的税款可以理解为是你进入该社会需要付出的"代价"之一。在民族国家时代，税收被理解为一种国家话语——

你为国家做出了贡献，它以福利和公共服务的形式回报给了你。但是，对那些拥有必要手段的人而言，避税天堂提供了一个宝贵的摆脱这种社会契约的条款。企业财产的灵活性和货币的流动性意味着，那些能通过在全球范围内开展贸易来实现利润最大化的公司和非常富有的个人也可以通过将其资产转移到离岸世界的隐蔽之处来减少他们的税收负担，而世界上越来越多的财富正被藏在那里。如果你的财富是以资产形式持有的，那么进入这些利润丰厚的避税天堂就更容易了。对全世界的工人来说，税收通常是从源头上支付的；你每月拿到工资支票时，税就已经被抽走了。对受薪工人来说，他们没有机会通过转移利润来最大限度地降低税务风险。然而，如果你可以通过资本收益、遗产、信托基金、股票和股份或财产销售获得收入，那么你就有更多机会采用各种避税计划，以此使你的资产免于纳税义务。很多公司创建了一系列令人眼花缭乱的子公司、控股公司、空壳公司和附属公司，它们分布在不同的司法管辖区，以便将利润转移到税务负担可能最轻的地方。简言之，离岸外包实际上推动了财富的不平等，因为它是一种只对那些富人有益的做法。

新冠肺炎疫情将这种不平等状态推至新的水平，因为工人们被迫待在家里，与此同时，资产价格飙升。过去的几十年，国际议程都搁置了关于避税天堂的问题，如今终于重拾对它的关注。在由美、英、加、法、德、意、日组成的七国集团（G7）国家论坛上，美国新任总统乔·拜登（Joe Biden）呼吁制定全球企业利润最低税率。在会议的准备阶段，有报道称，英国迟迟不肯承诺达成全球最低税率协议。[12] 英国前首相戈登·布朗（Gordon

Brown）承认，在这份旨在从避税天堂夺回部分控制权的多边提议的推进过程中，英国已经成为"最大阻碍"。该提议旨在从全球利润丰厚的避税天堂夺回部分控制权。[13] 最终，英国加入了七国集团中其他国家的行列，签署了一项确保全球企业支付最低税率为 15% 的协议。在建立各国全面实行这一税率的框架下，全球最低税率应该能阻止企业税率的"逐底竞争"。多年来，各国政府一直态度冷淡，表现得好像避税天堂的存在是如同四季轮回那般不可避免的，但该协议标志着各国政府的说辞发生了变化。人们一直认为监管是毫无意义的，因为避税天堂被视为一种打地鼠游戏——如果你在这里打中一个，那么同样的事就会在其他地方冒出来。全球最低税率虽然远远不能解决离岸问题，但的确揭示出避税天堂的必然性从来都是一个谎言。它们之所以存在，是因为传统大国允许它们存在，而英国在这一过程中发挥了非常重要的作用。

在 2021 年 6 月，已经有人指控英国政府正推动免除伦敦金融城的金融服务机构遵守其刚刚签署的协议义务。[14] 即使在宣布全球最低税率之时，英国政府仍把避税天堂说成"外面的世界"——在那遥远而低调的热带土地上，不怀好意的政府当局同意把这个世界上的财富埋藏起来。在某些方面，关于避税天堂的这种神秘感是可以理解的。就其本质而言，离岸世界是隐秘的。这是一个由秘密信托基金和公司机构组成的世界，它被有意地掩藏着，包裹在神秘和误导之中。然而，离岸世界的历史有助于我们解开它的谜团。对英国来说，离岸世界的崛起并不是一件陌生的事情。今天的离岸世界来源于大英帝国前哨站在"去殖民化"时代所做出的政策决定，并得到了伦敦当局的默许，甚至有时明确的赞同。它是这个岛上帝国来世的一部分。

或许，这些海外领土就是表明英国"去殖民化"进程尚未结束最明显的标志。它们由散布在全球各地的14个小块土地组成，这使得英国的管辖权继续从印度洋的查戈斯群岛（Chagos Islands）延伸到南大西洋底部角落的马尔维纳斯群岛。瑞士或卢森堡曾是人们心目中的避税天堂，但在20世纪下半叶，这些海外领地已成为离岸金融的新面孔。根据税收正义网（Tax Justice Network）发布的2019年金融指数，全球三大最有害的企业避税天堂都是英国的海外领土，其中英属维尔京群岛（British Virgin Islands）高居榜首，紧随其后的是百慕大和开曼群岛。[15] 我们很少在新闻或报纸上看到有关这些地方的报道，但这些避税天堂和谢菲尔德或斯旺西一样，都是英国的领土。这些岛屿都由一位英国总督统治，他代表着王室，对当地法律有最终决定权，每年在女王生日时，他会带领岛上居民唱起振奋人心的《天佑女王》（God Save the Queen）①，它们留存着旧时英属西印度群岛文化。

人们之所以对英国海外领土的地位感到困惑，部分原因在于它们是内部自治的国家，英国政府仍然对它们拥有最终权力，英国外交部对它们负责。事实证明，就吸引全球富有的投资者而言，它们在英国政府内部享有的各种地位实际上只带来了一种好处。英国海外领土享有英国主权的庇护，它们将女王作为国家代表，

---

① 《天佑女王》，也作《上帝保佑女王》，男性君主在位时称为《天佑国王》（God Save the King）。是英国、英国的皇家属地、海外领土和英联邦王国及其领地作为国歌或皇家礼乐使用的颂歌。——译者注

将枢密院司法委员会（JCPC）作为最高法院。在如此种种的条件下，投资者信心满满地认为在这里投资是可靠的，因为英国素来在金融和法律方面非常在行，这些领土当然包含在内。但是，由于这些领土也是自治实体，在日常运作中基本上是独立于英国政府的，因此这些领土可以大力宣传自己不会受到民主压力的影响，而像英国本土这样人口众多的地方可能会面临这种压力。他们向投资者承诺，会在一个与世隔绝的加勒比岛上保护他们的资金，并且远离世界上"在岸"国家可能遭到的政治斗争与冲突。通过保持彼此之间的距离，英国及其海外领地都能够在一方陷入困境时采取某种合理的推诿。在过去，当英国政府面临打击其海外领地在促进避税方面所起作用的呼声时曾辩解说，政府不能强迫这些属地遵守更多的监管规定。[16]

的确，英国的海外领土享有很大程度的自治权。他们有自己的宪法，自己的立法机构，而且目前基本实现了财政自给自足，这在很大程度上是因为他们对离岸财富的托管。然而，英国王室对其海外领土的全部宪法仍持有保留权力，这些权力有时会通过总督行使。在这些障眼法的背后，20 世纪末和 21 世纪初的离岸天堂在"横跨世界的英国"的政治和经济构成中发挥了关键作用。

离岸公司

如果说我们的政治话语考虑到了帝国来世的问题，那么这在一般情况下是通过英联邦实现的。英联邦被视为大英帝国友好的"家族聚会"，是帝国仁慈本质的当代表征。作为一个没有实权的组织机构，英联邦把精力集中在其软实力层面——皇家之旅、合作艺术项目和英联邦运动会，这促成了这样一种观念的形成：英国的帝国残余只与文化界有关。然而，英国海外领土的金融网络则凸显了大英帝国的残余如何以一种更物质化的方式影响世界，并主导了世界范围内的资金流动。当前，英国的海外避税天堂体系根植于帝国的法律结构和主权在"大不列颠尼亚"各地区并不均衡的分配方式。正如前文所讨论的，大英帝国包含了过多迥异的宪法区域，这些区域都服从英国议会的最高权威——其中就有皇家殖民地、受保护国、自治领地和海外领地。在这样一个多层面的司法区域下，大英帝国将会计和税法的控制权外包给了地方总督。此外，在19世纪的整个进程中，大英帝国需要这些前往当地的本土移民在那里居住和管理其殖民地。为移民提供几乎不交税的生活，是吸引他们上船去遥远的地方并重新开始生活的好办法。一般来说，殖民地的英国居民所适用的税法要比他们在国内所面对的税法的执行力度更低。英国的殖民地居民还有资格获得各种地方税务豁免，或者自信地认为地方当局是因缺乏资源、执法权力或公众意愿来向他们追缴。[17]

然而，殖民地提供的慷慨税率不仅吸引了那些想在阳光下开启新生活的、具有冒险精神的移民。帝国内部税收义务的不均衡很快让英国公司认识到，通过灵活地选择"区位"，他们可以掌握越来越多的财富。1904年，埃及三角洲土地与投资公司（Egyptian Delta Land and Investment Company）成立，目的是集体购买埃及的土地并从中获利。3年后，公司董事们决定将其运作和管理业务转移到开罗。公司所有董事都迁往埃及，公司所有会议、银行账户和股息都在埃及注册。然而，根据英国公司法规定，如果一家公司是在英国注册成立的，那么它必须在英国拥有一处驻地。于是，公司任命了一位身在伦敦的秘书，这位秘书为他们提供了一个注册办公室，地址就在老布罗德街的格雷沙姆大厦。但是，这个地址只是一个书面上的地址，公司在这个地方并没有实际使用的办公室。事实上，在这个营业地址注册的公司数量比其中的房间数量还多。

秘书唯一的权力就是在伦敦提交已在开罗起草并审核完毕的文件。当埃及三角洲土地与投资公司需要缴纳所得税之时，董事们认为，由于该公司不在英国，不应该受英国税法的约束。1928年，该案件上诉到英国最高法院——上议院。法官们纠结于这样一个问题：一家在英国注册，在英国设有注册办事处，继续向英国政府提交年度摘要，并在业务上遵守英国公司法的公司，是否也可以因税务问题而声称其并非英国的公司？案件审理的最后，他们认为这是可以的。埃及三角洲土地与投资公司被法官定义为"非本土公司"，因此不受通常的纳税义务的约束。这种做法可谓两全其美——作为一家英国公司，它拥有声誉上的优势；同时作为一家总部位于监管不足的殖民地外围地区的公司，它还能获得各种金融机会。[18] 此时，这种内外部税收布局的盈利方式得到了英国普通法的支持。

"去殖民化"与资本外逃

虽然埃及三角洲土地与投资公司的"非本土"身份开创了一

种新的司法结构,其他跨国公司也会争相采用,但到1928年案件得到判决时,大英帝国公司的情况已然发生变化。不到一代人的时间里,埃及成为一个独立的共和国,掌舵人是民族主义领袖贾迈勒·阿卜杜勒·纳赛尔。纳赛尔在1956年夺取了另一家殖民土地公司苏伊士运河公司（Suez Canal Company）的资产,因此被载入世界史册。20世纪五六十年代,一个又一个国家从帝国的乐园变成主权民族国家,这导致在殖民地享受宽松税收政策的家庭和公司集体逃离。正如历史学家凡妮莎·奥格尔（Vanessa Ogle）所详述的那样,在"去殖民化"时代,以公务员、教师、传教士或金融从业者身份定居在殖民地的欧洲人不仅急于离开殖民地,还试图尽可能多地带走他们这些年来积攒下来的好东西。[19]

这些移民在肯尼亚内罗毕或牙买加金斯敦时,住的都是纯欧洲人社区,生活非常舒适。因为他们愿意从事管理殖民地这项并不体面的工作,于是获得了奖励——在殖民地享受免税待遇。他们在这块大陆上传播英国的"福音",理应得到经济补偿。殖民地的税收负担反而落在了当地居民的肩上,他们往往不得不为被殖民化的特权付出高昂代价。许多移民一边在这些热带乐土上晒着太阳,一边积累了惊人的财富。然而,"去殖民化"就意味着这样一个事实：那些为管理被殖民的本地居民而移居到非洲和亚洲的群体,突然发现他们的世界发生了天翻地覆的变化。短短几年内,之前被认为处于原始状态的当地人如今搬进了总统官邸,开着官员的豪车,还在法庭上担任法官。这种新的"民族解放"的氛围让殖民者感觉到,他们在热带地区的好日子可能就要结束了。

在亚洲和非洲的殖民地相继独立后，离开的不只是定居在此的殖民者，还有许多其他事物被转移到了全球各地。要理解当今离岸世界的崛起，重要的是要认识到"去殖民化"不仅仅是降旗和新总统发表激昂演讲的过程；在镜头之外，帝国的商人、律师和官僚们正在催促他们的家人收拾行李，向家政人员挥手告别。[20]事实上，"去殖民化"加速了世界金融化的进程。殖民世界的物质资产——农场、工厂和豪宅等，如今都变成了金融资产——股票、债券和信托基金，这有利于离岸世界的构建。

除了告别在热带地区的奢华生活外，移居殖民地的欧洲人还面临着另一个问题。当时，包括英国在内的欧洲的经济环境，对他们也不是特别有吸引力。20 世纪五六十年代，由于各国政府都在寻求为福利国家提供资金，高税率和资本管制在英国盛行。战后的经济复苏是建立在一定税收水平上的，而我们被告知这种税收水平在今天根本不可能实现。在那个英国"从未有过这般美好"的时代，公司和个人所得税达到了前所未有的水平，其巅峰是 1966 年工党首相哈罗德·威尔逊（Harold Wilson）征收了 95%的"附加税"，这甚至激发了披头士乐队（Beatles）创作抗议之歌。从热带殖民地回来的欧洲人陷入了两难的处境：要么在回国后把大量的殖民地财富交给本国政府，要么在"去殖民化"之后，这些财富被现在掌权的新独立政府夺走。他们迫切地想要第三种选择，以此逃离日益封闭的主权网络。幸运的是，并不是所有英国殖民地都在走向独立。当印度、尼日利亚和肯尼亚这样的大规模殖民地脱离英国统治时，之前一些微不足道的帝国前哨仍处于英国管辖之下，这些地方重新认识了自身与英国的关系，而这种关系将对全球经济产生重大影响。

另辟蹊径的开曼群岛

大约在苏格兰统一的 40 年前，英格兰王国通过 1670 年与西班牙签订的《马德里条约》控制了牙买加和开曼群岛。开曼群岛由 3 个岛屿组成——开曼布拉克岛、小开曼岛和最大的大开曼岛。在标准的世界地图上，这 3 个岛屿隐藏在牙买加和古巴这两个更大的岛屿之间，几乎看不见。然而，尽管开曼群岛面积极小，但对于理解我们今天生活的世界，它的重要性丝毫不逊于其更有名气的邻国。在大英帝国的统治下，开曼群岛成为牙买加殖民地的一部分。它们在 17、18 世纪曾是海盗的藏身之所，但到了 20 世纪 50 年代初，这里基本被人们遗忘了，那些处于英属西印度群岛的邻近地区拥有更响亮的名声。当时，开曼群岛的经济除了渔业和农业收入，还包括少数仍在航海的水手的微薄收入。[21] 要说这里的旅游业，其实就是几家简陋的旅馆，并且所有岛上都没有银行。大开曼岛、开曼布拉克岛和小开曼岛的生活非常安静，除了到处都能听到的蚊子的嗡嗡声。

然而，在 20 世纪 50 年代，即将到来的"去殖民化"的幽灵改变了安静的开曼群岛。很明显，英国与西印度群岛的关系正一步步充满危机。1959 年，当牙买加开始走向独立时，开曼群岛也开始以一个独立的殖民地实体身份接受治理。1962 年，随着牙买加成为自身拥有主权的民族国家，开曼群岛决定继续接受英国的直接统治，由此，它与牙买加的分离状态得到了巩固。开曼群岛是一个窄小且偏远的前哨,自然资源匮乏;在战后的新世界里,这里不会是博彩公司首选的繁华之地。然而,在接下来的数十年里,开曼群岛与该地区仍然留存的英国领土,如百慕大和英属维尔京群岛,共同演变成了新型的资本积累热点。

时至今日,从表面上看,开曼群岛似乎仍是加勒比海地区天堂般的藏身处。开曼群岛的人口只有65000人,大约与肯特郡的罗切斯特镇人口相当。[22] 但开曼群岛的财富不在于人的数量,而在于金融化时代期间获得的大规模资产。当我们观察世界各地资金的流动过程时,我们可以了解到这些不起眼的岛屿是如何成为全球金融流动的关键枢纽的。近年来,开曼群岛已被视为世界上最大的金融中心之一,与纽约、东京和伦敦并驾齐驱。在如今涌入群岛的游客中,你会发现很多都是世界上最大的公司的高薪律师、银行家和会计师——他们在办公室里把空调开到最大,敲定合同以保护他们客户的资产。

开曼群岛为外围司法管辖区如何在后帝国时代吸引大量外国资产树立了标准。在金融危机最严重的时候,时任美国总统巴拉克·奥巴马试图转移公众对美国金融体系的愤怒情绪,于是把矛头指向了开曼群岛。开曼群岛的一栋楼宇引起了奥巴马的关注,根据官方记录,那里有超过18000家美国公司以本土公司的形式注册。"这要么是世界上最大的建筑,要么是世界上最大的税收漏洞",奥巴马对民众说道。[23] 从奥巴马的声明中不难看出,尽管他是世界上最大的军事、金融和政治力量的时任长官,却仍无力挑战离岸世界。最近达成的全球最低税率协议揭示出这样一个事实——这种无助的呼声其实是一种假象。事实上,离岸世界的出现并没有违背西方富国的意愿。在使避税天堂合法化的过程中，这些国家总是沆瀣一气的，尤其是英国。几十年来，英国一直以体面的英国法律体系来为其海外领土打掩护。

开曼群岛是如何从英国牙买加殖民地的一个下级区域变成如此强大的金融热点的？第一步就是重新规划避税天堂的角色。开曼群岛并没有标榜自己是热带天堂——那里的国际犯罪团伙可以在监管机构视而不见的情况下存放成箱的现金；反之，开曼群岛向那些体面的投资者保证，他们的资产将得到精心制定的财产和保密法的保护，以此获得离岸金融中心的地位。这些法律不仅得到王权的支持，而且由于英国普通法的影响持续扩大，这些法律会在全世界得到承认和尊重。

这条路始于1960年，当时的牙买加正以显而易见的方式走向独立，开曼群岛则通过了自己的《公司法》(Companies Act)。[24] 该法案允许公司以本土公司的身份在开曼群岛注册，而无须通过牙买加法律。第一批享受这项政策的公司提供的注册费，为一项大规模的"灭蚊计划"提供了资金；在此基础上，岛上的环境得到了清理，这对即将到来的银行家、律师和会计师更友好。[25] 1960年《公司法》推出两年后，开曼群岛颁布了新的宪法，这部宪法的实施，回应了牙买加从英国获得独立的事实。[26] 在此情况下，开曼群岛与牙买加此前的法律联系被终止了，开曼群岛承诺，那里将直接由伦敦任命的行政管理人员管理，这强化了它与英国的关系。[27]

然而，在与英国联系更紧密的同时，1962年宪法也为开曼群岛提供了必要的余地，使其成为一个离岸的司法辖区，一个独立于当时英国盛行的社会民主经济模式的地方。英国行政官员保留了确保岛屿和平、有序和稳定的权力，但包括商业监管在内的国内事务则由当地选举产生的新立法议会掌控。[28]

这时的开曼群岛能够享受一定程度的自治，但仍处于英国主权的覆盖范围。由于女王依然是国家元首，英国对所有开曼群岛的法律保持着最终权威，英国政府能直接控制国防、外交政策和安全事务，而开曼群岛的新立法议会也可以自由决定税法、信托法和外汇控制法等。这种新体制使开曼群岛处于一个最适宜的位置，可以从一个不为公众所知的、在战后流入伦敦的资金池中获取收益。

欧洲美元的诞生

开曼群岛金融业的增长是由所谓"欧洲美元市场"的交易推动的，该市场在 20 世纪五六十年代兴起于伦敦。[29] 起初，"去殖民化"可能削弱伦敦金融城在新世界的影响力。1947 年，英国通过了《外汇管理法》，当时全球正趋于遏制世界范围内的货币投机行为。世界各地发生了种种变化：国家主权兴起、国际法更加制度化、福利主义发展……有那么一刻，伦敦银行业似乎被套上了一条缰绳。然而，一家 19 世纪中叶在伯明翰成立的英国银行用其创新思维为英国的金融利益开辟了一条新道路，并推动了离岸世界的崛起，它就是如今已被人们遗忘的米德兰银行（Midland Bank）。

由于众多美国金融家在两次世界大战期间一直在世界各地交

易美元，1929年的华尔街崩盘演变成了持续10年的全球大萧条。因此，正如第三章所述，人们对限制银行外汇交易和世界各地资金流动的期望，是推动第二次世界大战后国际经济重新划分的部分原因。然而，米德兰银行意识到，"冷战"初期，世界四分五裂，尽管世界各地有很多人对美国政府感到不满，但仍希望把他们的钱换成美元。此时的美元已完全取代英镑成为世界储备货币。于是，米德兰银行悄无声息地开始让那些拥有大量美元的投资者将资金存入英国的银行账户。没有人知道这种情况持续了多久，但在1955年，英格兰银行注意到米德兰银行持有大量美元——似乎不是为了任何特定的交易目的。限制资金流动的目的，就是尽可能避免出现这种大规模的跨国金融风险。为吸引更多的美元持有者，米德兰银行秘密接受了大量美元，并对这些存款提供高利率，开始从内部侵蚀战后经济控制体系的基础。[30]

英格兰银行则面临一个两难的境地：要么无视米德兰破坏外汇管制体系的行为，要么对银行进行惩罚——但这会损失一个新的外资来源，也许更重要的是，这会向世界释放这样一个信号——伦敦金融城作为国际金融中心的时代真的要结束了。经过一番考虑，英格兰银行决定采用第一种方案。它不反对米德兰银行持有大量离岸美元存款，并且借此默认其他英国银行也可以根据自身情况进行效仿。[31]

其他银行纷纷开始效仿米德兰银行，它们普遍持有两套账簿，一套用于在岸业务，另一套用于离岸业务。[32] 到了20世纪60年代初，伦敦金融城持有的美元已然堆积如山。[33] 米德兰银行的行为违反了规定，但它们也帮助这座城市在"去殖民化"带来的挑战中找到了出路。仅在米德兰银行的美元存款被发现 1 年后，苏伊士危机爆发了；次年，加纳成为第一个获得独立的撒哈拉以南的非洲国家。变革之风在短短几年内将帝国其他大部分地区吹得四分五裂，而 20 世纪 60 年代初，美国作为英国最亲密的盟友，公开表示"大不列颠的帝国已经陨灭，却还没找到自己的新角色"。[34] 然而，也许提出这句话的美国国务卿迪安·艾奇逊（Dean Acheson）低估了一些重要事实，那就是在过去几个世纪里，英国资本主义得以在世界各地传播的法律和金融的深厚根基。米德兰银行创新的离岸业务标志着英国金融业在帝国衰落后所扮演的新角色。虽然伦敦不再是"世界工厂"，但它可以成为全球资本主义的指挥者，在世界范围内指导和分配财富，帮助富人捍卫自己的资产。

"欧洲美元"（Eurodollars）一词是为了描述这些逃避美国银行业监管的秘密美元。米德兰银行持有和交易离岸美元存款的做法被欧洲的其他银行所借鉴和效仿，但欧洲美元市场的中心始终是伦敦金融城，而不是阿姆斯特丹、法兰克福或巴黎。这不仅是因为美国和英国在历史和语言上的联系，还因为伦敦欧洲美元市场的发展得益于英国普通法的构成。欧洲大陆的法律体系试图明确什么行为是被允许的，而英国普通法侧重于确定什么行为是被禁止的，并且以含蓄的方式允许任何未被明确禁止的事情。此外，作为金融城的所在地，伦敦由于在英国范围内拥有其独特的司法地位，可谓美元离岸交易的理想之地。当布雷顿森林体系的战后金融秩序在 1971 年崩溃时，《纽约时报》指出伦敦的欧洲美元市场是"危机的罪魁祸首"。[35]

伦敦金融城

对不了解情况的人而言,有必要简单澄清一下伦敦和伦敦金融城的区别。伦敦是英国首都,占地 600 多平方英里(1554 平方千米),涵盖从北部亚历山德拉宫到南部水晶宫的所有区域,而且在不断扩大。伦敦金融城则截然不同。它原是古老的罗马城①——朗蒂尼亚姆(Londinium),该区域目前位于大伦敦城的范围内。这里只有 1 平方英里(2.59 平方千米)多的面积,有的人称其为"金融城",也有人称其为"方里小地",它的作用是充当伦敦的金融区。但是,它比美国的华尔街要奇怪得多。人们可以在这里看到旧伦敦城的边界。这里曾反抗过征服者威廉对英格兰的统治,而反抗的痕迹仍然延续到了今天这座金融城被授予的自治权中。

伦敦金融城拥有自己的独立警察部队和独一无二的地方管理部门——伦敦金融城公司,以及自己独特的选举制度。其中,大多数选民不是普通人,而是位于伦敦金融城内的那些公司代表。当执政的英国君主访问这里时,他们一行人会在边界停留,等待伦敦金融城公司的负责人,即市长大人,将金融城的珍珠剑(Pearl Sword)献给君主以示尊重。按照惯例,在允许市长留存这把剑之前,君主只需摸一摸那把剑,以示认同。这一仪式体现了伦敦金融城与英国王室乃至整个英国政府间的距离。[36] 它的权力史是古老的,不但早于现代不列颠,甚至早于我们今天所知道的英格兰出现的时间。伦敦金融城拥有悠久的历史,它不仅是一

---

① 朗蒂尼亚姆,拉丁语(另一种说法是:该词源于本来在这个地方生活的凯尔特人所用的语言,意为"荒野"或"河流流经的地方"),伦敦的古名。——译者注

个金融区,还拥有得天独厚的自治权,这让它成为一块沃土,可以发展新型美元离岸市场。可以说,金融城已然成为一个藏在大都市中的"近海岛屿"。20世纪中叶,主权的重要性日益凸显,很多人担心这会让他们的财富陷入风险,但对这些人来说,英国政府授予伦敦金融城的半自治权足以让他们放心,因为他们的资产可以更安全地通过伦敦金融城的大门。

在很多方面,伦敦金融城仍是英国这个民族国家内部的一个城市国家。它依然拥有英国海外领地的许多特点;这里实行一种半封建的政治布局,这一点被企业利益利用,以此来抑制大众民主的表达。此外,除了具有中世纪的特征,它还是超现代、高度数字化的金融业的所在地。在21世纪,金融业在很大程度上继续推动着全球资本主义。在过去的100年里,英国那些手拿烟斗、举止随意的绅士帝国主义者已经演变成西装笔挺、凶狠无情的国际贸易商,他们的目的,是满足全球最富的那群人尽快在不同司法辖区转移资金的需求。当"去殖民化"威胁到全球资金外逃时,伦敦金融城能够帮助将这些资金转移到海外。

离岸英国的新角色

欧洲美元市场对开曼群岛来说是天赐良机。这些岛屿靠近美国,处在非常理想的位置,离迈阿密仅一步之遥,却处于英国的管辖之下,同时可以自由地制定自己的商业法规,并进一步扩大伦敦金融城的自治权。那时,开曼群岛开始推销自己羽翼未丰的金融业,称其为"藏匿在伦敦金融城银行中欧洲美元的理想归宿"。这一宣传策略起到了作用。到1980年，开曼群岛拥有约300亿欧洲美元资产。[37] 这个被遗忘的加勒比殖民地在正确的时间、正确的地点利用了全球资本主义不断变化的趋势。就在那些富人寻找新的庇护所之时，开曼群岛宣布开放。由于一些始终存在的负面观点，比如哪些种族在管理全球金融方面可以被信任，哪些又不可被信任；加上"去殖民化"和"黑人多数统治"的兴起，牙买加、巴巴多斯或圭亚那这些其他加勒比岛屿让欧洲投资者担心不已。这些地区太不稳定、太不可预测，钱放在这里太不安全了。开曼群岛特别擅长的法律工具就是信托，这不仅具有象征意义，还是一种在保护期内持有资产的工具，以便将其传递给特定的受益人。开曼群岛成功的关键在于将自己表现为全球资本可以信赖的藏身之处——在这里，不会有蛊惑人心的迈克尔·曼利或林登·平德林突然夺权并且背弃"英国式"的商业方式。因此，1970年至1976年，在开曼群岛注册的公司数量增加了约400%。[38] 1971年，布雷顿森林体系瓦解，全球外汇管制开始崩溃，资金宛如海啸般涌入开曼群岛。

此时，许多英国的殖民地和前殖民地都复制了开曼群岛的商业模式，这就导致离岸英国与英国本土并存的局面。这种全球体系使得英国在21世纪的资本主义结构中扮演了一种独特的角色，旧大英帝国的影响力被调动了起来，将拥有准自治权的伦敦金融城变成了如太阳一般的金融中心，而由离岸避税地组成的"太阳系"就围绕着它运行，包括泽西、百慕大和开曼群岛等地。由于连接的便利性，很多有利可图的交易在伦敦达成，但随后就在海外注册了公司。此外，这些公司可以确信，如果他们的交易失败，他们就可以求助于英国的法律体系来解决冲突。几代人过去了，威斯敏斯特的政客们都声称他们对那些把利润藏在开曼群岛的公司无能为力，但对这些离岸金融中心的法律结构的研究清楚地表明，这些钱并没有藏在某个神奇的不毛之地——它们就在英国的海外领土上，仍处于由英国民众选举的政府的管辖下。因此，这些离岸司法管辖区最终还是会依靠英国本土的机构来确立其法律体系。

《普通法》与离岸领土

在英国复杂的宪法体系中，最神秘的机构或许就是枢密院（Privy Council），它甚至比上议院还捉摸不定。它是一个不起眼的机构，其成员是英国君主的顾问。同时，这里也是英国执政的国王或女王仍然可以行使权力的仅存的几个机构之一。枢密院的一项作用是通过枢密院司法委员会审理来自海外领土和英联邦国家的一系列案件，该委员会曾是大英帝国的最终上诉法院。

枢密院司法委员会是根据1833年的一项议会法案设立的，旨在解决英国殖民地出现的法律问题。这意味着，从理论上讲，来自大英帝国各个角落的所有臣民都有权直接向在位的英国君主上诉。在20世纪初，大约在帝国联邦的提议获得支持的同时，还有人试图将英国法律体系中的最高法院上议院和帝国的最高法院枢密院进行合并，这样做的目的是建立一个单一的"帝国终审法院"。[39]虽然枢密院和上议院之间的完全联合没有实现，但前者不仅对殖民地领土享有最终决定权，而且对少数国内问题享有最终决定权。今天仍然如此。在2009年英国最高法院成立之前，枢密院司法委员会甚至是苏格兰、威尔士和北爱尔兰"权力下放事项"的最终权威。终审法院的建立是为了使整个帝国的法律体系连贯一致；若殖民地的立法者或总督通过了违反英国律法的法律，枢密院就会宣布其无效。

在"去殖民化"之后，许多独立国家仍视女王为国家元首，视枢密院为最高法院，民族解放运动和英国统治下的这种遗存宪法之间的紧张关系，导致大多数前英国殖民地最终取消了女王的国家元首地位，并且成立共和国。加纳在独立3年后的1960年迈出了这一步。尼日利亚于1963年跟进，肯尼亚是1964年，特立尼达和多巴哥则是1976年。[40] 在成立共和国的同时，这些国家通常废除了枢密院作为其最高上诉法院的地位；但其他国家，特别是加勒比地区的国家，即使在独立后也保留了君主制和旧的殖民地法院体系。枢密院仍是一些地区的最终上诉法院，包括开曼群岛和百慕大等英国海外领土、泽西岛等皇家属地，甚至还有巴哈马和格林纳达等一些独立的英联邦民族国家。理论上，在这些新独立的国家，枢密院应该为少数族裔和少数教派提供必要的保护，上述群体可能认为他们在自己国家内很难获得公正的对待。事实上，向枢密院上诉所需要的费用非常高昂，因此上诉更有利于这些地方的富人，因为枢密院审理案子需要花费很长时间，而富人有更充足的时间等待。

英国仍在百慕大、英属维尔京群岛和开曼群岛等司法管辖区拥有权威，而枢密院在裁决离岸英国的法律案件中扮演的角色只是其权威的另一种例证，虽然存在一些与之相反的声明——比如卡梅伦政府在"巴拿马文件"泄露事件后所提供的那些——但并没有改变事实。20 世纪 60 年代末，为了给美军基地让路，英国政府很乐意利用他们对海外领土的直接统治权，强行将查戈斯岛民驱逐出自己的土地。就在 2009 年，英国海外领地特克斯和凯科斯群岛出现大规模腐败问题，英国政府随后宣布暂时中止宪法，恢复对该领地的直接管理。[41] 与此同时，金融危机过后，开曼群岛非常担心首相戈登·布朗可能会利用英国对其海外领土的最高权威来改革其金融服务业，以此来平息国内民众的愤怒。[42] 然而，幸运的是，对开曼群岛而言，戈登·布朗在第二年的英国大选中败给了离岸英国的直接受益人卡梅伦。

开曼群岛在很大程度上仍属英国，并多次拒绝了独立的机会。2003 年，在联合国的一次关于最后几个尚未实现"去殖民化"地区的会议中，开曼群岛代表强调，该地区"不想独立"。[43] 这名代表承认，英国财政部仍在干预开曼群岛的经济事务，在他看来，在英国进行的任何宪法审查都应考虑对开曼群岛提供更多保护，尤其是在当时，英国似乎不可避免地进一步融入欧盟，这威胁到了开曼群岛的经济特权。[44]

事实上，欧盟最终在 2020 年 2 月将开曼群岛列入黑名单。这样一来，其成员国可以对在该管辖区支付的款项实施更多控制。在英国正式脱欧一个月后，欧盟公布了一份名单，开曼群岛是这份名单里唯一被选中的海外领土。于是，开曼群岛总理立即前往伦敦，寻求这一问题的解决。[45] 同年 10 月，欧盟将开曼群岛从其黑名单中移除，这让"税收正义网络"等税收改革组织大为愤慨，他们声称："这是一个非同寻常的决定，我们很难知道这究竟是证明开曼群岛——这个世界上最糟糕的金融保密管辖区采取了富有成效的游说,还是证明欧盟的那份黑名单形同虚设。"[46]

根据税收正义网络的计算,通过公司避税和私人逃税,大约有700亿美元的税款从其他国家转移至开曼群岛,这笔钱足以支付超过500万名英国医疗服务体系护士的工资。[47]开曼群岛和其他离岸世界的崛起远不是一个抽象而遥远的问题,它与当今英国的财富不平等和经济挑战有着密切联系。

离岸世界的回旋

2008年之前,在英国,离岸世界很少出现在政治领域中。避税天堂是黑手党和敛财独裁者关心的问题,而不是文明的民主国家关注的事情。但在金融危机后,在英国各地的街头政治抗议中,离岸世界这个议题也包含其中。金融危机导致政府实施紧缩计划,削减公共开支;这项计划对英国最贫穷和最脆弱的社区造成了最沉重的打击。

英国一直想在国内寻找造成金融问题的罪魁祸首,有社会团体指出,离岸外包和避税制度正是其部分关键因素。他们认为,如果政府缺乏资金,那么就应该先堵住税收漏洞,再关闭青年中心或图书馆。在各地的城市中心,沃达丰和拓扑肖普等企业受到关于从事避税离岸业务的指控,这时,它们突然发现全国各地的门店里都充满了愤怒的抗议者。政府以平衡预算的名义对社会项目进行无情的削减,与此同时,反紧缩运动(其中最著名的是

"英国反削减"组织①——UK Uncut 运动）迅速兴起，由此将公众的愤怒转移到跨国公司身上——这些公司在繁荣时期中饱私囊，然后在国家需要资金时逃避纳税。

突然之间，离岸世界得到了唯一一种它不喜欢的"货币"：关注。抗议活动使得跨国避税问题成为头版新闻。此外，在英国实施紧缩政策的情况下，"英国反削减"等组织团体大力探讨避税天堂在全球经济中的作用，这让民众更清晰地看到国内各类重要服务关闭和跨国公司在离岸隐藏收入之间的关联。

很快，"英国反削减"组织将注意力从商店转移到了银行，把目标对准了那些引发了这场危机却免受恶果的金融机构。在工作日的中午，银行分行遭到抗议者的入侵，他们将汇丰银行（HSBC）和国民西敏寺银行（NatWest）变成了"食物银行"。在那里，抗议者可以向被赶出家园或无法获得救济金的家庭分发食物。金融银行已经恢复营业，就如往常一般——而在"食物银行"，放眼望去，危机已将许多人的生活彻底颠覆，这两种情况形成了鲜明对比。最终，抗议者们意识到，尽管伦敦金融城的各种金融机构非常强大，但它们之所以能够利用离岸世界提供的机会，是因为英国政府的共谋和不作为。如果不迫使政府对离岸世界采取更激进的态度，任何追究这些公司责任的努力都将是徒劳无功的。

2013 年，"英国反削减"组织就高盛集团（Goldman Sachs）②

---

① "英国反削减"组织是一个基层运动组织，旨在强调紧缩计划的替代方案。——译者注
② 高盛集团，一家国际投资银行，成立于 1869 年，是全世界历史悠久及规模最大的投资银行之一，总部位于纽约。——译者注

与英国政府达成的一项协议将英国政府的税收部门英国税务海关总署（HMRC）告上了法庭。[48] 与其他一些投行和金融公司一样，高盛被发现利用其离岸子公司向银行员工支付奖金，从而让他们在英国避税。当其他公司举起手来，乖乖缴纳他们所欠的税款时，高盛却拒绝让步；相反，它利用自己的财力迫使英国政府回到谈判桌前。2010年，政府正如火如荼地实施紧缩计划，一些年老的独居妇女因拥有多余的房间而被迫缴纳"卧室税"；一些身患残疾的母亲不但被削减福利，还被要求去寻找那些根本不存在的工作。在这种情况下，政府和高盛之间达成了一项秘密协议，这项"私下交易"让这家金融公司得以少缴一部分通过离岸奖金支付而累积起来的税款，尤其是多年来积累的高达1000万英镑的利息。他们不但不用缴税，还获准可以用更少的资金来清偿债务。这项交易是在"英国反削减"组织领导的反避税运动中被发现的，而且还成为这项运动中的典型案例。这表明英国政府在世界金融巨头的离岸业务中仍然扮演着同谋者的角色。

然而，在埃及三角洲土地与投资公司做出决定的近一个世纪之后，"英国反削减"组织发现，在挑战离岸世界方面，英国法庭仍然无法发挥效用。法院承认政府与高盛达成的交易违反了政府的既定政策，并承诺不会同意以"一揽子交易"或少收税款和利息债务的方式来解决这个问题。尽管如此，法院还是裁定，2010年的"私下交易"总体而言是合法的。主审该案的法官承认"政府与高盛达成的协议并不是税收史上的光辉篇章"，此外，他指出了政府官员在与高盛磋商时犯的一些错误，但最终还是认可了这种"私下交易"的存在。[49] 在做出这个决定后，"英国反削减"组织及类似抗议团体背后的力量消散了。随着财政紧缩政策的持续推进，企业避税不再是报纸头版关注的问题，而是被埋没在金融专栏的字里行间，媒体和政客开始把英国的弊病归咎于这些容易对付的对象上——移民、欧盟和福利申请者。

2008年金融危机后，反紧缩运动在英国兴起，这进一步揭示了英国福利国家的废除和全球避税体系之间的密切联系。"英国反削减"等组织展示了离岸外包对社会安全网的破坏，而这些安全网正是英国最弱势群体赖以生存的保障。不平等不仅是一种自然事实，还由政策选择造成，因为政府选择削减公共服务预算，同时对世界上最富有公司的离岸业务视而不见；同时，这也是政府对残疾救济金申领人的审查比对自己海外领土的审查更为严苛的结果，这使得大量金融储备被隔离在海外领土中。随后的几年里，政府进一步削减福利措施，在这种情况下，反紧缩抗议者很快就揭露了一些私下交易，如英国税务海关总署与高盛集团达成的协议。此外，还有举报者宣称，英国税务海关总署与电信公司沃达丰也达成了这样的协议，据估计，该协议给公众造成了超过60亿英镑的损失。[50]

然而，在反紧缩运动对各类避税行为的分析中，有一点被忽略了，那就是富裕企业的离岸外包行为与英国殖民历史之间的联系，前者造成了很多不平等情况的出现。当时，反企业避税运动之所以存在惰性，部分原因在于，无论人们对这个体系有多愤慨，他们始终无能为力——离岸世界太让人捉摸不定了，要尝试控制它，就像试图用手去抓住烟雾一般困难。然而，避税天堂的发展成为大英帝国后遗症的一部分，如此一来，这个问题被重新带入英国的公共审查范围。这些资金不会神奇地消失在海外；它们通过英国人的操纵和各种机构的转移，频繁进入其海外领地。世界上大多数靠前的避税天堂，要么是英国目前的海外领土，要么是仍作为令英联邦成员愉悦的"前英国领土"。在强调上述事实的基础上，全球税收改革可以超过全球最低税率，这被视为重大的国内问题，同时也是一种国际问题。

如今，离岸外包是全球资本主义的一个基本要素；它不是体系中需要隐藏的黑暗面，从很多方面来说，它就是体系本身。在创新的法律体系和技术的推动下，全球范围内向主权权力的转变趋势有所减弱，这曾一度在"去殖民化"过程中有所预示，因为创新的法律结构和技术使企业消失在司法管辖的"逃生舱"中。如今，主权国家要想掌握全球资本流动，不仅要追踪空壳公司（即只存在于纸面上的，没有员工或办公室的"公司"），还要追踪这些公司的邮箱地址（公司的物理位置只是一个邮箱）、"便利旗"（能够购买不同国家注册权的航运公司，目的是规避监管）以及资产持有公司（本身不做运营的公司，为了投资而囤积资产），因为它们会从一个管辖区跳到另一个管辖区。这种利润转移体系不会随着全球最低税率的出台而在一夜之间消失。它需要进一步的激进改革，以消除全球经济在过去几十年中僵化不变的不平等现象。在此情况下，一个两极分化的世界已经开始出现，这类似于赫伯特·乔治·威尔斯（H. G. Wells）① 在《时间机器》中描绘的反乌托

---

① 赫伯特·乔治·威尔斯（1866—1946），英国著名小说家、新闻记者、政治家、社会学家、历史学家。——译者注

邦未来：除了一个悠闲的精英小团体之外，其他都是受压迫的劳苦大众。那些被束缚在领土上的人群，除了需要遵循主权国家的法律，还会受到主权国家的控制，而能进入离岸世界的公司和个人则可以享受广泛的自由。

从英国石油公司到乐购公司（Tesco），其产品充斥着我们大街小巷的各种企业，现在都在开曼群岛注册并运营。在英国和加勒比海地区，许多掌权者都认为这种情况是互利互惠的。相比于伯利兹或巴拿马等低税收国家，开曼群岛作为英国海外领土的地位使其对对冲基金更具吸引力，历届英国政府都很愿意看到开曼群岛成为世界主要离岸金融中心之一。

因此，英国经常被指责阻挠了 21 世纪全球税收改革的努力，这或许并不奇怪。2015 年，当世界上的一些发展中国家试图利用联合国对全球税收政策施加更多影响时，正是包括英国在内的最富裕国家的游说行动阻止了它们。[51] 与"去殖民化"话语不同，每当采取限制英国海外领土离岸功能的试探性措施时，这些领土的掌权者都会谴责这种举动是"现代殖民主义"。例如，近来对关于拥有或受益于这些管辖区登记账户的个人身份的公示措施。[52]

事实上，避税天堂为跨国资本提供的保护才是帝国的开发和剥削的真正延续。在一个又一个国家，尽管政治决策看起来是由民选政客做出的，但避税天堂网络削弱了政客所能做出的任何可能损害金融市场的决定的能力。这样的情况一直存在，因为富人可能带着他们的资金去往开曼群岛。

对离岸世界谱系的追溯提醒我们，这些地方与英国的生活并不遥远，是大英帝国在加勒比地区的来世的一部分。在甘蔗种植园和奴隶起义的历程中成长起来的，是当代对冲基金、秘密信托和离岸注册的空壳公司。20 世纪 60 年代，在开曼群岛做出的决定对其母国产生了影响，并推动确定了 21 世纪英国人的生活方式。避税天堂的蔓延带来了全球经济变化，这进一步切断了财富领域与工人生活之间的联系。当政客和媒体人物在为大英帝国的遗存而辩论时，英国在推动离岸经济发展方面所扮演的角色几乎从未被提及；相反，他们选择把注意力集中在是否应该更改如"大英帝国骑士团成员"（MBE）这样的荣誉称号上。英国与离岸世界的亲密历史让人们看到，帝国的来世不仅超越了象征性的荣誉，还有助于解释法律和经济传统。这些传统继续以牺牲一部分人的利益为代价，给另一部分人带来物质上的好处。

关于大英帝国后遗症的叙事从对旗帜和雕像的象征性讨论转向了离岸财富等物质问题，这对一种设想，即真正的爱国者是捍卫帝国遗存的人产生了干扰，而那些"憎恨英国"的人的目的是想要挑战它。例如，2020 年 9 月初，英国的头条新闻被一场刻意制造的争议所占据，这场争议的焦点在于 BBC 歌唱家是否会演唱《统治吧，不列颠尼亚！》（Rule, Britannia！）或《希望与荣耀之地》（Land of Hope and Glory）。据《星期日泰晤士报》报道，由于这两首歌都与奴隶制和殖民主义有关，为了对 2020 年夏天"黑人的命也是命"的抗议活动进行回应，他们决定不把这两首歌的歌词唱出来。[53] 对此，英国广播公司解释，他们之所以做出这一决定，是由于新冠肺炎疫情对演唱工作带来的限制；同时，它提醒媒体，这些歌曲的器乐版本之前曾在"终场之夜音乐会"（Last Night of the Proms）上表演过。然而，大家对这种解释置若罔闻。

政客们将此事与广泛存在的与帝国遗存有关的文化之战联系起来，从而激起了民众对英国广播公司的强烈愤慨。这迫使他们最终改变决定，并允许小合唱团演唱这些歌曲。为庆祝此次胜利，保守党政治家雅各布·里斯-莫格在下议院站了起来，对着议长的麦克风播放起《统治吧，不列颠尼亚！》的录音。在一场正在展开的文化之战中，他认为帝国遗存就是另一个战场，他在其中的角色是捍卫人民的爱国者。然而，若将话题从帝国的文化遗存转移到其物质遗存的话，他就更难坚持这一立场了：从"我们应该播放《统治吧，不列颠尼亚！》吗？"到"我们是否应该处理英国余下海外领土财富的离岸转移？"。此时，里斯-莫格联合创立的投资管理公司萨默塞特资本（Somerset Capital）已经在开曼群岛和新加坡开设了子公司，这两个地方都是英国那密如蛛网的避税天堂的关键地点。[54] 在"天堂文件"（Paradise Papers）泄露后，里斯-莫格是众多摇旗呐喊的英国脱欧派代表之一，他们倾向于将自己的资金安全地封锁在海外。"天堂文件"是 2017 年被世界各地的媒体曝光的一批财务报告。[55]

在宣扬英国民族主义的同时，脱欧运动得到了一些富人的支持。在涉及税务状况的问题上，他们要竭尽全力保护自己在英国境外的财富。富人可以在英国登记为"非本地"（即非定居）纳税人，这意味着他们只需为其在英国的收入纳税。他们在国外赚的钱都是他们自己的。对几乎所有其他的民族国家来说，如果你是该管辖区的居民，那么你在全球范围内的所有收入都要在那里纳税。然而，英国的非本土规则是帝国遗存的另一部分，它出现在大英帝国的全盛时期，允许那些在殖民地拥有土地或企业的人继续居住在英国，但可以规避为他们在海外拥有的财富纳税。[56] 此规则一直延续到21世纪，这时，其适用对象不仅是富有的"帝国公民"，还包括世界上最富裕的那1%的人口，这让英国成为一个吸引俄罗斯寡头、尼日利亚亿万富翁、沙特王子等所有人前来定居的地方，从而进一步推高其房价和总体生活成本；同时，这些人还可以避免为自己在世界各地拥有的任何资产纳税。另外，如果英国的亿万富翁能够通过他们的海外关系获得"非本地"身份，那么其海外收入就可以免税。

如果拒绝正视大英帝国遗存对金融离岸的促成与推动，那么我们就很难看到全球范围内（甚至仅在英国内部）的财富不平等情况。英国历史在当前跨国资本主义架构中发挥了关键作用，全球体系的任何变革最终都需要对这一遗存进行清算。英国政府如果真的想解决问题，可以堵住其海外领土的税收漏洞，限制海外持有英国国有资产数额，废除非本地规则，或对进出避税天堂的资本进行征税。英国政府取消对这些管辖区的支持会极大地降低它们的全球吸引力。

然而，英国政治似乎正朝着相反的方向发展。英国政府越来越明确地表明它在支撑低迷的自由市场方面所扮演的积极角色，文化战争的说辞已成为转移注意力的重要手段，要掩盖的正是那从帝国时代形成的不平等且过度金融化的经济模式。

第六章 城市

1986年10月27日，英国首相撒切尔改变了伦敦金融城的金融交易规则——她允许进行规模更大、风险更高的交易。¹ 这项旨在减少监管的政策变革被称作"金融大爆炸"，这是英国长达10年的金融化趋势的高潮。随着布雷顿森林体系的瓦解、外汇管制的取消以及离岸世界的牢固建立，"金融大爆炸"使伦敦的银行得以利用更为宽松的交易规则、早期的国际联系和新的电子技术，成为快节奏的金融化新世界的中心。但这并不意味着一切都能回到19世纪——银行家们戴着圆顶礼帽、抽着雪茄，在上流社会谈笑风生的时候。这个辉煌的新金融化时代的典型形象是拥挤的交易大厅。全世界都熟悉了这样的场景：衣着光鲜的股票经纪人疯了似的挥舞着他们的手，对着对方尖叫，不顾一切地试图保障一项重要交易的进行。在这金融化新时期，英国最古老的商业银行倒闭了，它代表着老牌的绅士帝国主义，而它的倒闭则凸显了金融趋势快速上升的波动状态。

"金融大爆炸"的3年后，也就是柏林墙倒塌、历史本应正式结束的那一年，尼古拉斯·利森（Nicholas Leeson）进入了巴林银行（Barings Bank），担任后台职员。利森是在沃特福德一个工人阶级委员会的庄园中长大的，他戴着眼镜，外表并不引人注目，但他后来成了撒切尔所说的"贪婪是好事"这一箴言的践行者。他在这家英国最知名的金融机构中步步高升，到了25岁左右，巴林银行的董事们把他视为具有潜力的业务"神童"。然而，英国证券及期货管理局（Securities and Futures Authority）通知巴林银行，利森不能在伦敦金融城进行交易，证券及期货管理局其实没有透露发生在利森身上的一件事——他曾因在国民西敏寺银行的一笔欠债而遭到郡法院的制裁。[2]

然而，在1992年，巴林银行任命利森为他们在新加坡新开设的贸易办事处的总经理，以此利用其国际体制避开证券及期货管理局的监管。最初，利森的神奇力量似乎跟随他来到了亚洲。在他到达后的一年，利森在新加坡国际货币交易所（Simex）的期货市场进行交易，赚取了1000万英镑的利润——占银行当年总利润的10%。[3] 1994年9月，新加坡国际货币交易所举办其10周年庆典活动。当晚，所有西装革履的与会者在莱佛士奢华的宴会厅举起香槟欢庆时，有一张桌子上的光辉明显比其他地方更亮。利森及巴林银行团队在这令人激动的"新兴市场"的证券交易中取得了成功，并因此收获了无数的赞誉和多个奖项。新加坡开国总理李光耀在会上发表了讲话，宣布了一系列令人振奋的新举措，以进一步放宽新加坡的投资交易。[4] 世界各地的投资银行都希望追随巴林银行的脚步，借助所谓的"亚洲新四小龙"获得更多利润。

然而，在那个本应是他取得最高荣誉的夜晚，利森却拒绝上台领取巴林银行所获的奖项。在他成功的背后隐藏着一个骇人的秘密。他初到新加坡时，由于团队中一名缺乏经验的成员犯了一个错误，导致他们损失了 2 万英镑，于是利森创建了一个秘密账户，向他在伦敦的上级隐瞒了这一损失。在这之后，利森开始一次又一次地用它来掩盖他在新加坡的所有损失。每次当他在一笔交易中有亏损时，他都会在下一笔交易中押下双倍的损失。自"金融大爆炸"以来，国际金融交易就像高速过山车一样迅速发展，而利森的损失则像滚雪球一样越滚越大。但是，通过成功地从伦敦申请越来越多的额外资金，他得以平衡那些不良交易的账目，这些资金如期在世界各地转移，且没出现任何纰漏。[5] 最终，1995 年 2 月，在累积了超过 8 亿英镑的损失后，28 岁的利森在他的办公桌上留下了一张纸条，上面只写着"对不起"几个字，然后和他的妻子丽莎一起逃离了新加坡，这引起了一场跨国追捕行动。3 天后，巴林银行——这家英国最古老的投资银行，同时也是世界上历史第二悠久的投资银行，宣告破产。

最终，利森在法兰克福被捕，并被押回新加坡为其罪行负责。他被指控犯有欺诈罪，并被判处 6 年监禁。随即，围绕着利森和巴林银行的溃败，很多公众都在讨论：利森只是一个"流氓交易员"，一个无赖，他的狡诈和堕落是任何人都想不到的。这次发生在银行领域内的崩溃，不仅导致英国最著名的一家银行倒闭，而且让全国各地的慈善机构和养老基金的投资都化为乌有，但这依然没有引起人们对英国或全球金融体系的深刻反思。当时的保守党财政大臣肯尼斯·克拉克（Kenneth Clarke）迅速向公众解释道："这次失败……似乎是巴林银行内部的特殊事件，其罪魁祸首是新加坡的一名流氓交易员。"[6] 这与更便利的资金跨境流动无关，与金融领域促进盈利增长的长久动力无关，也与政府放松监管后银行所获得的自主权无关。在新加坡，财政部部长胡赐道（Richard Hu）淡化了针对国际货币交易所监管失败的所有指控，他辩称，当这家英国历史最悠久的投资银行让利森从事风险越来越高的交易时，监管机构相信了银行的判断。[7] 他们曾认为，这可是巴林银行，它一定很清楚自己在做什么。但是，纵然是18、19世纪的银行业巨头，也无法在后帝国时代金融市场的发展中找到自己的方向。

几年后，围绕尼古拉斯·利森高风险交易的戏剧性事件基本上被人们遗忘了，而世界经济的金融化正以前所未有的速度疯狂进行着。在全球化时代全面展开之际，人们几乎没有详察过这样一件事，即诞生于大英帝国时代的老牌银行巴林在新加坡开设贸易部门的历史和经济动因。然而，无论是这一戏剧性事件发生的地点，还是利森能够积累如此巨大损失的速度，都表明这不会是一起孤立的欺诈行为。就在"历史终结论"的鼓吹者预言永久的资本主义全球化将稳定发展的同时，巴林银行的倒闭表明，未来可能比预期的更加动荡。

泰晤士河畔的新加坡

导致巴林银行倒闭的伦敦金融城与新加坡之间的金融转移，凸显了全球化时代世界经济的新格局。20世纪下半叶，新加坡作为全球城市的典范，抓住了国际资本主义的预期，成为自由市场繁荣的理想之地。如今，新加坡的金融化增长模式在其前母国英国或许是最受欢迎的。其他地方的政治家或评论家可能在其言论中淡化新加坡在加速帝国消亡中扮演的角色，并积极指出这是帝国主义文明遗存的证据。新加坡早已被视为英国权力走廊中的产物，这个第三世界殖民地接受了盎格鲁-撒克逊尊重财产和自由贸易的价值观，并得到了应有的回报。[8]当批评者质疑自由主义发展理论，指出50年前被认为是"贫穷和发展中"的国家今天仍处于"贫穷和发展中"时，捍卫者很快便举出新加坡的例子来反驳这种质疑。这个城市国家的进步证明了体系的有效性，没有什么伟大的帝国遗存仍笼罩着前殖民地，如果简单地模仿英国体制，那么就有可能完成历史的跨越——从第三世界进入第一世界。新加坡的发展历程体现了"小火车做到了"的故事①。借其建国总理李光耀的话来说，这证明从第三世界走向第一世界是有可能的。[9]近来，在英国脱欧争辩的背景下，有些人认为，或许英国在未来会实行新加坡模式。

2019年8月，亚当·斯密中心在新加坡举行活动，纪念英国统治该城市国家200周年。在此次活动的发言者中，有政治家、作家和英国脱欧运动中的重量级人物丹尼尔·汉南（Daniel Hannan）。汉南在演讲中宣称："在部分前英国殖民地，纪念英国人的到来是一种禁忌。"但在这次活动中却无妨，因为"现在的新加坡几乎在生活水平或经济等任何方面的指标上都明显超过了旧

---

① 《小火车做到了/勇敢小火车》是美国经典儿童绘本。故事中赞扬了小火车自信、乐观、善良和勇敢的优良品质和乐于助人的精神，感动了全世界千千万万的儿童和成年人。那句"我想我能做到！"的经典语句，成为许多美国儿童成长的座右铭。——译者注

殖民国家"。[10] 当战后的英国陷入福利主义的诱惑时，新加坡记住了其古老母国已然忘却的东西，即"政府的作用是创造一种制度，让自由市场的'创造力'得到自由支配"。[11] 重要的是，汉南提及了英国对新加坡长达一个世纪的统治，造就了这个国家规范的财产权、被认可的合同制和自由的贸易。他认为该国经济胜利的真正催化剂是他所谓的"1965 年新加坡的硬脱欧"，即其自身"暴躁地与一个大联邦（马来西亚）分裂"。汉南将新加坡独立时那"关于世界的高明观点"与 2016 年英国决定脱欧时的宿命宣言进行了比较，他从这个例子中找到了灵感：一个资源贫乏的小国何以能将自己标榜为国际金融交易的开放之地。

汉南绝不是唯一一个公开设想将"独立"的英国转变为"泰晤士河畔的新加坡"的英国政治家。在他的设想中，英国是欧盟边缘的一个低税率、轻监管的离岸岛国。[12] 这激起了全国各地议员、智囊团和报刊的想象，他们都公开呼吁政府接受这个计划。[13] 在他们眼中，将不再只有英国海外领地作为离岸飞地；同样的原则也适用于英国本土。有影响力的议员们纷纷宣称："新加坡模式是我们脱欧的机会。"[14]

事实上，希望推动英国未来采取新加坡模式的不只有政界人士。这个城市国家经济崛起的理想形式也引来了英国商界精英的赞赏目光。世界上最大的广告公司创始人苏铭天爵士（Sir Martin Sorrell）呼吁英国成为"加强版的新加坡"。[15] 英国商会（British Chambers of Commerce）前总干事约翰·朗沃思（John Longworth）宣称："新加坡为英国如何独立发展提供了一个光明的愿景。"[16] 资产亿万的股票经纪人彼得·哈格里夫斯（Peter

Hargreaves）将自己的财富投入支持英国脱欧的运动中,他称赞新加坡是未来英国脱欧后发展的方向:"那是一个没有自然资源、蚊子成群的沼泽地。"他说:"头脑和双手是他们唯一拥有的资源,他们凭借这两样东西成为全球最伟大的经济体,我相信我们也可以。"[17]与许多主张脱欧的政治家不同,哈格里夫斯坦承,脱欧会给生活在英国的人们带来比较强烈的经济不安全感,但他对这种情况表示接受,认为:"我们将变得无比成功,因为我们将再次失去安全感——而不安全感是美妙的。"[18]当然,反对者可以反驳说,不安全感对护士或教师的意义和对亿万富翁的意义是不同的。然而,尽管在当代英国政治话语中新加坡的自由市场被浪漫化了,但仔细观察这个城市国家,你会看到,它的情况比人们通常描绘的低税的、金融化的狂野西部的形象要复杂得多。

当"泰晤士河畔的新加坡"这个概念被提出时,它经常被用来指代一种经济模式。在这种模式下,由于缺乏税收或监管义务,市场可以发挥其自身的魔力。在西方人的想象中,新加坡独立后的发展历程已成为广为流传的彰显自由市场奇迹的范例——一个曾经的第三世界国家通过拥抱自由主义价值观而走向繁荣。唯一的问题是,新加坡实际上并不是这样运作的。新加坡的经济模式远不是国家权力退让给市场自由支配机制的,而是依靠高度干预的国家权力来缓冲资本主义贸易的风险,将资产持有人的自由置于普通公民的自由之上的。回顾新加坡的后殖民历史可以发现,它并不是简单地通过放松管制和降低税率成为国际资本的热点。它的成功是它认识到必须积极创造市场繁荣的条件的结果(即使所采取的手段是专制的)。如果新加坡真的是一个后殖民时代的发展范例，会反过来影响英国的未来，那么其寓意就值得思考：或许自由市场在不自由的社会中发挥得最好。

英国与"狮城"

英国对新加坡的统治是由19世纪早期另一个"流氓交易员"的行为造成的。和尼古拉斯·利森一样，斯坦福·莱佛士（Stamford Raffles）最初是臭名昭著的东印度公司的一名职员，后来被派往东亚，帮助开拓该地区不断扩大的市场。莱佛士首先在马来殖民地工作，然后帮助协调英国对爪哇（现在是印度尼西亚的一部分）的入侵，他的职业生涯展现了大英帝国计划中的国家、军队和企业权力的相互联系。

1818年，莱佛士打算实现他的抱负——在从英属印度到中国的贸易路线上建立一个新的英国基地，尽管当时这条路线正处于荷兰殖民资本的控制之下。次年1月，他前往位于马来半岛最南端的岛屿，住在那里的人们将之称为新加坡，即"狮城"。一到岛上，莱佛士就遇到了一个障碍：当他与苏丹会面时，却发现对方已经和荷兰人建立了友好关系。

莱佛士避开了这一问题，他采取了一种简单的方式，即让苏丹那长期以来遭受苦难的兄长东姑胡先成为新加坡名义上的统治者，然后签署条约，授予东印度公司对该岛的独家贸易权，这充分说明了帝国在构建过程中的惯用手法。东印度公司和莱佛士决定允许来往新加坡海峡的船只自由通行，这不仅使新加坡成为海上贸易港，也使其成了一个自由港。

在接下来的一个世纪里,新加坡成为英国在亚洲军事和商业利益上的一个重要中转站。随着来自马来亚、英属印度以及中国的劳动力增加,岛上的人口激增。[19] 然而,英国对新加坡的控制因第二次世界大战而彻底破裂。1942 年,新加坡在日本帝国的攻势下沦陷了,这是英国军事史上最大规模的溃退。战争结束后,该岛回归英国统治,但英国殖民保护的神话此时已被揭穿。政治家和活动人士将许多人对抛弃他们的殖民母国的深深怨恨,凝聚成一场争取独立的运动。其中,最能体现这种能力的人物就是李光耀。

1966 年,在夸梅·恩克鲁玛被无情地赶下台的一个月前,他邀请了他的好友李光耀来到加纳。这两位领导人都领导着努力摆脱殖民主义结构性依赖的新独立国家。恩克鲁玛和李光耀面临着共同的政治问题,彼此之间私交甚好。在访问第一个摆脱殖民主义的非洲黑人国家期间,李光耀和恩克鲁玛以及他的一群高级部长共进晚餐,气氛中充满了猜疑和苦恼。在李光耀抵达阿克拉 3 天后,加纳民众告诉他,邻国尼日利亚刚刚发生了一场血腥政变。那时,尼日利亚总理遇刺身亡,国内陷入内讧,很多领导者开始争夺不久前发现的石油资源的控制权。所有人都担心同样的事情会发生在加纳。李光耀钦佩他称之为"救赎者"的那个人,恩克鲁玛的核心集团给他留下了很深的印象。当他们穿过该国风景如画的沃尔特地区的热带河流和瀑布时,李光耀觉得,恩克鲁玛的部长们已经放弃了建立主权加纳的梦想,现在还留在政府中,只是为了看看他们能为自己争取到什么。于是,李光耀带着对加纳未来的绝望感飞离了阿克拉。不久后,当他得知加纳发生政变时,并未对此感到惊讶。[20]

那时，新加坡的命运似乎与李光耀在加纳看到的情况同样严峻。新加坡只是一个规模很小的城邦之国，此外，还必须应对在殖民时代作为一个多种族社会而出现的种种挑战。岛上讲华语和讲英语的平民之间出现了很多文化分歧，有时还会有政治纷争。作为一个拥有华人血统、接受英语教育的新加坡人，李光耀带来了超越这些分歧的希望。李光耀在家族中被称作"哈里"，在进入剑桥大学前，他在新加坡的莱佛士学院接受教育，随后在伦敦的中殿律师学院学习。[21]然而，尽管他受过精英教育，但他在年轻时就被卷入了激进的政治斗争，甚至被当局怀疑是一名共产主义者。作为一名律师，他一直是劳工权利的捍卫者，与工会成员和一些激进的学生领袖都有联系，这些人在20世纪50年代的马来亚紧急事件（即大英帝国和马来亚民族解放军之间的游击战）中被捕。此后，李光耀成为1954年成立的人民行动党（People's Action Party）的核心人物。在人民行动党中，李光耀得到了一些盟友的支持，其中就包括经济学家吴庆瑞（Goh Keng Swee）、生理学家杜进才（Toh Chin Chye）和记者辛纳坦比·拉贾拉特南，辛纳坦比或许是新加坡新愿景的核心智囊设计师。[22]

在组织过劳工运动的左翼盟友的支持下，人民行动党向英国施压，要求赋予新加坡更大的自治权，并于1958年通过了一部新宪法。次年，在李光耀的领导下，人民行动党赢得了新加坡首次全国大选，于是李光耀成为新加坡第一任总理。但在当时，李光耀对人民行动党的控制力仍然不足。他和他的核心圈子属于受过英语教育的精英阶层，他们在一个主要由工会人士和激进学生组成的、以中文为主要语言的政党的高层。然而,人民行动党领导层利用英国殖民主义者和该党内部的激进分子相互攻击,并告知党内成员,若他们不坚持原来的计划,就将面临更大的威胁。于是,该党出台了新的法律来抑制工会之间的争斗。但很快,在李光耀和人民行动党面前就出现了更大的挑战。

随着英国被"变革之风"席卷,"去殖民化"成为当时公认的趋势,于是,新加坡开始筹划脱离大英帝国的生活。起初,合乎逻辑的前进道路似乎是加入新独立的马来亚联邦。在1962年的全民公投后,新加坡加入了马来亚联邦、北婆罗洲和沙捞越,创建了新的联邦,称为马来西亚。[23]然而,新加坡加入该联盟的时间是很短暂的。由于邻国印度尼西亚公开反对这个新联盟,加上新加坡与其他成员国之间出现政治紧张的局势,1965年8月9日,马来西亚议会投票决定驱逐新加坡。对一个没什么资源可供贸易的小岛国来说,地处印度尼西亚和马来西亚这两个敌对的穆斯林大国之间,新加坡独立的愿景似乎很渺茫。但是,只有从传统的民族国家政治角度来看世界时,我们才会优先考虑领土范围和军事力量。如果调整视角,从全球资金流动的角度来看,那时的新加坡正处于最佳位置,足以将自己打造成撼动世界的全球化城市。

全球化城市

1965年9月21日,人民行动党代表团前往纽约,接受联合国接纳新加坡为主权国家的决定。在联合国大会堂的宏伟建筑中,在各国政要和首脑的簇拥下,李光耀的一位核心副手发表了一份声明，指出新加坡将在这个新世界中寻求独一无二的发展道路。辛纳坦比·拉贾拉特南本身就是新加坡多种族现象的明证。拉贾拉特南出生在斯里兰卡的一个泰米尔家庭，小时候曾移居新加坡，后来，他搬到英国上大学并接受政治教育，在伦敦国王学院学习法律，这是独立时代未来领导人的常见做法。然而，与李光耀不同的是，拉贾拉特南并没有从事法律实践。相反，他投身艺术事业，成为一名著名记者和小说作家。他的短篇小说与詹姆斯·乔伊斯（James Joyce）、欧内斯特·海明威（Ernest Hemingway）和威廉·福克纳（William Faulkner）等人的作品一起以选集的形式出版。[24] 通过写作，拉贾拉特南展现了整个亚洲乡村生活的美好与悲剧。但新加坡发生的政治动荡使他从艺术转向政治领域。1965 年，新加坡被驱逐出马来西亚后，拉贾拉特南被任命为这个新国家的外交部部长，并被派往联合国，以维护新加坡在新世界中的主权。

在纽约，拉贾拉特南向全球宣布："新加坡本质上是一个贸易共同体。"[25] 新加坡不想被卷入"冷战"时期第一、第二和第三世界结构中不断加剧的军事紧张局势。拉贾拉特南表示，在新的新加坡，"我们将几乎所有的精力、资源和人才都投入了发展贸易和工业中。我们没有军队，没有飞机，也没有坦克"。[26] 在一个主权似乎处于优势的时代，一个又一个国家庆祝其新获得的国家权力，但拉贾拉特南警告各国不要接受"绝对主权的危险神话"。[27] 新加坡很清楚，崛起中的民族国家的地位和跨国资本主义之间存在紧张关系，它致力于成为一种新型的国家，通过取悦市场而生存。

1972 年，拉贾拉特南决定给新加坡打上"全球化城市"的标签。²⁸ 全球化城市是对各个民族国家的一种回应，将全球的空间秩序设想为由贸易连接起来的分散资本中心的集合。今天，对于任何一个有尊严的大都市而言，"全球化城市"的标签都必不可少——纽约、巴黎、香港、上海、新加坡、约翰内斯堡和孟买，当然还有伦敦——它们都可以被视作值得贴上这一标签的城市。在各大洲，全球城市网络加速生产，促进消费，农村和工业社区已逐渐被抛在后面。拉贾拉特南预见到，在一个资本和产权高度流动的世界里，比国家更重要的，是少数可供财富流动的商业中心。

英国利用新加坡位于印度洋和南海之间的地理位置，将其确立为全球航线的枢纽。然而，新加坡不仅允许货物流经其港口，还试图在周边建设起繁荣的银行、保险和金融服务业，来获取来往贸易所产生的商业利润。在拉贾拉特南看来，"新加坡融入新兴全球城市体系最有力的证据，就是它越来越多地与国际和跨国公司联系在一起"。²⁹ 新加坡还投资了本国的航空业，将其机场建设成为进出亚洲的重要中转枢纽。拉贾拉特南认识到商业航空旅行带来的变革影响，他打了一个赌，认为成为空中交通导航的一个精选地点后，新加坡、伦敦和纽约等全球化城市之间的距离将比它们与本国其他城市和城镇之间的距离更近。

新加坡政府出台了一系列法律，让该国变成一个对外国投资者颇有吸引力的国际城市。李光耀后来说："我们非但没有限制外国经理、工程师和银行家入境，反而鼓励他们来。"³⁰1967年的《经济扩张激励法案》(*Economic Expansion Incentives Act*) 减轻了跨国公司的税收负担。1968年的《就业法》(*The Employment Act*)

和《劳资关系法（修正案）》[Industrial Relations (Amendment) Act] 限制了工人的谈判权力。为了压制反对这些改革的不同意见，一部以前的英国殖民法律——《内部安全法》(Internal Securities Act) 被重新启用，这使政府能够任意拘留大量被他们贴上共产主义者或种族煽动者标签的政治敌人。1972 年，新加坡成立了全国工资委员会（National Wage Council），以进一步加强政府对劳工问题的管控。当时新加坡工人对工资的期望不断提高，这可能阻碍更多的外国投资。在这一背景下，曾身为政治盟友的工会领导人发现自己未经审判就遭到了监禁。不仅如此，之前身为劳工权利律师的李光耀在上台前发表了反资本主义言论，而他在上台后就彻底抛弃了这番论述。

在向全球化城市转型的过程中，新加坡在意识形态和经济等方面都与第三世界的其他国家渐行渐远。1970 年，新加坡成为不结盟运动的一员，在接下来 10 年中，他对牙买加迈克尔·曼利等人领导的第三世界计划表示了一定的同情。然而，新加坡致力于建设一个以吸引跨国公司投资为基础的经济体，这使得该国始终是这项计划中的局外者。最终，在 1983 年不结盟运动在新德里举行的一次会议上，时任新加坡副总理的拉贾拉特南上台批评了其他发言者，他对其他人说："民众仅仅会把这次峰会视为领导人的一次聚会。这些领导人的声明和言辞不会让民众那几乎空无一物的饭碗中多出一粒米，也不会让他们的头上多出一片屋顶。"[31]

毫无疑问，在吸引国际投资方面，李光耀和拉贾拉特南当时采取的方法是成功的。从新加坡独立到巴林银行倒闭的 30 年里，这个城市国家的经济增长非常惊人。在此期间，新加坡国内生产总值（GDP）年均增长逾7%。[32] 通过开放国际金融，新加坡能够经受住油价飙升和债务危机的考验，而这些危机毁掉了许多前第三世界的盟友。即使是英国历史最悠久的投资银行在新加坡国际货币交易所破产，也丝毫没有减弱该国在全球资本眼中的吸引力。2019年，新加坡连续第4次被评为世界领先的海洋贸易中心。[33] 2020年，美国智库传统基金会（Heritage Foundation）编制的"世界主要自由市场国家"名单首次将新加坡评为"世界最自由经济体"，确立了新加坡这个位于全球资本主义最前沿的城市国家的地位。[34]

然而，脱欧派想把新加坡呈现为一个自由市场经济的证明，但崛起后的新加坡实际上并不是那样，因为它没有满足被兜售给后殖民世界的发展期待——没有接受公共服务私有化、没有减少政府和建立自由法治体系的福音。新加坡的经济成功不是政府退让，让市场发挥神奇力量的结果；这个岛国之所以能赢得全世界跨国资产所有者的信任，是因为它展示了自己是一个一党制国家，政府承诺会在必要时介入以保护他们。因此，这根本不是放松管制和放任经济的辉煌成果，恰恰是这种干涉主义的倾向，赋予了新加坡相对于竞争对手的优势。[35] 此外，人民行动党采用了一种将国家本身作为公司来管理的方式。政府经营自己的商业公司和投资机构（如新加坡政府投资公司），这些公司和机构能够支撑主要的国家工业。新加坡政府仍然是满足该国主要基础设施需求的公司的大股东（如交通和电信等方面）。新加坡的主权财富基金不仅为这个岛国的投资者提供了缓冲，还为全世界的资本家提供了缓冲。当西方银行发现自己资金短缺时，它们会首先联系新加坡等国，以及卡塔尔或科威特等前英国领土的主权财富基金。新加坡土地管理局（Singapore Land Authority）拥有该岛大部分土地，因此可以在必要时出手干预，以遏制房地产投机行为。新加坡的经济成功并没有表明私有化是一件包揽一切的好事，而是证明了市场为了达到理想的条件，有多依赖于主权力量来为其服务。

在新加坡崛起的奇迹中，人们也看到更多惩罚性的一面。2020年夏，来自伦敦的31岁英国男子叶远明因向他的一些朋友提供毒品被判鞭刑和20年有期徒刑，他在新加坡樟宜监狱被剥光衣服，绑在刑架上遭受鞭打。[36] 鉴于新加坡严格的禁毒法律，叶远明或许会觉得自己很走运。如果他提供的毒品数量再多一些，法庭就会将他判处死刑——新加坡仍是世界上少数几个对毒品犯罪执行死刑的国家之一。[37]

小毒贩并不是唯一可能因犯罪而遭受鞭打的人——那些被判犯有破坏公物或煽动暴乱罪的人也可能面临同样的羞辱性惩罚。同性行为是违法的，言论自由、出版自由和结社权利受到严格限制。甚至嚼口香糖、扔垃圾或在未指定的路口过马路都是犯罪行为。随着新加坡国内生产总值的提高，社会不平等现象加剧，这种威权主义有助于维持法纪。在英国脱欧辩论中，政客和商业巨头尝试将他们设想中的新加坡融入其线性发展的宏大叙事中，与他们对英国财产、自由主义、民主和法治价值观的接受联系起来。但在这些花言巧语的背后，却隐藏着钦佩，甚至是嫉妒。为了资产所有者的利益，这个城市国家一直在行使着严厉的国家权力。国家的法律和政策对于维护和保护资本主义不受民主的侵犯至关重要，不应将市场视为"只要政府没有阻挠就能完美运作"的自然力量。在英国，政府为应对新冠肺炎疫情而采取了更大程度的干预主义立场，这导致英国脱欧后，"泰晤士河畔的新加坡"的设想逐渐淡出公众视野。但是，一个更具干预性的政府，尤其在有严格政策的情况下，若将抗议定为犯罪或限制在学校教授种族主义，并不一定是对市场的脱离。市场最喜欢的是法律的确定性，而这场新冠肺炎疫情，体现了干预性国家在保护资本主义免受世界上种种冲击时的重要性。也许，相比于政治家们通常设想的无税、无管制的自由竞争状态，一个干预市场和约束民众的专制国家形象更能反映新加坡的历史。

全球化城市的回旋

当然，新加坡是个只有一个中心城市的国家，英国在很多方面也是如此。帝国时代繁荣起来的工业城市在战后逐渐衰落，于是，伦敦就成了国家的政治、文化、法律、技术和金融中心。伦敦对英国的意义的确非同寻常——它相当于把华盛顿特区、纽约、旧金山和洛杉矶集中在一个城市里。这使得伦敦能够从英国其他地方吸引人才和财富，并且，就金融服务而言，全世界都认识到了这样一个事实——如果你想做外汇和大宗商品交易，你就得去伦敦金融城。尽管世界上出现了纽约、法兰克福和东京等其他金融中心，伦敦金融城仍是全球资本主义提供银行、商业保险和法律服务的首选之地。它独特的历史帮助其在连接全球每个角落的金融交易中发挥着中枢作用。在"金融大爆炸"后的几十年里，第二座"金融城"在金丝雀码头的老码头区（Old Docklands）拔地而起，这是一种完美的隐喻——英国旧工业工场在复兴的金融业手中消亡了。

正如向全球化城市地位的转变改变了新加坡一样，近几十年来，这个前母国的首都也经历了自身的蜕变。在过去 40 年里，全球化力量重塑了伦敦——尽管当你走在英国首都的鹅卵石后街时，要发现这座城市里堆积如山的财富并不总是那么容易。自 1980 年国民西敏寺大厦建成以来，伦敦金融城的摩天大楼数量成倍增长，但总体而言，伦敦并没有像迪拜或多哈那样浮夸地炫耀自己的财富。即使是城市的富人区，仍然是由格鲁吉亚时代就存在的排屋和单调的酒吧组成的。然而，即使人们很难看到它的真实规模，但财富就在那里，潜藏在众目睽睽之下。2021 年，在商业地产咨询公司莱坊（Knight Frank）对全球最富有人群的年度研究中，伦敦被评为全球百万富翁人数最多的城市。[38]

自撒切尔改革以来，伦敦可以说是世界上首屈一指的全球化城市，它的崛起重塑了这座城市的空间。如今，伦敦拥有众多封闭式私人社区、私人停车场和私人会员俱乐部，财富就隐藏在这些地方，大多数人都看不到。在欧洲，伦敦是私人飞机来往最频繁的城市，因为来自世界各地的飞行常客在英国进进出出。[39] 前往伦敦的豪华航班不仅会经过希思罗机场（Heathrow）和盖特威克机场（Gatwick），还会经过斯泰普尔福德（Stapleford）、范堡罗（Farnborough）和比金山（Biggin Hill）等一系列小型私人机场，这些机场遍布伦敦及其周边各郡。自由流动的资金使富人能够进出伦敦及其周边地区，从而将他们与大多数人实际居住的城市隔离开来。

尽管隐藏在伦敦的财富往往是不为人知的,但当你在这座城市漫步时,与之共存的贫困却是显而易见的。2010年,地理学教授丹尼·多林(Danny Dorling)在分析后发现,伦敦是发达国家中最不平等的城市。[40] 战后社会福利主义时期建造的高层公共住宅仍然是城市景观的标志,但这些高楼大厦现在亟须翻新。这座城市的所有资金都被投入豪华地产的开发中,导致房价超出了大多数工人的承受能力——不管他们存了多少钱。[41] 在21世纪的伦敦,即使是从事传统专业的中产阶级工人们也大喊没钱;医生和教师发现,他们所有的学位都无法抵御金融家、房地产投机者和对冲基金经理迅速增长的财富。

这并不是说财富在向下渗透,而是沉重的生活成本悄悄地落在了那些"月光族"身上。因此,虽然伦敦是世界上百万富翁最多的城市,但伦敦的儿童贫困率也是全国最高的。如果考虑到住房成本,估计有37%的伦敦儿童生活在相对贫困中。[42] 英国的政治话语常常假定整个伦敦都非常富有,对英国其他地区的社区所面临的问题一无所知。在现实中,不仅是伦敦和英国其他地区之间存在着巨大的不平等,伦敦内部也是如此。它已经成为一个双轨制城市,将那些财富随着资产价值的螺旋式上升而增长的人,和那些每月都在为生计而挣扎的人分隔开来。与所有全球化城市一样,伦敦的贫富差距带来了社区的绅士化,缺乏保障的临时服务工作的增加,以及警务和监控手段的强化。

脱欧与"国家俘获"①

在许多方面,英国脱欧公投利用了英国其他大部分地区对伦敦的不满情绪。多年来,在英国媒体(几乎都在伦敦)的叙述中,伦敦一直是一个极度富有、极度国际化的地方,与其所在国家英国其实有着遥远的距离。它已经成为所有全球化力量的代名词,随后脱欧公投到来了,一些倡导者认为这是对全球化的公投。事实上,许多英国脱欧的设计者总是将其视作一个加速全球化的机会——只是这一次,他们把自己的手更坚定地放在了控制杆上。他们承诺脱欧将使英国"夺回控制权",其实,这不是对选民的承诺,而是对他们自己的承诺。

1989年,撒切尔推进了保守党的"疑欧"(Eurosceptic)运动,她宣称:"我们还没有抹掉英国的国界,却看到一个欧洲超级国家正从布鲁塞尔开始发号施令,划出欧洲的国界。"[43]在比利时城市布鲁日发表的这次演讲,催生出了布鲁日团体(Bruges Group)——这个反欧盟的游说团体最终引发了21世纪初的英国脱欧运动。然而,与其说英国脱欧是国家的倒退,不如说这项举措如今看起来更像是一个调动英国国家力量为国际资本服务的工具,就像新加坡独立后的做法。如今,谈起撒切尔与其后继者的不同时,会涉及这样一个方面,在今天,很少有人仍笃信,自由市场是一个自给自足的神奇系统,只要政府不插手、不干预,它就会一直自我纠正。人们更深刻地认识到,政府需要在捍卫市场

---

① 学界常将这一概念用来分析各国资本的政策制定与大资本施加影响之间的关系。——译者注

方面发挥积极作用，制定能够保护资产所有者的法律法规。

同样，对许多支持脱欧的人而言，大英帝国在新加坡等国的溃退为巩固和保护资本主义财富提供了一个法律方面的例子。在英国的法律体系中，资本会得到比在其他任何法律体系中更好的庇护和更多的自由。尽管第一代新自由主义者担心他们会将民主武器化，以威胁资本利益，这是难以预料的；但他们今天的继任者相信，他们有能力利用民族主义和仇外心理，将民众的意愿转向加强对市场的威权保护。

《星期日泰晤士报》2020年富豪榜显示，詹姆斯·戴森爵士（Sir James Dyson）是英国最富有的人，他是英国脱欧坚定的支持者。然而在2019年，随着英国退出欧盟的细节敲定，戴森宣布将把公司总部迁至新加坡。[44]这一举动很难激发人们对英国脱欧计划的信心——该计划最大的行业支持者之一似乎要采取行动，使其公司在经济方面免受任何不良后果的影响。但是，戴森的首席执行官坚称，此举与英国脱欧或纳税义务无关。[45]戴森那时已经有了一个新加坡办事处，唯一的变化是，该办事处将成为公司本身的注册地。但英国《金融时报》认为："总部的变更将使对戴森的财务公示变得不那么严格。"[46]戴森的迁移并非表明了他对英国脱欧的反对，反而进一步证实，支持脱欧的人将新加坡视作理想的商业环境。

英国脱欧派对新加坡的推崇可以说是又一个例子——说明地图上那曾经被当作边缘之地的地方，现在在许多方面都处于资本的先锋地位。伦敦是一个拥有900多万人口、财富分化极其严重的大都市，要想把伦敦这样的城市团结起来，面临着诸多挑战；

但我们还要知道，伦敦甚至不在世界最大的20个城市之列。达卡、拉各斯、卡拉奇和开罗等城市的人口早已超过了它们曾经的帝国中心，并将在未来几十年内继续快速增长。对脱欧计划的制订者来说，全球化城市模式带来的不平等是为增加财富而值得付出的代价。他们知道，在这种类型的经济中，需要大量的低薪工人来支撑高薪保险经纪人和投资银行家的生活方式，其中包括他们自己的许多选民。

尽管全球化城市光彩夺目、魅力四射，但如果没有那些为其全球化经济奠定基础的人，它们根本无法运转。与新加坡一样，伦敦也需要大量缺乏保障的本土劳工和移民劳工——清洁工、厨师、司机和育幼员——来照顾富人。在一个理想的新自由主义世界里，为了使劳动力更好地满足雇主需求，他们对自己的生活几乎没有控制权——没有讨价还价的权力，没有合同的保障，也没有要求改善工作条件的权力。在工作时，有先进的高科技监控设备跟踪、监控并记录着他们的活动。在这个全球化的城市里，富人和穷人之间的差距使得这一观点更加凸显——那些被全球化"甩在后面"的人并不需要从欧盟、移民或者文化精英手中夺回控制权，而是需要从那些拥有资本的人手中夺回控制权。

尽管李光耀拥护金融化的资本主义，但他的著作展现出对第三世界主义运动的某种浪漫化的同情，而目前支持他的许多英国保守党人士不太可能认可这种同情。当夸梅·恩克鲁玛在一场政变中被赶下台后，李光耀给他写了一封信，对事态的发展表示遗憾。在这封信的最后，李光耀表露了一种同志般团结的语气而非意识形态上的敌意，他写道："愿你所代表的，是一个在胜利与繁荣之下统一的非洲及伟大的加纳。"[47] 如果 20 世纪中后期的历史背景有变，或者新加坡能像伊朗、加纳或牙买加那样拥有大量石油、黄金和铝土矿等广受欢迎的资源，那么这个城市国家可能走上与许多其他前英国殖民地一样的道路。

与一些种族主义的想法相反，它偏离这条道路并与金融服务接轨并不是某些人口或种族更适合资本主义的结果。这种结果是必然的。正如其副总理黄根成在 2011 年所说的："对新加坡而言，成为一个全球化城市不仅仅是一个愿景，这也是我们生存的先决条件……关闭我们的大门将使新加坡变成一个无足轻重的小岛。"[48]

新加坡别无选择，也没有能力与全球资本力量抗衡。但英国有选择，也有能力。主流脱欧派人士所表现出的对新加坡的钦佩，实际上只是对他们自己的钦佩，他们认为新加坡取得的任何进展都是英国遗存的结果。在这个城市国家，他们唯一想"回旋"到其前母国的，就是严酷的法律制度和高度金融化的经济。他们并没有讨论国家如何投资社会住房和廉价高效的公共交通，也没有探讨除了资产保护之外，国家还能如何进行干预。这个国家，可以对包括大学在内的各级教育体系和更好的社会保障与社会保护进行投资。"泰晤士河畔的新加坡"是一种选择，而不是必要的回应。这个选择是由民族主义者推动的，他们试图一边书写一个新的统一故事，一边维持和保护近几十年来推动英国财富分化的基础。真正的主权应该是赋予劳动人民挑战全球资本利益的权力。此外，还需要面对大英帝国结束后的影响，并探求英国将如何限制这几十年来将资本用于加速世界各地不平等的答案。

结语

另有选择

2007年，世界进入历史新阶段的迹象开始初步显现。20世纪90年代"历史的终结"理论所提出的愿景是，在金融化的全球化时代，不会再有更加戏剧性的事件发生了。戈登·布朗说："我们已经看到了'繁荣和萧条的终结'。"但随着一场前所未有的经济危机的逼近，自"冷战"结束以来，西方对全球资本主义体系的坚定信心终于开始动摇。在英国，正是在这一年，恐慌开始蔓延，人们慢慢意识到，近几十年来推动全国各地的不平等加剧的资产财富，是建立在金融投机的滑沙之上的。

到了年底，危机的浪潮汹涌而至。数百名客户在北岩银行（Northern Rock）的支行外互相推搡。北岩银行是自撒切尔所说的"金融大爆炸"以来过度运用廉价信贷的主要银行之一，而这时它已面临崩溃。突然间，我们的电视屏幕上充斥着各种紧急公告，紧张的政府部长和央行行长们在讨论为阻止我们整个经济体系崩溃而采取激进行动的必要性。

与此同时，在大洋彼岸的加纳，2007年是举国欢庆的一年。从夸梅·恩克鲁玛宣布"一个新的非洲国家"诞生以来，整整半个世纪了，人们才开始纪念加纳的独立。当英国为即将到来的金融危机做准备时，在这个曾被称为"黄金海岸"的地方，在这个曾经有过战争和爆炸的地方，现在唯一能看到的爆炸场景就是在庆祝第一个非洲黑人国家宣布主权的重要日子里燃放烟花。那年夏天，当我到达阿克拉时，这座城市是一片红色、金色和绿色的海洋，在棕榈树、灯柱、广告牌、教堂墙壁等几乎所有能贴东西的物体的表面，都贴着国旗。20 世纪 50 年代，穿梭于街道中的出租车广播播放着"喜悦"（Highlife）①自由之歌。音乐回荡在整座城市，孩子们在去学校的路上一边鼓掌，一边欢唱。几乎在每一个路口、每一条岔道，都有许多小贩向我兜售印有"加纳 50 年"的纪念短袖。

唯一没有因加纳金禧之庆而兴奋的人就是我的祖父。不久后，我们得知，那是因为他的生命即将走到终点。每天，我都会试着劝说他融入这片欢腾之中，这时，他会微微一笑，轻声说："啊，但我出生那会儿，还没有加纳呢！"在那全国性的热烈氛围中，他的话让我想到任何民族国家的内在虚构性。当黄金海岸与英国的阿散蒂直辖殖民地、北部的受保护国和英属多哥兰（British Togoland）合并成加纳这个主权国家时，我的祖父几乎已经进入中年了。他一直是加纳的忠实信徒。然而，在 20 世纪 50 年代，促使他从伦敦回到这个独立民族国家的并不是旗帜、国歌、仪式和纪念日这些象征性的愿景，而是那笃定加纳的变化有助于

---

① Highlife 是发源于加纳、流行于西非的非洲传统音乐与西方音乐结合的非洲通俗音乐。——译者注

构建一个更公平、公正的世界的信念。在加纳独立之时，从理查德·尼克松到马丁·路德·金和科雷塔·斯科特·金（Coretta Scott King），每个人都和我的祖父一样，踏上了前往阿克拉的旅程，以见证第一个非洲黑人主权国家的诞生。"旧秩序正在消失，新秩序正在形成。"这是独立之夜，马丁·路德·金坐在狂喜的人群中时的感想[1]。英国米字旗缓缓降下，崭新的加纳黑星旗冉冉升起。泛光灯下，恩克鲁玛跳起舞，全世界的穷人看到了希望。与我的祖父以及数百万身处殖民地的男人、女人和孩子们一样，马丁·路德·金相信，加纳的独立将永远标志着这个世界迎来了新晨曦。非洲主权国家已经登上国际舞台，大事记上定会显示，就在这一天，400年来的压迫和剥削、奴隶制和殖民主义最终被扔进了垃圾箱。如今，在帝国溃退后的世界里，来自所有种族和文化的人终于可以平等地享受对自己生活的控制权。

然而，这个愿景从未实现。即使在帝国灭亡后，它在几个世纪里发展起来的金融触角，最终还是被债务、私有化和公司化绑住了；如此一来，全球或地方层面便不会出现大规模的财富再分配。一旦殖民地民众能够掌握主权，主权的力量就被削弱了。主权带来了新的国家形象、神话和概念框架，人们可以通过这些来从整体上了解自己，但具体的、物质的自决权却被隐藏了起来。在加纳独立50周年之时，它仍被誉为"整个非洲都应效仿的民主榜样"。该国每4年举行一次选举，西方媒体经常称其为"非洲大陆上最和平的选举"。总统们会遵守民主进程，最多连任两届，然后平和地进行权力交接。

然而，对那些在库马西市场卖花生的女人而言，一切并没有什么实质性的改变。或者这样说，一位住在库马西的母亲依然必须决定供 3 个孩子中的哪一个去上学。加纳仍无力阻止黄金、可可、木材和石油被开采，不仅如此，他们也无法阻止这些资源在全球市场上以许多人认为不公平的方式进行交易。在加纳国庆之时，它的公民似乎很少能从这个国家获得什么。他们的医疗服务大部分都被外包出去，保障措施根本就不存在。为了服务于结构性调整政策，加纳的公共服务解体，撕开了这个国家的伤口，而非营利组织往这些伤口上贴了创可贴。此时，这里的医院是由发展机构经营的，而学校则由国际教会或私人企业家管理。只有到了该惩戒民众的时候，国家才突然再次让人们感觉到它的存在。在以著名的独立运动领导人命名的道路上，警察随意设立检查站，恐吓不正规的商贩，并从任何可能路过的倒霉的出租车司机身上榨取钱财。阿克拉机场、封闭式社区、五星级酒店和豪华购物中心会受到严格的准入管控。对这个国家的民众来说，"去殖民化"的民主可能性在诞生之初就被扼杀了。我感觉到我的祖父发现了主权纪念日庆祝活动的可悲之处，这本是对国家主权的庆祝，但人们展现出的民族自豪感却鲜少与主权有关。和很多随后出现的其他新独立国家一样，为了实现金融市场自由化，加纳在成立后不久就被削弱了。早在几十年前，自由流动的资本主义力量就已席卷了这个"去殖民化"的世界，到 2007 年，这种力量已经摧毁了银行，颠覆了这个古老的帝国母国的经济。

2020 年，在英国脱欧后庆祝自己"独立"之时，我不禁回想起祖父对加纳金禧之庆的漠然。全国各地的人们都在庆祝"英国黄金时代的黎明"，雅各布·里斯-莫格说："届时，我们将摆脱让我们几代人屈服的欧盟赋予的沉重枷锁。"[2]这个一直没有生日的国家终于迎来了自己的"独立日"。在英国最终脱离欧盟的那个晚上,鲍里斯·约翰逊宣布,这是一个"夺回主权"的时刻,英国如今可以繁荣发展了,因为我们可以再次"为这个国家的人民制定法律和规则"。[3]他履行了前任首相特蕾莎·梅的承诺,让英国成为"一个完全独立的主权国家"。[4]对那些与约翰逊及其团队一起庆祝的人而言,英国脱欧可能是他们聚在一起的理由,但这显然不仅仅因为英国脱欧。英国脱欧其实标志着一件更宏大的事情——一个激进的民族主义新时代的到来。这个时代承诺推翻所有的制度和结构,并且令全国各地的众多社区都明白,这些制度和结构正在侵蚀他们自己对生活的全部控制权。

  这种控制权去哪里了?一直以来都是由欧盟掌控的吗?英国人曾处于帝国的核心位置,现在他们自己却在寻求独立、主权和控制权,这一切是怎么发生的?从客观角度来说,欧盟并没有对英国实行"帝国主义",但有些政客的夸张言辞会对人产生误导。那些最先捍卫大英帝国遗存的人,一看到英国在欧盟中为自己争取到独一无二的特权地位,就不无讽刺地说"这是一种殖民征服"。雅各布·里斯-莫格曾公开宣称大英帝国的"优势"是"非常美妙"的,他称,英国脱欧终结了欧洲对英国经济的"殖民影响"。[5]鲍里斯·约翰逊认为,除非英国从欧盟获得完全的监管自由,否则它将朝着"殖民地"的方向发展。[6]这一观点并不需要证据。在说这话时,约翰逊考虑的是情感因素。政客正使用一种新说法来解释为何这么多英国人长期以来一直生活在不稳定、不安全和不平等之中。他们生活在英国,这是一个先进的、民主的国度。那么,为什么每个人都觉得自己无法掌控生活的方向?现在,他们迎来了有望实现国家主权伟大回归的时刻。但是,在这虚张声势的民族主义中,究竟有多少主权得以移交?

通过回旋镖的隐喻,艾梅·塞泽尔破除了这样一种神话——欧洲人认为历史只会沿着一个方向发展。[7]他打算将此告知每一个仍认为欧洲境外事件与理解这些事件的内部发展动力之间毫无关联的人。然而,在英国的主流政治论辩中,这一预警完全被忽视了,一旦涉及与帝国有关的话题,人们便沉默不语,这使得近几十年来发生的一些颇为重大的事件无法被合理分析。政府官员凯米·巴德诺赫(Kemi Badenoch)将学校和文化机构中日益高涨的"去殖民化"呼声描述为"最近的时尚":"(这种时尚)不仅是错误的,而且与教育的根本目的严重相悖。"[8]巴德诺赫坚称:"我们的课程不需要'去殖民化',原因很简单,因为它没有被殖民过。"巴德诺赫的这番话体现了想象一个存在了近400年的帝国对英国毫无影响是一件多么平常的事。她甚至断言,政府认为在学校以不正确的方式教授有关种族和帝国的话题是"违法"的。[9]显然,在一位国务大臣发出这样的警告之后,每一位教师最好都避开谈论与帝国和"去殖民化"有关的话题。但是,在不问商业公司从何而来的情况下,我们应该如何思考企业化兴起这样的问题呢?或者在涉及工厂消失的话题时,我们为何不问工厂去了哪里?如果英国的孩子们不得不忽略几个世纪以来的帝国历程,那么他们就无法了解自己所生活的国度。如果不了解帝国及其来世对英国和对其他国家所造成的持续影响,那么他们就不能理解为什么教室里有名叫法蒂玛(Fatima)、伊费奥玛(Ifeoma)或拉梅什（Ramesh）的孩子。由于始终缺乏远见，在英国的教育中，帝国是缺失的，但这种设定在今天看来越来越像在自讨苦吃。如今，国家例外论的神话日益损害着英国理解和回应那些正影响该国的全球动向的能力。尽管有独善其身的不切实际的想法，但英国并没有与世界其他地方相隔绝。

潜在的健康问题

2020年3月，随着新冠肺炎疫情席卷全球，世界卫生组织警告称，为了遏制病毒，各国必须开始全面检测并追踪本国公民的行迹。该组织指出，韩国等地在应对新冠病毒方面取得了成功，并明确表示，为了避免突发公共卫生事件，各国必须建立一个检测、隔离、追踪、隔离接触者的系统。[10] 3月初，在英国，病毒的影响还没有在中国或意大利那么严重，但感染人数已经开始上升了。然而，尽管全球各地都出现了明显的警告信号，英国政府还是认为不需要吸取世卫组织或韩国等国家在感染控制方面的教训；英国打算走一条与众不同的抗疫之路。英国副首席医疗官珍妮·哈里斯博士（Dr Jenny Harries）明确表明了政府的立场，她驳斥了世卫组织关于大规模检测的指导意见，认为"世卫组织的理念就在其称呼上。它是一个世界性的卫生组织，面向世界所有国家……包括低收入和中等收入国家。"珍妮·哈里斯认为，英国不会接受世卫组织的建议，因为"我们国家有非常发达的公共卫生体系，事实上，我们的公共卫生团队还在国外培训其他医疗团队。"[11] 人们认为，新冠肺炎疫情将遵循公认的历史常规路线，对最贫穷的发展中国家造成最为严重的影响,而英美等发达国家已经准备好避开它。

在接下来几个月发生的种种危机凸显了英国固守国家例外论这种旧观念的危险之处。英国首相约翰逊仍对国际社会的建议充耳不闻,并告诉英国人继续"照常工作",甚至吹嘘自己与新冠肺炎患者一起进入医院并握手。[12] 在其他国家暂缓经济活动并落实封锁状态的同时,约翰逊呼吁英国"摘下克拉克·肯特的眼镜"①,成为"全球自由贸易中的超人"。[13] 这在听众中取得了很好的反响,但约翰逊在面对新冠肺炎疫情时的咆哮造成了几乎致命的后果。到了4月,他不仅自己感染了新冠肺炎,而且由于病情危急,不得不住进重症监护室。

然而,即使约翰逊个人侥幸与死神擦肩而过,但全国各地的患者人数正不断增加,而他对英国例外论的信仰丝毫未动摇。几个月后,当英国终于开始进行新冠病毒检测时,检测方式的变化还是像之前一样被慎重考虑过,约翰逊宣称"我们将拥有世界一流的检测和追踪体系"。[14] 从2020年到2021年,英国并没有将疫苗开发和大规模接种计划的成功归于该国科学家和医疗保健专业人士的出色工作,而是英国的脱欧精神。此外,在未来,英国将任何一波感染的责任都完全归咎于其他国家,认为这些国家的"医疗保健系统没有做好应对这场疫情的准备"。[15] 然而事实上,英国是2020年世界上死亡率最高的国家之一。[16] 在英国为国民接

---

① 克拉克·肯特(Clark Kent),即超人,是美国DC漫画旗下的超级英雄,他在日常生活中隐藏身份,通常整日戴着一副黑框眼镜。——译者注

种疫苗之前，其他国家都把英国当作反面例子，在规划疫情控制措施时刻意避开它的做法。[17]但是，直到当年年底，在大量持有疫苗民族主义的人中，认为新冠肺炎疫情带来的挑战可能导致英国领导人重估他们对英国与其他国家之间的关系的想法都消失了。

在新冠肺炎疫情期间，英国前首相约翰·梅杰（John Major）大胆表示，也许英国"不再是一个大国了"，而且"永远不再是一个大国"，这番话激起了全国的愤怒。[18]这导致许多文章和电视谈话节目纷纷涌现，争论他的观点是否正确。如果他是正确的，那么英国现在居于何种位置？在前4名？还是前10名？在新冠肺炎病毒夺去成千上万人的生命，并使全球经济陷入困境之时，这么多政治家和公共知识分子还在争论英国的世界排名，这就像看着两个人站在泰坦尼克号的甲板上争辩他们谁更高，殊不知此时，水已经快漫到他们的鼻子上了。

民族主义愿景的回旋

此书是在2020年年初签约的，因此我在写作过程中见证了一场前所未有的全球疫情。在写作过程中，本书的许多主题似乎开始渗入周围的世界。这本书的写作计划出现在新冠病毒危机、封锁、"黑人的命也是命"抗议活动以及对帝国问题的兴趣重新出现之前。在我写作之时，我可以看到我正在探索的一些主题——英国的帝国遗存和英国经济根深蒂固的不平等——持续出现在头条新闻中，但总是在不同的时间出现，人们从未将它们放在一起讨论或分析过。今天，人们认为在英国讨论"去殖民化"问题是在一个和谐社会中制造分裂。随后,在接下来的报道中,人们就会讨论:社会的分裂状况如何在新冠肺炎疫情及由此产生的经济停滞中暴露出来。这场疫情迫使我们许多人面临一个简单而严肃的问题——你必须出门工作才能生存吗?病毒肆虐,工作场所被关闭了,让许多无法在家工作的人被困在家里,他们必须依赖政府支援。但是,尽管政府试图干预,但由于付不起房租,小企业不得不关门停业,租户面临着被驱逐的局面。与此同时,各种资产价格飙至新高。人们需要继续偿还债务,甚至还要背上新债。花在一次性用品上的钱越来越少,花在投资上的钱越来越多。股票市场和房地产投资组合的价值继续膨胀,尽管此时,世界其他地区正面临着公共卫生和经济方面的挑战。

当疫情到来时,有人将它视为"伟大的平衡器"。这场危机平等地威胁着每一个人的每一个方面,无论是种族、性别、国籍还是银行余额。但在现实中,新冠肺炎只是愈加激化了我们正在努力解决的不平等问题。因为长期以来的大多数一线医护人员都来自黑人和少数族裔群体,病毒对这部分群体的影响更大,这使得种族不平等问题更加凸显。性别不平等问题也暴露无遗——在平衡居家工作和孩子居家上学的新需求方面,全国各地的母亲首当其冲。但是,这场疫情暴露出的最明显的分歧,或许是几十年来资产世界与有生命、有呼吸的人类世界之间越来越大的脱节。在新冠肺炎疫情期间,英国在对旅游活动进行限制的规定中出现了"斯坦利·约翰逊漏洞"(Stanley Johnson Loophole),这体现了世界正稳步走向财产比人更自由的过程。这是一项以首相父亲命名的条款,该条款允许人们在准备出售或出租海外房产时可以无视相关防疫规定。[19] 人们不能跨越国界去看望他们的孩子，也不能去和垂死的老人道别，但为了方便财产流动，也可以有例外。即使在英国这样处于全球资本主义体系核心的国家，我们也可以看到，资本利益与人民利益之间已经出现了多么大的差别。

这场疫情是私人债务和公共债务的福音。为了购买抗击疫情所需的资源，支持封锁期间英国的经济发展，英国国债达到了20世纪60年代以来的最高水平。[20] 几代人以来，英国公共债务首次超过了国内生产总值的100%。[21] 如今，对那些可能需要债务武器化的领导人而言，它再次成为其政治武器库中的一种工具。事实证明，疫情对许多有创业精神的私企来说是件好事。英国对外包业务的固有倾向进入了超速发展时期。为赢得给国家提供个人防护装备和医疗资源的合同，各种企业行动迅速，游说在政府部门工作的朋友和以前的同事之间——即使他们此前在这一领域没有任何经验。很多报刊大声疾呼，英国政府被一种"裙带关系"或"任人唯亲"的倾向所控制。这是一种相当不切实际的描述，如果这个问题发生在非洲或亚洲的某个后殖民国家，就会被当作腐败。[22] 此外，这种腐败将或明或暗地被种族化，借此强调发展中国家民众的落后和对文明民主的天然排斥。

2016年，英国首相卡梅伦在与女王的谈话中称，尼日利亚和阿富汗是"极其腐败"的国家。[23] 2021年，卡梅伦自己也因腐败而受到指控。疫情期间，卡梅伦曾游说政府前同事为格林斯尔公司提供贷款（他是这家公司的付费顾问和股东），此事后来被曝光，引发了一场全国性的丑闻。把发展中国家的问题看成腐败，而把英国当前的问题看成裙带关系，这种看待全球动态的方式十分肤浅。在英国，公共生活的方方面面都被公司化了，越来越多的控制权掌握在大公司手中，这不仅仅是少数不道德的政客或机会主义企业家的失败。在更久以前，全球资本就开始影响甚至重塑国家权力，这就昭示了我们这个年代"任人唯亲"的特征。

在西方，私有化、放松管制和公司化——也就是我们所知道的新自由主义——开始于帝国结束后的后殖民地时期。独立后，"去殖民化"政府阻止全球资本流动的能力很快被消解了，政府的职能仅限于满足市场需求。政治活动成为跨国公司与其觊觎已久的当地劳动力和物质资源之间展开协商对话的手段。结合了民族主义的威权主义在非洲、亚洲和拉丁美洲蔓延，这并不是因为当地民众先天的文化或种族缺陷，而是因为这种政治模式已成为管理因市场波动而造成的不平等和不安全的最有效方法。

在帝国溃败后，利用金融市场削弱"去殖民化"国家民主的一系列后果现在正困扰着西方。2008年金融危机发生后，欧洲各国纷纷转向本土主义，这一过程中伴随着一些成功案例，其中包括意大利的马泰奥·萨尔维尼（Matteo Salvini）与"北方联盟"、法国的马琳·勒庞（Marine Le Pen）和"国民阵线"以及波兰的安杰伊·杜达（Andrzej Duda）和匈牙利的维克托·欧尔班（Viktor Orbán）。唐纳德·特朗普（Donald Trump）在美国担任总统期间，其表现也反映了西方所谓的"国家主权"的回归。即使是那些正在积极转向金融化的国家，现在也意识到，如果条件允许，不受约束的金融资本主义将会杀死自己的宿主。如今，作为这种趋势中最有影响力的一面，市场力量和民族主义的回旋镖正向英国冲来。与其他地方一样，在英国，本土主义政府并没有挑战全球资本主义,而是利用国家力量来保护资产持有人,同时将其对经济不平等和社会弊病的怒气转向少数群体和"内部敌人"。因此,帝国问题被框定为一个微不足道的怨恨问题,仿佛在英国存在的根深蒂固的不平等突然消散在多佛白崖。

在本书中,我多处提到鲍威尔对帝国之后的世界的看法,特别是他认为英国得以保持其卓越地位的方式。在鲍威尔所说的"新世界"中,加速的自由市场资本主义可以在有边界的、同质的民族国家中自由迁移。在每个国度,"民族"都将优先于"国家",因为政府通过致力于保护边界和财产,为市场繁荣创造了理想的条件。在国际上,将不再需要联合国或世卫组织等可能侵犯国家主权的机构。英联邦可以与帝国时代的所有其他记忆一起被抛却;至于欧洲一体化,尽管具有明显的资本主义倾向,但也应不惜一切代价予以抵制。在鲍威尔看来,国际法的覆盖范围不应扩大,并应在沿循英国普通法的情况下,优先考虑跨国资本资产所有者的权利,尤其要保护这些资产能够免受"忘恩负义"的第三世界政府的攫取。

这一愿景与过去10年间遍布英国和世界大部分地区的本土主义复兴有很多相似之处。边境之墙越筑越高,国际合作越来越弱,而私人积累的步伐却在继续。把每一个政治问题变成一场民族主义的文化战争,已经成为政客们用来掩盖英国经济模式中深层结构问题的默认策略。英国政府报告坚称,工薪阶层的学童之所以被抛在后面,不是因为青少年服务、学校资金或福利供给的削减,而是因为有太多关于"分裂术语"的讨论,比如白人特权和其他与种族有关的问题。[24] 本文写作之时,男爵夫人哈丁正在寻求成为英国国家医疗服务系统的下一任首席执行官,她曾负责监督英国失败的外包检测和追踪系统。她向人们承诺,如果受到任命,她将结束国家医疗服务系统对外国医生和护士的依赖,这件事登上了各家新闻头条。[25] 她的首要工作,不是承诺为资金不足的卫生系统提供更多的政府支持,也不是为国家医疗服务系统的工作人员提供应得的加薪,以表彰他们在新冠肺炎疫情期间做出的巨大牺牲,而是倡导民族主义和排外情绪,以掩盖英国公共卫生服务的结构性缺陷。

随着对人类必然进步这一信念的崩塌,许多人被这种民族主义政治的转向所诱导,希望它至少能提供一艘救生艇——如果船要沉了,就专心拯救自己。同时,保护自己的资产;切断工作和提高个人生活水平之间的联系;不要浪费时间和资源,并且试着去想象另一个世界。生活如此让人感到恐惧和不安,以至于围绕帝国遗存进行对话可能显得很奢侈,普通人根本没有时间加入讨论。但是,帝国的来世与许多人的不安全感有着深刻的联系。这不仅涉及人们是否应该捍卫丘吉尔的雕像,还涉及普通人对跨国资本施压的能力受到限制。在超级资本主义时代,民族主义政治对那些在过去几十年里被世界金融化抛在后面的群体没有什么帮助。拥有海外账户且能从遍布全球的企业中获利的政客,在向人们宣扬国家团结的福音;对后者来说,就业中的贫困处境已成为一种生活现实。这些政客不可能拯救所有人,但他们会在救生艇上腾出几个人的空间。人们只能互相对抗,争夺这仅有的席位。

事实上,这艘船很久以前就出海了。坐在威斯敏斯特的政客们意识到,要为英国的劳动者提高工资,为那最脆弱的社区提供更多的福利，为去工业化的城镇带来新的繁荣，就必须进行深刻的结构性改革。英国的不平等现象已然更加严重了——英国国家统计局表示，目前最富有的 10% 的家庭与最贫穷的 40% 的家庭的收入份额之比相当。[26] 少数民族、单身母亲、护理者和残疾人处于这种分化的边缘，但他们往往被认为站在英国那些善良、诚实的"被抛弃"群体的对立面。然而，在一些如"提高生活水平"这样的模糊承诺下，很少有政治家会承诺改革福利政策、集体劳动权或实施有助于推动财富再分配的政策。相反，保守党和工党的政客们都在利用英国国旗作为抵御困难问题的盾牌。在一个经济停滞、全球资本流动不受限制、大型科技公司囤积数据、大众工作条件日益不稳定的世界里，如果那些来帮助你的人告诉你，你需要做的只是挥舞一面旗帜，那就说明他们已经抛弃了你——他们让你被困在废墟中，而他们却扬帆远去了。

帝国之后的世界

近年来，有人试图在关注种族与帝国的人和关心过去几十年在经济上被"甩在后面"的人之间画出一条明显的分界线。有时，赞同关注帝国遗存的人通过描述与道德有关的问题来制造这样的错误印象：如果你是个好人，生性善良，关心纠正过去的错误，那么你就会对帝国有所了解。作为对这一现象的回应，他们的反对者假装所有这些关于帝国和"去殖民化"的谈话只是身份政治的一部分：现实中没人有时间去听这些道德废话。总的来说，这让英国人越来越遵从他们内心真实的想法——忘记一切。我们抛开这个问题,说说另外的事情,可以吗?人们对此的态度何止是无精打采,每次讨论起帝国及其遗存,人们几乎怨声载道。"帝国"被包裹在关于种族的种种辩论中,这给人们带来这样的印象——仿佛围绕其遗存的对话基本上都是饱受折磨的少数族裔将自己的痛苦强加于他人。但这是一个老把戏了。几个世纪以来,与种族有关的话语一直被用来划分人类族群的各个分支。它使占主导地位的群体相信,他们所看到的施加于他者的暴力不可能发生在自己身上。但这从来都是个谎言。暴力永远不会完全停留在某个规定的边界内。种族主义只会使特别脆弱的群体成为其攻击目标,武器也早晚会对准其他旁观者。

本书涉及的许多经济暴力,多年来一直在英国政治、经济和社会话语中缺席,其原因是人们仍然认为黑人的命并不重要,即使他们是英国人——这就是最近的情况。当主权债务使牙买加岛陷入瘫痪时,与之有关的贫穷黑人前去捕鱼的画面只会强化人们对世界自然秩序的普遍看法。当结构调整方案使得非洲和亚洲数百万儿童只能勉强糊口时,人们认为这进一步证明了关于世界人民之间古老且不言自明的等级制度。当一个又一个第三世界国家在"去殖民化"后的全球化资本主义的压力下屈服时,许多英国人认为这是"他们"的问题,而不是"我们"全球体系的问题。在权力走廊中,一种新的关于文化(甚至是劣等种族)的错误观念正在悄悄传播——"看吧,有证据表明,这些人一直处于十分落后、贪婪的状态,天生就不聪明,没法处理复杂的主权压力"。

然而,最近出现了一些希望:越来越多的人,尤其是年轻一代,开始意识到英国这类国家清算其殖民历史的重要性;这不仅是为了他人，也是为了我们自己。[27]在新冠肺炎疫情期间，过去几十年一直被压制的所有关于种族和帝国主义的严肃对话在全国各地的街头爆发。2020年夏天发生的"黑人的命也是命"抗议活动是英国历史上规模最大的反种族主义抗议活动，引发了英国有史以来最直接的关于大众对英国殖民遗存的讨论。值得注意的是，抗议者不仅涌上伦敦、曼彻斯特和伯明翰等英国主要多元文化中心的街头，还出现在白金汉郡、康沃尔郡和设得兰群岛等以白人为主的农村地区。[28]在写这本书时，亲眼看到这一切给我带来了启发。显然，有兴趣进行这类谈话的人比我想象的要多。人们怀疑，在帝国及其来世的历程中，他们或许会找到自己所居住的这个不平衡的世界出现、形成和确立的原因。尽管政府人士纷纷谴责抗议运动，但到2020年年底，有超过一半的英国公众支持"黑人的命也是命"运动，这一比率在年轻人群体中上升到70%。[29]

年轻一代对帝国问题表现出的兴趣似乎让全国各地的政治观察家感到意外。报纸上充斥着带有绝望情绪的文章，称这个国家的年轻人正被教师、媒体、流行明星、足球运动员或不断变化的公敌"洗脑"，去挑战大英帝国的遗存。[30]统计数据也的确表明了这点，英国年轻人对帝国的看法发生了急剧变化：在18~24岁的年轻人中，只有18%的人认为帝国是值得让人骄傲的，而在65岁以上的人中，这一比例为43%。[31]然而，尽管这种态度的转变引发了人们对忘恩负义的、不爱国的千禧一代的极大愤怒，但很少有人提出这样的问题：为何来自所有种族背景的年轻人此刻如此愿意接受有关"去殖民化"的对话？这真的是大规模的世代洗脑吗？是年轻人天真的表现吗？或者这是基于一种怀疑，即对年轻人来说，他们的先祖发展起来的制度对他们而言已经没有用处了吗？

总的来说，英国年轻人亲眼看到他们设想的生活正在从视野中消失，他们曾被告知，作为一个先进国家的成员，如果努力工作并遵守规则，他们就会拥有自己期待的权力。许多人已经照做了，但他们现在认识到，他们可能永远不会拥有房产，也可能永远无法负担抚养孩子的费用；另外，他们也许永远不会有稳定的工作，而且十有八九当他们准备领取养老金时，仍在偿还学生贷款。父母的银行账户已经成为许多人唯一的救赎希望，这让那些父母不富裕的人陷入困境。并且，这不仅仅是青少年面临的情况。在新冠肺炎疫情期间，于2008年金融危机时毕业的学生也已近40岁了。当经济危机的大锤又一次击中他们时，他们中的许多人还未从上一次事件中恢复过来。现在，他们担心自己的生活将再次陷入困境，而企业却得到了拯救。一场又一场的灾难打击着他们，然而资产价格却在不停地飙升，房价越来越高，工作越来越不稳定，他们的选择也越来越有限。难道真能指望他们对于一个让他们迷失方向的体制保持信心？

这里可以举一个例子，爱德华·科尔斯顿不仅是一个奴隶贩子，还是建立现代世界的殖民公司的掌舵人，而当要选择尊重还是唾弃这样的人物时，这一代人中的多数赞同把科尔斯顿的雕像扔进布里斯托尔港，这难道不令人惊讶吗？这不仅是一种道德立场，还表明了自由主义承诺着进步的必然性。我们被告知种族主义其实是一种个人偏见，只有无知者才会有这种偏见，现在年轻人要彻底摆脱这种观念。他们知道，种族主义不仅是关于礼节的问题，还是思想和制度如何再现权力的问题，种族主义并不会因为我们承诺永不提起就简单地消失。对科尔斯顿雕像的抵制表明，人们越来越认识到，帝国不仅关乎身份和种族，还关乎贫穷与富有、民主与控制。当政府官员们试图把有关"去殖民化"的对话形容为"既愚蠢又危险"的时候，走上街头的人们越来越认识到，帝国就是这个国家政治和经济制度的根源，这件事并不复杂。你不能指望在不应对其后果的情况下大幅改变这个体系。

然而，如果这场运动真的想创造一个更公平的世界，它就不能止于推倒雕像。谈论文化和象征主义是描述当代英国人如何经历帝国后遗症的有效方式，但也必须对帝国最初得以创建的主要原因进行反思：以牺牲他人利益为代价，让一些人获得物质上的丰富。挑战英国的帝国后遗症，意味着要根据帝国的发展重新解释英国及其组成，理解英国的财产观念在加强全球企业权力等方面所起的作用，将永无休止的移民辩论放在英国全球遗存的背景下，并且审视伦敦金融城和英国海外领土在金融全球化中所扮演的角色。此外，还要询问在英国本身面临的问题中，有多少是由帝国遗存造成的结果。为解决自身日益加剧的财富不平等问题，英国需要处理帝国遗存在国内外产生的后续问题。虽然政府仍认为种族主义是一种个人偏见，而不是由法律和经济制度维护的体制，但帝国的全球计划展现了一些不同的情况。种族主义的传播并不是因为对不同外貌的人存在固有的恐惧和仇恨，而是因为人们需要获得更多的资源和财富，这就需要把其他人——尤其是那些生活在这些资源所在土地上的人，一次性处理掉。那些在利物浦、伦敦和曼彻斯特的街头高呼"黑人的命也是命"的人必须认识到，不仅隔壁黑人的命有价值，阿克拉、内罗毕和金斯顿黑人的命也有价值。因为"黑人的命也是命"运动会触及全球企业的利益，所以对全球企业而言，可能很难做到通过社交媒体发布合适的帖子或达成名人代言协议来支持这种活动。但是，它将帮助我们确定一些必要的经济转型，以实现这项运动所呼吁的变革。

或许有一天，讲述 20 世纪的历程而不提及"去殖民化"，就像试图解释 18 世纪的全球变化而不提及法国或美国革命一样荒谬。将全球 75% 的人从法律的压迫中解放出来的历程，只能算作满足了一小部分特定群体的利益，这种观念理应让后人感到匪夷所思。第二次世界大战后，那些推动"去殖民化"进程的人物提出了许多我们直至今天都在努力解决的问题：主权意味着什么？如何控制市场？我们如何在世界各地公平地共享资源？当然，我们在本书中提及的人物并没有摸索出所有的答案，他们自己也犯了很多错。和其他人一样，他们对工业化的发展理想深信不疑。在很大程度上，他们仍然是一个男性群体，忽视了为推动民族解放运动做出巨大贡献的女性。他们沉迷于独裁统治，并且让自己相信，煽动其民众的民族主义足以克服他们面临的深层次的政治和经济挑战。一旦掌握了国家主权的工具，他们往往会发觉，相比于用权力对抗在其土地上获利的跨国公司，用权力对抗其人民要更加容易。

但是，在他们斗争和失败的废墟中，我们找到了构建这个不平等世界的基石。今天，恩克鲁玛关于国家主权界限或曼利关于公司监管的著作被赋予了新的价值。长期以来，关于经济不平等的讨论与关于帝国遗存的讨论似乎来自不同的世界。我用了好几章展现大英帝国分裂过程中的几个重要场景，试图推翻这个假设。为了展示当时与现在之间的联系，我穿越大洋，从加勒比海到西非，从新加坡到伦敦金融城，以捕捉经济斗争的瞬间。从这几段插曲中，我们可以看到，在帝国衰落后的几十年里，人们对维持帝国机制所做出的尝试，以及对所有关于"去殖民化"记忆的清除，是如何释放出如今困扰这个岛国的可怕幽灵的。

如果我们不解决英国海外领土如何变为避税者的离岸避难所的问题，那么试图改革英国的税收制度就没有任何意义。除非亚非拉国家都被赋予监管企业遵守公司法和环境法的权力，否则很难让企业在英国遵守这些法律规定。无论是面对无法解释的公司权力、离岸外包和边境问题，还是面对种种债务，我们都无法在不处理帝国后遗症的情况下，解释我们现在所说的"新自由主义"及所有随之而来的不平等和不安全感。

另有选择

在可预见的未来，关于帝国的话题可能仍是富有争议的。我只需要在发表文章或是出镜电视节目的第二天打开邮件，就会发现，只要我稍稍提到了帝国遗存，英国公众的礼貌就会荡然无存。在某种程度上，这种愤怒是可以理解的。全英国民众都很愤怒，有人告诉他们要把这种愤怒发泄到那些谈论帝国的机构、"专家"和"学者"身上。议会成员呼吁政府指示"一群官员对推动'去殖民化'议程的学者发起攻击"。[32] 英国广播公司或英国国民信托基金等机构曾颇受当权派的喜爱，如今却因其对英国殖民遗存做出的不痛不痒的评价，而遭到具有影响力的公众人物的严厉批评和威胁。

但是，对"去殖民化"的呼吁必须着眼于筹划未来，而不仅仅是回顾过去。如果要有任何实质性内容，那么"去殖民化"的理念将不得不对抗那些一直在剥夺我们权力的既得利益集团。不但如此，英国比其他发达国家更依赖外国投资。离岸保密信托基金、投资者–国家争端解决法庭，以及其他所有在"去殖民化"后为保护跨国资本利益而出现的、对抗新主权国家的法律保护措施，的确在21世纪被用来对付英国本身了。大英帝国溃败后，以下这种观点是错误的，即认为英国的金融和法律网络可以授权国际资本在没有这些网络的情况下瓦解发展中国家的主权力量，并在将来的某天对其国内采取同样的做法。

然而，与目前影响世界的愿景相比，还有更可持续和更公平的人类生活愿景。我们关于政治和经济制度的法律并不是由上帝之手刻在石碑上的。在某些方面，对赢得文化战争的关注是可以理解的，因为长久以来，这似乎是我们唯一能够影响的事情。全球经济则像天气一样完全超出人类的控制。然而，尽管2020年的全球人口经受了种种苦难，但这一年发生的各类事件向我们证明，这种愿景是一直存在谬误的——财政保守主义可能会被抛弃，全球贸易可能会中断——但这会给劳动人民带来更好的生活吗？也许，会有更多的资金用于绿色技术，对紧缩政策的关注会减少，但有组织性的劳动会由此得到强化吗？过热的资产市场又是否会受到遏制？

这本书试图将关于帝国的主题从永无休止的文化之战中解脱

出来。帝国后遗症不仅是关于种族、身份和记忆，也并不是"不再产生影响的"历史；事实上，它解释了构成我们生活的经济和物质条件。对于开辟出一条不同的道路，英国仍然起到了帮助作用。英国货币的剩余实力或其庞大的经济规模等特权意味着，作为一个国家，英国比其他大多数国家更有能力对抗统治世界的孤立的国际资本主义攫取体系。"我们建造了铁路"一般是帝国最常见的辩护说辞，但或许，拥有更持久的经济影响力的正是帝国的法律和经济轨道。正是沿着大英帝国铺设的轨道，尤其是在"去殖民化"过程中保留下来的那些轨道，这一体系的大部分才得以继续运行。

在处理帝国遗存问题时，英国可以开始干预将其海外领土作为离岸经济和保密管辖区的行为。另外，英国还可以在伦敦的商业法庭上加强关于外贸纠纷的法律，或者利用其在国际货币基金组织的优势地位，鼓励更多的债务重组或债务撤销政策。若英国政界人士真的致力于提高英国工人阶级的工资水平，他们可以推动英国利用其全球影响力，争取制定全球最低工资标准。化石燃料公司不断开采地球能源，并借由伦敦金融城和其卫星城输送利润，在这种情况下，改变英国在全球金融体系中的角色是该国为抵抗气候变化所能做出的最大贡献之一。

为了保护少数领先者和多数后来者的财产，英国佯装帝国背后的问题完全是关于身份政治的。在我看来，围绕帝国的对话之所以被扼杀，不是因为政府担心它们会造成分裂，而是因为它们有可能将公众的愤怒集中起来，从而使这些愤怒偏离目标——穷人、弱势群体、少数族裔和那些乍看起来与众不同的人。此外，保密司法管辖区并不受欢迎。在2020年的一项民意调查中，82%的英国人认为，新冠肺炎疫情暴发后，在离岸避税地注册的公司应被排除在任何可能的政府救助之外。[33] 外包也并不受欢迎。在接受调查时，64% 的英国公众表示，他们不信任私人外包公司对公共服务的接管，而这甚至发生在英国对新冠肺炎疫情处理不力之前。[34] 2019 年的英国社会态度调查发现，78% 的受访者认为高收入者和低收入者之间的差距过大。[35] 人们很清楚，这个社会在收入、财富和机会方面存在着根深蒂固的分化。

脱欧派认为，脱欧是英国获得独立、夺回控制权并且恢复基本主权的重要时刻，但他们很少把脱欧作为一个机会，借此约束企业失控的权力、限制金融投机活动，或者减少社会生活各方面的商业化。要说有什么不同的话，那就是英国脱欧加速了这些趋势。如今，英国的不平等现状并非偶然形成的。在一个横跨全球的帝国中，它就是那跳动的心脏，帝国中的司法和经济制度要求资本的权利优先于民众的权利。

如果方式得当，关于大英帝国的对话有助于推动重塑全球秩序的承诺。如果不解决帝国来世继续驱动世界机器的方式，就无法实现其"提升"或拯救"落后者"的雄心。如果确实想直面资本主义将我们带入一个大分化新时代的现实，我们就需要拆除全球金融体系的保护壳，即在"去殖民化"后保护其免受大众民主的影响。我们必须敢于想象这样一个世界：人类生命安全的价值高于全球债权人交易的证券价值。

尽管本书中提出的这些问题在现在看来是难以克服的，但我们可能很快就会生活在这样一个世界中：与我们可能面临的灾难性问题相比，改变税收结构、边境制度、财产法和债务体系的任务似乎微不足道。对许多人来说，新冠肺炎疫情重新定义了生存危机的状态。除了大量可怕的报告让我们知晓感染率和死亡人数的上升外，对于像英国这样的发达国家而言，这场大流行病首次让人们看到医疗健康系统发生制度性溃败时是什么情况。我们可以看到，医院病房无法承接很多危重病人；走过超市时，我们发现货物被抢购一空，外部供应链也开始崩溃。这些都不是"领先"世界的人愿意体验的场景。新冠肺炎疫情重新定义了我们对全球问题的看法。原来，我们没有被孤立在自己国家的小小孤岛中，我们每个人的生活是紧密相关的。

21世纪我们将面临的挑战——从气候变化到人口老龄化，从工作自动化到可能更具危害性的其他流行病——都将是全球性问题，也都需要国际和国家层面的政治眼光。在未来几十年里，全球化英国需要有超越那本蓝色护照的更高愿景，要鼓励每个人都自豪地高唱《希望与荣耀之地》。我们对气候变化的态度不应该是当它成为危机后，我们再亡羊补牢；要是我们的视野可以突破边界，看向世界，我们就会意识到危机已然来临。英国还可以做很多事情来缓和现代资本主义的冷血和无情，并与我们这颗星球建立一种不同的关系——这不仅是出于良知，更是出于生存的需要。比环境或流行病更容易改变和控制的是法律制度、经济机构甚至国家神话。如今，随着时间推移，我们正面临愈加严峻的抉择。

参考文献

引言：见证历史的回响

1. The 'end of history' thesis was popularised after the publication of Francis Fukuyama, *The End of History and the Last Man* (New York: Free Press, 1992).
2. Karl Marx, *Capital*, vol.1, (London: Penguin, 1990), Preface. Friedrich Hayek, *The Constitution of Liberty* (London: Routledge 2006) pp-142– 154.
3. The Organisation for Economic Co-operation and Development, 'Inequality and Income Data', based on Gini coefficient ratio 2017, available at http://www.oecd.org/social/inequality.htm (accessed 14 March 2021).
4. Adam Corlett, Arun Advani and Andy Summers, *Who Gains? The Importance of Accounting for Capital Gains* (London: Resolution Foundation, May 2020).
5. Rowena Crawford, Dave Innes and Cormac O'Dea, 'Household Wealth in Great Britain: Distribution, Composition and Changes 2006–12', *Fiscal Studies*, vol. 37 (2016), pp. 35–54, 'net income is distributed substantially more equally than wealth. The overall Gini coefficient for net income is 0.34, while that for total wealth is 0.64'.
6. Credit Suisse Research Institute, *Global Wealth Report 2014*, pp. 33, 119.
7. Arun Advani, George Bangham and Jack Leslie, *The UK's Wealth Distrubution and Characteristics of High-Wealth Households*, Wealth Tax Commission Evidence Paper no. 1 (London: Wealth Tax Commission, 2021), p. 5.
8. Richard Joyce and Xiaowei Xu, *Inequalities in theTwenty-First Century: Introducing the IFS Deaton Review* (London: Institute of Fiscal Studies, 2019), p. 4.
9. Philip Inman, 'Number of Europe's Poorest Regions in UK "More Than Doubles", *Guardian*, 10 December 2019, https://www. theguardian.com/business/2019/dec/10/number-of-europes-poorest- regions-in-uk-more-than-doubles (accessed 16 December 2020).
10. Aimé Césaire, *Discourse on Colonialism* (New York: NYU Press, Monthly Review Press, 2000), p. 41. See also Michel Foucault, *Society Must Be Defended: Lectures at the Collège de France, 1975–1976* (London: Picador, 2003), and Hannah Arendt, *The Origins of*

Totalitarianism (New York: Harcourt, Brace Jovanovich 1973).

11. Books on inequality include Branko Milanović, *Global Inequality: A New Approach for the Age of Globalization* (Cambridge, MA: Harvard University Press, 2016); Thomas Piketty, *Capital in the Twenty-First Century* (Cambridge, MA: Harvard University Press, 2014); Gabriel Zucman, *The Hidden Wealth of Nations: The Scourge of Tax Havens* (Chicago, IL: University of Chicago Press, 2016); Grace Blakely, *Stolen: How to Save the World from Financialisation* (London: Repeater, 2019).
12. This point has been explored at length in Oscar Guardiola-Rivera, *What If Latin America Ruled the World? How the South Will Take the North into the 22nd Century* (London: Bloomsbury, 2010); Jean and John Comaroff, *Theory from the South: Or, How Euro-America Is Evolving Toward Africa* (London: Routledge, 2012); Achille Mbembe, *Out of the Dark Night: Essays on Decolonization* (New York: Columbia University Press, 2021).
13. Comoroff and Comoroff, *Theory from the South*, p. 6.
14. Tony Blair, *A Journey* (London: Hutchinson, 2010), p. 126.
15. Ibid.
16. For more on the importance of the Opium Wars to modern China, see Julia Lovell, *The Opium War: Drugs, Dreams and the Making of China* (London: Picador, 2012).
17. 'Boris Johnson Likens Irish Border Challenge to Congestion Charge', *BBC News*, 27 February 2018, https://www.bbc.co.uk/ news/uk-politics-43210156 (accessed 15 August 2020).
18. 'Boris Johnson Reciting Kipling in Myanmar Temple "Not Appropriate"', *BBC News*, 30 September 2017, https://www.bbc. co.uk/news/av/uk-politics-41453375 (accessed 15 August 2020).
19. Boris Johnson, 'Africa is a Mess but We Can't Blame Colonialism', *The Spectator*, 2 February 2002, https://www.spectator.co.uk/article/the-boris-archive-africa-is-a-mess-but-we-can-t-blame-colonialism (accessed 9 August 2020).
20. Boris Johnson, 'Britain Must Become the Superman of Global Free Trade', *The Spectator*, 3 February 2020, https://www.spectator.co.uk/ article/boris-johnson-britain-must-become-the-superman-of-global-free-trade; Sam Coates, 'Ministers Aim to Build "Empire 2.0" with African Commonwealth', *The Times*, 6 March 2017, https:// www.thetimes.co.uk/article/ministers-aim-to-build-empire-2-0-with-african-commonwealth-after-brexit-v9bs6f6z9 (both accessed 12 January 2021).
21. David Butterfield, 'What Would it Mean to "Decolonise" the Classics?', *The Spectator*, 18 July 2020, https://www.spectator.co.uk/ article/what-would-it-mean-to-decolonise-the-Classics; Robert Tombs, 'In Defence of the British Empire', *The Spectator*, 8 May 2020, https://www.spectator.co.uk/article/In-defence-of-the-British-Empire (both accessed 9 August 2020).
22. Peter Stubley, 'Universities Minister Compares "Decolonisation" of History to "Soviet

Union-Style" Censorship', *Independent*, 28 February 2021, https://www.independent.co.uk/news/education/ education-news/history-curriculum-university-michelle-donelan-culture-war-b1808601.html (accessed 20 March 2021).

23. Kumail Jaffer, 'Kew Gardens is Growing Woke! Famed Attraction Will Have "Decolonised" Labelling Showing Visitors How Plants Played a Part in the Slave Trade', *Daily Mail*, 12 March 2021, https://www.dailymail.co.uk/news/article-9353241/Kew-Gardens-growing-woke-Famed-attraction-decolonised-labelling.html (accessed 28 June 2021).

24. Iain Martin, 'Talk of "White Privilege" is Divisive Drivel', *The Times*, 15 October 2020, https://www.thetimes.co.uk/article/talk-of-white-privilege-is-divisive-drivel-t7vmc0pnd (accessed 14 March 2021).

25. Matthew Goodwin, '*The Madness of Crowds* by Douglas Murray Review – Identity Politics Attacked', *Sunday Times*, 22 September 2019, https://www.thetimes.co.uk/article/the-madness-of-crowds-by-douglas-murray-review-identity-politics-attacked-j6n0p38xr (accessed 3 November 2020).

26. Janice Kew, 'Accra Seen Adding Millionaires Faster than Any Other Africa City', *Bloomberg*, 2 September 2015, https://www.bloomberg.com/news/articles/2015-09-02/accra-seen-adding-millionaires-faster-than-any-other-africa-city (accessed 5 October 2020).

27. John Nijiraini, 'Is Africa the New Face of Rising Wealth and Opulence?', *Africa Renewal*, United Nations, April 2015, https://www. un.org/africarenewal/magazine/april-2015/africa-new-face-rising-wealth-and-opulence; Kingsley Ighobor, 'Closing Africa's Wealth Gap', *Africa Renewal*, United Nations, December 2017–March 2018, https:// www.un.org/africarenewal/magazine/december-2017-march-2018/ closing-africa's-wealth-gap (both accessed 17 October 2020).

28. Favour Nunoo, '29 Million Ghanaians Dey Share 55 Ambulances', *BBC News Pidgin*, https://www.bbc.com/pidgin/tori-44030411; Abigail Annoh, 'Ghana: New Ambulances Are of Acceptable Standard', *Ghanaian Times*, 18 September 2019, https://allafrica. com/stories/201909180581.html (both accessed 14 December 2020).

29. See for example 'How to Fix a "Third World" NHS Service', *The Week*, 3 January 2018, https://www.theweek.co.uk/90698/how-can-we-fix-the-creaking-nhs; Marco Rubio, 'There is nothing patriotic about what is occurring on Capitol Hill. This is 3rd world style anti-American anarchy', *Twitter*, 6 January 2021, 8.01 p.m., https:// twitter.com/marcorubio/status/1346909901478522880; Michael Nedelman, '"That's When All Hell Broke Loose": Coronavirus Patients Start to Overwhelm US Hospitals', *CNN*, 25 March 2020, https://edition.cnn.com/2020/03/25/health/coronavirus-covid-hospitals/index.html (all accessed 22 February 2021).

30. Euan Cameron, 'How Will Automation Impact Jobs?', PwC analysis, https://www.pwc.co.uk/services/economics/insights/the-impact-of-automation-on-jobs.html; Mathew Lawrence, Carys Roberts and Loren King, 'Managing Automation: Employment, Inequality and Ethics in the Digital Age', IPPR, Commission on Economic Justice, discussion paper,https://www.ippr.org/files/2018-01/cej-managing- automation-december 2017.pdf (both accessed 23 November 2020).

31. Michael Gove, 'All Pupils Will Learn Our Island Story', speech, 5 October 2010, Conservative Party Speeches, https://conservative-speeches.sayit.mysociety.org/speech/601441 (accessed 22 June 2021). The phrase likely echoes the children's book by Henrietta Elizabeth Marshall, *Our Island Story: A History of England for Boys and Girls* (London: Civitas, 2007).

32. Philip Alston, *Report of the Special Rapporteur on Extreme Poverty and Human Rights*, UN General Assembly, Human Rights Council Forty-First Session, 23 April 2019, p. 1, https://undocs.org/pdf?symbol=en/A/HRC/41/39/Add.1 (accessed 22 March 2020).

33. Akala, *Natives: Race and Class in the Ruins of Empire* (London: Two Roads, 2018); Priyamvada Gopal, *Insurgent Empire:Anticolonial Resistance and Britsih Dissent* (London: Verso, 2019); Danny Dorling and Sally Tomlinson, *Rule Britannia: Brexit and the End of Empire* (London: Biteback, 2019); Sathnam Sanghera, *Empireland: How Imperialism Has Shaped Modern Britain* (London:Viking, 2021); Kehinde Andrews, *The New Age of Empire* (London: Allen Lane, 2021).

34. Office for National Statistics, *Household Wealth by Ethnicity, Great Britain: April 2016 to March 2018*, 23 November 2020, https://www.ons.gov.uk/peoplepopulationandcommunity/personalandhouseholdfinances/incomeandwealth/articles/ householdwealthbyethnicitygreatbritain/april2016tomarch2018 (accessed 17 June 2021).

35. See Quinn Slobodian, *Globalists: The End of Empire and the Birth of Neoliberalism* (Cambridge, MA: Harvard University Press, 2018) or Ellen Meiksins Wood, *Empire of Capital* (London: Verso, 2003).

36. Cecil Rhodes speaking to Lord Grey as referenced in Lewis Mitchell, *The Life and Times of the Right Honourable Cecil John Rhodes 1853–1902*, vol. 2 (Charleston: Nabu Press, 2014).

37. See Ashley Jackson, *The British Empire: A Very Short Introduction* (Oxford: Oxford University Press, 2013), pp. 4–5.

38. 'Scots "More Optimistic about Future" According to BBC Survey', *BBC News*, Scotland, 6 June 2018, https://www.bbc.co.uk/news/ uk-scotland-44301827 (accessed 1 May 2020).

第一章 国家

1. G. I. C. Eluwa, 'The National Congress of British West Africa: A Study in African Nationalism', *Présence Africaine: Revue culturelle du monde noir Présence Africaine*, n.s., vol.77 (1971), pp. 131–49, pp. 141–2.
2. Ibid., p. 142.
3. Ibid., p. 143.
4. Ibid., p. 144.
5. See either Allan I. Macinnes, *Union and Empire: The Making of the United Kingdom in 1707* (Cambridge: Cambridge University Press, 2007) or John Robertson (ed.), *A Union for Empire: Political Thought and the British Union of 1707* (Cambridge: Cambridge University Press 1995).
6. David Edgerton, *The Rise and Fall of the British Nation: A Twentieth- Century History* (London: Allen Lane, 2018), p. 26.
7. Winston Churchill, *Great Contemporaries* (London: Macmillan, 1942), p. 76.
8. Lewis Goodhall, 'Who Was Theresa May's Political Hero? Joseph Chamberlain', *BBC News*, 15 August 2016, https://www.bbc.co.uk/ news/uk-politics-37053114 (accessed 25 February 2021).
9. J. A. Froude, *Oceana, or, England and Her Colonies* (Cambridge: Cambridge University Press, 2011); John Robert Seeley, *The Expansion of England* (Cambridge: Cambridge University Press, 2010).
10. Charles Wentworth Dilke, *Greater Britain: A Record of Travel in English-Speaking Countries during 1866 and 1867* (New York: Harper & Brothers, 1869).
11. Seeley, *The Expansion of England*, pp. 8–9
12. A. V. Dicey, 'Will the Form of Parliamentary Government be Permanent?', *Harvard Law Review*, vol. 13 (1899), pp. 67–8.
13. Stephen B. Stanton, 'Is the British Empire Constitutionally a Nation?', *Michigan Law Review*, vol. 2, no. 6 (1904), pp. 429–45, p. 431.
14. Edward Ellis Morris, *Imperial Federation: A Lecture for the Victorian Branch of the Imperial Federation League* (Melbourne: Victorian Review, 1885).
15. Thomas Mohr, 'The United Kingdom and Imperial Federation, 1900–1939: A Precedent for British Legal Relations with the European Union?', *Comparative Legal History*, vol. 4, no. 2 (2016), pp. 131–61, p. 137.
16. Ferdinand Mount, 'Wedded to the Absolute', *London Review of Books*, vol. 41, no. 8, 26 September 2019, https://lrb.co.uk/the-paper/v41/ n18/ferdinand-mount/wedded-to-the-absolute (accessed 11 March 2021).
17. Enoch Powell obituary, *Daily Telegraph*, 9 February 1998, https:// www.telegraph.co.uk/news/obituaries/5899345/Enoch-Powell. html (accessed 19 February 2021).

18. Simon Heffer, *Like the Roman: The Life of Enoch Powell* (London: Faber, 2014), p. 450.
19. Mount, 'Wedded to the Absolute'.
20. Enoch Powell, *A Nation Not Afraid: The Thinking of Enoch Powell* (ed. John Wood) (London: Batsford, 1965), p. 137.
21. Ibid., p. 139.
22. Ibid., p. 138.
23. Enoch Powell, speech on the Royal Tiles Bill, 3 March 1953, Enoch Powell: Life and Views, https://www.enochpowell.net/fr-74.html (accessed 20 March 2021).
24. Powell, *A Nation Not Afraid*, p. 144.
25. Ibid., p. 139.
26. Ibid., p. 145.
27. Liam Fox, Keynote Speech at the Conservative Spring Forum, 17 May 2017, https://www.liamfox.co.uk/news/dr-liam-fox-mp-keynote-speech-conservative-spring-forum (accessed 14 February 2020).
28. Tony Blair, Leader's speech, Brighton 1997, http://www.britishpoliticalspeech.org/speech-archive.htm?speech=203 (accessed 8 February 2021).
29. Powell, *A Nation Not Afraid*, p. 145.
30. Christina Pagel and Christabel Cooper, YouGov survey, 'People vs Parliament: On the Question of Are You Worried about the State of Democracy in the UK, 84% of Remainers and 66% of Leavers Said Yes', September 2019, https://ucl-brexit.blog/2019/09/16/ polling-people-vs-parliament-what-a-new-survey-says-about-our-constitutional-mess/ (accessed 10 February 2021).
31. 'Enemies of the People', headline, *Daily Mail*, 4 November 2016, https://www.dailymail.co.uk/news/article-3903436/Enemies-people-Fury-touch-judges-defied-17-4m-Brexit-voters-trigger-constitutional-crisis.html (accessed 21 February 2021).
32. Haley Mortimer, 'Cheltenham Festival "May Have Accelerated" Spread', *BBC News*, 30 April 2020, https://www.bbc.co.uk/news/ uk-england-gloucestershire-52485584; Will Humphries, 'Fears that Cheltenham Festival May Have Spread Coronavirus Throughout Country', *The Times*, 3 April 2020, https://www.thetimes.co.uk/ article/cheltenham-festival-spread-coronavirus-across-country-vbzmn5p9q (both accessed 18 December 2020).
33. Mark Sweney, 'TalkTalk Chief Executive Dido Harding to Step Down', *Guardian*, 1 February 2017, https://www.theguardian.com/ business/2017/feb/01/talktalk-chief-executive-dido-harding-cyber-attack (accessed 18 December 2020).
34. Serco, 'Shaping UK Public Services', https://www.serco.com/about/ our-strategy/shaping-uk-public-services (accessed 18 December 2020).
35. John Harris, 'Serco: The Company that is Running Britain', *Guardian*, 29 July 2013, https://www.theguardian.com/business/2013/jul/29/ serco-biggest-company-

never-heard-of (accessed 9 December 2020).
36. Women Against Rape and Black Women's Rape Action Project, *Rape and Sexual Abuse in Yarl's Wood Immigration Removal Centre 2005–2015*, http://againstrape.net/wp-content/uploads/2017/06/ Report2015.pdf (accessed 18 November 2020).
37. Rashida Manjoo, *Report of the Special Rapporteur on Violence against Women, Its Causes and Consequences, on Her Mission to the United Kingdom of Great Britain and Northern Ireland (31 March–15 April 2014)*, United Nations Human Rights Council, 29th session, 19 May 2015, A/HRC/29/27, https://www.ohchr.org/Documents/Issues/ Women/SR/ A.HRC.29.27.Add.2.pdf; Mark Townsend, 'Yarl's Wood: UN Special Rapporteur to Censure UK Government', *Guardian* 3 January 2015, https://www.theguardian.com/uk-news/2015/ jan/03/yarls-wood-un-special-rapporteur-censure (both accessed 18 November 2020).
38. Jamie Grierson, 'Serco Given £200m Contract to Run Two More Immigration Removal Centres', *Guardian*, 20 February 2020, https:// www.theguardian.com/uk-news/2020/feb/20/serco-given-200m-contract-to-run-two-more-immigration-removal-centres (accessed 18 November 2020).
39. National Audit Office, *The Government's Approach to Test and Trace in England – Interim Report*, 11 December 2020, https://www.nao. org.uk/wp-content/uploads/2020/12/The-governments-approach-to-test-and-trace-in-England-interim-report.pdf (accessed 23 December 2020).
40. Ibid.
41. Ibid., p. 8.
42. 'Test-and-Trace: Higher Profits Expected by Serco', *BBC News*, 16 October 2020, https://www.bbc.co.uk/news/uk-politics-54569842 (accessed 18 November 2020).
43. Nicholas Ridley, *The Local Right: Enabling not Providing*, Policy Study no. 92 (Mitcham: Centre for Policy Studies 1988).
44. Institute for Government, *Government Procurement: The Scale and Nature of Contracting in the UK*, December 2018, https://www.instituteforgovernment.org.uk/sites/default/files/publications/IfG_ procurement_WEB_4.pdf (accessed 28 January 2021).
45. Gill Pilmmer, 'UK Outsourcing Spend Doubles to £88bn under Coalition', *Financial Times*, 6 July 2014, https://www.ft.com/content/ c9330150-0364-11e4-9195-00144feab7de (accessed 18 October 2020).
46. See Patrick Butler, 'A History of Outsourcing', *Guardian*, 14 April 2003, https://www.theguardian.com/society/microsite/outsourcing_/story/0,,933818,00.html (accessed 18 October 2020).
47. The use of privateer partnership was also explored by Iberian and Islamic explorers. See Jairus Banaji, 'Islam, the Mediterranean and the Rise of Capitalism', *Historical Materialism*, vol. 15, no. 1 (March 2007), pp. 47–74.

48. Katharina Pistor, *The Code of Capital: How the Law Creates Wealth and Inequality* (Princeton: Princeton University Press, 2019), p. 168.
49. Owen Bowcott,'Number of Solicitors Triples in 30Years', *Guardian*, 4 April 2011,https://www.theguardian.com/law/2011/apr/04/number- of-solicitors-uk (accessed 12 December 2020); Law Society, *Annual Statistics Report 2019,* https://www.lawsociety.org.uk/topics/research/ annual-statistics-report-2019 (accessed 12 December 2020); Office for National Statistics, 'Overview of the UK Population: January 2021', https://www.ons.gov.uk/peoplepopulationandcommunity/populationandmigration/populationestimates/articles/ overviewoftheukpopulation/january2021 (accessed 22 July 2021).
50. Prem Sikka, 'A Nation of Accountants', *Guardian*, 13 June 2009, https://www.theguardian.com/commentisfree/2009/jun/13/ accountants-audit-corruption-fraud (accessed 12 December 2020).
51. See 'Foreign Litigants Dominate Commercial Case Load', *The Times*, 28 February 2019, https://www.thetimes.co.uk/article/foreign- litigants-dominate-commercial-court-caseload-v0kbl2nzr (accessed 15 December 2020).
52. Powell, *A Nation Not Afraid*, p.144.
53. See YouGov poll for *Sunday Times*, 6 September 2014, https:// yougov.co.uk/topics/politics/articles-reports/2014/09/06/latest- scottish-referendum-poll-yes-lead (accessed 28 April 2021).
54. For this argument in full, see Thomas Nairn, *The Break-Up of Britain: Crisis and Neo-Nationalism* (London: Verso 1981).
55. Heffer, *Like the Roman*, ebook location 1950.
56. Ibid., p. 459.
57. Lord Ashcroft, 'My Northern Ireland Survey Finds the Union on a Knife Edge', Lord Ashcroft Polls, 11 September 2019, https:// lordashcroftpolls.com/2019/09/my-northern-ireland-survey-finds-the-union-on-a-knife-edge/ (accessed 8 April 2021).
58. YouGov report, 22 April 2020, https://yougov.co.uk/topics/politics/ articles-reports/2020/04/22/brits-increasingly-dont-care-whether- northern-irel (accessed 17 February 2021).
59. Joseph Chamberlain, speech at Birmingham, 12 May 1904, in *Oxford Essential Quotations* (ed. Susan Ratcliffe), 6th edn (Oxford: Oxford University Press,2018),DOI:10.1093/acref/9780191866692.001.0001.
60. Niall Ferguson, *The Pity of War: Explaining World War One* (New York: Basic Books, 2000).
61. Holger Weiss, *Framing a Radical African Atlantic* (Leiden: Brill, 2014), pp. 87–8.
62. Kwame Nkrumah, *Ghana: The Autobiography of Kwame Nkrumah* (New York:

International Publishers, 2001), pp. 48–9.
63. Ibid.

第二章　公司

1. Karl E. Meyer and Shareen Blair Brysac, 'How British (Really) is BP', *New York Times*, 17 June 2016, https://www.nytimes.com/ 2010/06/17/opinion/17iht-edmeyer.html (accessed 25 February 2021). The Shah also received some small shares in D'Arcy's company as a result of the initial contract.
2. Ibid.
3. For a review of medieval corporations see Samuel F. Mansell and Alejo Jose G. Sison, 'Medieval Corporations, Membership and the Common Good: Rethinking the Critique of Shareholder Primacy', *Journal of Institutional Economics*, vol. 16, no. 5 (2020), DOI: 10.1017/ s1744137419000146. Merchant guilds also existed as an early form of the commercial company that would later emerge in the age of empires. For more on their role in pushing the commercial form of the corporation see Sheilagh Ogilvie, *Institutions and European Trade: Merchant Guilds, 1000–1800* (Cambridge: Cambridge University Press, 2012).
4. Leonardo Davoudi, Christopher McKenna and Rowena Olegario, 'The Historical Role of the Corporation in Society', *Journal of the British Academy*, 6(s1), (2018) pp. 17–47, p. 30.
5. See Countering Colston, 'Who Was Colston?', https:// counteringcolston.wordpress.com/who-was-edward-colston-2/ (accessed 28 July 2020).
6. W. A. Pettigrew and A. L. Brock, 'Leadership and the Social Agendas of the Seventeenth-Century English Trading Corporation', in W. Pettigrew and D. Smith (eds), *A History of Socially Responsible Business, c.1600–1950* (London: Palgrave Macmillan, 2017), pp. 33–63.
7. Text of the Hudson Bay Company's Royal Charter, 2 May 1670, https://www.hbcheritage.ca/things/artifacts/the-charter-and-text. For further information on the Hudson Bay Company's philanthropy see either Richard I. Ruggles, 'Hospital Boys of the Bay', *The Beaver*, vol. 308, no. 3 (1977), pp. 4–11, or David Hope, 'Britain and the Fur Trade: Commerce and Consumers in the North-Atlantic World, 1783–1821', PhD thesis submitted to the University of Northumbria at Newcastle, 2016.
8. Bryan Duignan, '5 Fast Facts about the East India Company', *Encyclopedia Britannica* online, https://www.britannica.com/story/5-fast-facts-about-the-east-india-company (accessed 18 January 2021).
9. For further reading, see Philip J. Stern, *The Company-State: Corporate Sovereignty and the Early Modern Foundations of the British Empire in India* (Oxford: Oxford University Press, 2011).
10. For further on the ability of colonial corporations to wield sovereignty, see ibid.

11. 'Charter of the Royal Niger Company', 10 July 1886, in Fredrick Madden and David Fieldhouse (eds), *Select Documents on the Constitutional History of the British Empire and Commonwealth: The Empire of the Bretaignes, 1175–1688*, vol. 1 (Westport, CT: Greenwood, 1985), p. 448.
12. The 1901 agreement that D'Arcy had negotiated had been replaced by a new concession in 1933 that gave Iran better terms but left the Anglo-Iranian Oil Company with full control of Iranian oil. See Nicholas J.White,'The Business and the Politics of Decolonization: The British Experience in the Twentieth Century', *Economic History Review*, n.s. vol. 53, no. 3 (August 2000), pp. 544–64.
13. Mark Curtis, *Ambiguities of Power: British Foreign Policy since 1945* (London: Zed Books, 1995), p. 88.
14. See Peter J. Beck, *Using History, Making British Policy* (London: Palgrave Macmillan, 2006), pp. 193–210.
15. Yuen-li Liang, 'The Question of Domestic Jurisdiction in the Anglo-Iranian Oil Dispute before the Security Council', *American Journal of International Law*, vol. 46, no. 2 (April 1952), pp. 272–82, p. 278.
16. Stephen Kinzer, *All the Shah's Men: An American Coup and the Roots of Middle East Terror* (Hoboken, NJ: Wiley, 2003).
17. US State Department, Memorandum of Conversation, Byroade to Matthews, 'Proposal to Organize a Coup d'état in Iran', 26 November 1952, National Archives, General Records of the Department of State 1950–54, Central Decimal File 788.00/11–2652, https://nsarchive.gwu.edu/document/15497-01-state-department-memorandum-conversation (accessed 15 May 2021).
18. For further analysis on this, see Sundhya Pahuja and Cait Storr, 'Rethinking Iran and International Law: The Anglo-Iranian Oil Company Case Revisited' in James Crawford, Abdul Koroma, Said Mahmoudi and Alain Pellet (eds), *The International Legal Order: Current Needs and Possible Responses: Essays in Honour of Djamchid Momtaz* (London: Brill, 2017), pp. 53–74.
19. Lord Ashcroft, 'How the United Kingdom Voted on Thursday . . . AndWhy', Lord Ashcroft Polls, 24 June 2016, http://lordashcroftpolls. com/2016/06/how-the-united-kingdom-voted-and-why/ (accessed 20 August 2020).
20. UN Charter, Chapter 1, Article 2 (1), The Organization is based on the principle of the sovereign equality of all its Members, https:// www.un.org/en/about-us/un-charter/chapter-1.The Atlantic Charter, North AtlanticTreaty Organization, 14 August 1941,https://www.nato. int/cps/en/natohq/official_texts_16912.htm.
21. 'Mohammed Mossadegh: Man of the Year', *Time*, vol. 59, no. 1, 7 January 1952, http://content.time.com/time/covers/0,16641, 19520107,00.html (accessed 28 August 2020).

22. Ernst Kantorowicz, *The King's Two Bodies: A Study in Medieval Political Theology* (Princeton: Princeton University Press, 1998).
23. Mark Mazower, *Governing the World:The History of an Idea* (London: Penguin, 2013), p. 346.
24. Ibid., p. 344.
25. 'The Churchill You Didn't Know', *Guardian*, 28 November 2002, https://www.theguardian.com/theguardian/2002/nov/28/features11.g21 (accessed 30 August 2020).
26. Eden to Eisenhower, 5 November 1956, quoted in Peter G. Boyle (ed.), *The Eden–Eisenhower Correspondence, 1955–1957* (Chapel Hill, NC: University of North Carolina Press, 2006), p. 183.
27. Heffer, *Like the Roman*, pp. 188–92.
28. C. L. R. James, *Nkrumah and the Ghana Revolution* (London: Allison & Busby, 1977), p. 131.
29. See Fred Cooper, *Decolonization and African Society: The Labor Question in French and British Africa* (Cambridge: Cambridge University Press, 1996).
30. Colin Baker, 'Macmillan's "Wind of Change" Tour, 1960', *South African Historical Journal*, vol. 38, no. 1 (1998), p. 181.
31. 'On This Day', *BBC News*, 3 February 2005, http://news.bbc.co.uk/ onthisday/hi/dates/stories/february/3/newsid_2714000/2714525. stm (accessed 10 February 2021).
32. Transcript of Nkrumah speech, 'Visions of Independence, Then and Now', *Africa Renewal*, August 2010, https://www.un.org/ africarenewal/magazine/august-2010/visions-independence-then-and-now; for video of Nkrumah's speech at the UN, https:// www.unmultimedia.org/avlibrary/search/search.jsp?sort=cdate_ desc&ptag=KWAME+NKRUMAH&&start=10.
33. Kwame Nkrumah, *I Speak of Freedom: A Statement of African Ideology* (Bedford: Panaf Books, 2009), p. 203.
34. For a video of Nkrumah's speech at the UN see https:// www.unmultimedia.org/avlibrary/search/search.jsp?sort=cdate_ desc&ptag=KWAME+NKRUMAH&&start=10 (accessed 15 May 2021); transcript of Nkrumah speech, *Africa Renewal*, August 2010.
35. Video of Nkrumah's speech at the UN.
36. White, 'Business and the Politics of Decolonization', p. 560.
37. Piers Brendon, *The Decline and Fall of the British Empire 1781–1997* (New York: Alfred Knopf, 2008), p. 1429.
38. Peter Brooke, *Duncan Sandys and the Informal Politics of Britain's Late Decolonisation* (London: Palgrave Macmillan, 2018), p. 45.

39. Ayowa Afrifa Taylor, 'An Economic History of the Ashanti Goldfields Corporation, 1895–2004: Land, Labour, Capital and Enterprise', PhD thesis submitted to University of London, 2005, p. 120.
40. Ibid., p.112.
41. 'Portrait of Nkrumah as Dictator', *New York Times*, 3 May 1964, https://www.nytimes.com/1964/05/03/archives/portrait-of- nkrumah-as-dictator.html (accessed 12 January 2021).
42. Taylor, 'Economic History of the Ashanti Goldfields Corporation', p. 114.
43. Ibid.
44. Kwame Nkrumah, *Neo-Colonialism: The Last Stage of Imperialism* (London: Thames & Nelson, 1965) pp. 1–5.
45. For further details on Locke's theory of property see John Locke, *Second Treatise of Government* (1690) (New York: Barnes & Noble, 2004).
46. See Thomas Piketty, *Capital in the Twenty-First Century* (Cambridge, MA: Harvard University Press, 2014).
47. See Katharina Pistor, *The Code of Capital: How the Law Creates Wealth and Inequality* (Princeton, NJ: Princeton University Press, 2019).
48. Daniel Hannan, *Inventing Freedom: How the English-Speaking Peoples Made the Modern World* (London: HarperCollins, 2013), pp. 406–8. Hannan credits the East India Company for giving India the benefit of respect for property rights in a way their neighbours didn't enjoy.
49. For more on the violence of the British tradition of property and the erasure of other native forms, see either Brenna Bhandar, *Colonial Lives of Property: Law, Land, and Racial Regimes of Ownership* (Durham, NC: Duke University Press, 2018) or Allan Greer, *Property and Dispossession: Natives, Empires and Land in Early Modern North America* (Cambridge: Cambridge University Press, 2017).
50. Ludwig von Mises, *Money, Method and the Market Process*, (Norwell, MA: Auburn, AL: Ludwig von Mises Institute and Norwell, MA: Kluwer Academic, 1990), p. 386, https://mises.org/library/money- method-and-market-process/html.
51. Meyer and Brysac, 'How British (Really) is BP'.
52. Aloysius Atkinson, 'Britain's Worst Tax Scrooges Revealed: Almost 1 in 5 of Biggest Firms Paid Nothing Last Year – and Some Even Got a Handout from the Taxman', *Mail on Sunday*, 22 December 2018, https://www.thisismoney.co.uk/money/news/article-6522913/ Almost-1-5-biggest-firms-paid-year-5-got-handout-taxman.html (accessed 18 November 2020).
53. The Rt Hon Lord Maude of Horsham, 'Lord Browne Appointed to Key Whitehall Role', Cabinet Office press release, 30 June 2010, https://www.gov.uk/government/news/lord-browne-appointed- to-key-whitehall-role (accessed 21 November 2020).

54. Ibid.
55. See either the report from the Center for Progressive Reform, *Regulatory Blowout: How Regulatory Failures Made the BP Disaster Possible, and How the System Can Be Fixed to Avoid a Recurrence*, October 2010, https://scholarship.law.gwu.edu/cgi/viewcontent. cgi?article=1648&context=faculty_publications, or the report from the Committee for the Analysis of Causes of the Deepwater Horizon Explosion, Fire, and Oil Spill to Identify Measures to Prevent Similar Accidents in the Future, *Interim Report on Causes of the Deepwater Horizon Oil Rig Blowout and Ways to Prevent Such Events,* 16 November 2010, https://www.nationalacademies.org/includes/ DH_Interim_Report_final.pdf (both accessed 18 May 2021).
56. 'Boris Johnson Attacks America's "Anti British Rhetoric" Aimed at BP', *The Times*, 10 June 2010, https://www.thetimes.co.uk/article/ boris-johnson-attacks-americas-anti-british-rhetoric-aimed-at-bp-b8hx2slpckl (accessed 27 November 2020).
57. Polly Curtis and Terry Macalister, 'Former BP Chief John Browne Gets Whitehall Role', *Guardian*, 30 June 2010, https://www.theguardian. com/politics/2010/jun/30/john-browne-conservatives-whitehall (accessed 27 November 2020).
58. Arthur Neslen, 'EU Dropped Climate Policies after BP Threat of Oil Industry "Exodus"', *Guardian*, 20 April 2016, https://www. theguardian.com/environment/2016/apr/20/eu-dropped-climate-policies-after-bp-threat-oil-industry-exodus; Jillian Ambrose, 'Trump Weakened Environmental Laws After BP Lobbying', *Guardian*, 23 January 2020, https://www.theguardian.com/business/2020/ jan/23/trump-weakened-environmental-laws-after-bp-lobbying (both accessed 27 November 2020).
59. For a critical engagement with this phenomenon see Sarah Bentley, 'Top Global Brands Accused over Controversial "Painted Home" Adverts in Africa', *Ecologist*, 25 April 2012, https://theecologist. org/2012/apr/25/top-global-brands-accused-over-controversial- painted-home-adverts-africa (accessed 14 November 2020).
60. Frank Pasquale, 'From Territorial to Functional Sovereignty: The Case of Amazon', Law and Political Economy Project blog, 6 December 2017, https://lpeblog.org/2017/12/06/from-territorial-to-functional-sovereignty-the-case-of-amazon/ (accessed 10 May 2021).
61. Ibid.
62. For Airbnb urban planning, see https://www.fastcompany. com/3062246/an-exclusive-look-at-airbnbs-first-foray-into-urban-planning. (accessed 22 May 2021).
63. For Amazon dispute resolution schemes see Rory Van Loo, 'The Corporation as Courthouse', *Yale Journal on Regulation*, vol. 33, no. 547 (2016), pp. 547–602.
64. For Ireland and Google see Eoin Burke-Kennedy, 'Explainer: Google and Its Double Irish Tax Scheme', *Irish Times*, 2 January 2020, https:// www.irishtimes.com/

business/economy/explainer-google-and-its-double-irish-tax-scheme-1.4128929 (accessed 27 June 2021); and for the Netherlands see Danny Hakim, 'Europe Takes Aim at Deals Created to Escape Taxes', 15 November 2014, https://www.nytimes.com/2014/11/15/business/international/the-tax-attraction-between- starbucks-and-the-netherlands.html. (accessed 12 September 2020).

第三章　边界

1. Indian Independence Bill HLRO Parliamentary Debates, House of Commons, 5th series vol. 439, cols. 2441–6, 10 July 1947, http:// www.nationalarchives.gov.uk/ pathways/citizenship/brave_new_ world/transcripts/indian_independence_bill.htm.
2. Ibid.
3. Hugh Dalton, *High Tide and After: Memoirs, 1945–60* (London: Muller, 1962), p. 211.
4. Indian Independence Bill.
5. Kwasi Kwarteng, Dominic Raab, Priti Patel, Liz Truss and Chris Skidmore, *Britannia Unchained: Global Lessons for Growth and Prosperity* (London: Palgrave Macmillan, 2012).
6. Ibid., p. 49.
7. Ibid., p. 66.
8. Ibid., p. 46.
9. Ibid., p. 44.
10. Ibid., p. 55.
11. Ibid., p. 77.
12. Dominic Raab, 'Global Britain is Leading the World as a Force for Good', Torbay Conservatives, news article, 23 September 2019, https://www.torbayconservatives.com/news/global-britain- leading-world-force-good-dominic-raab; Elizabeth Truss, 'Speech Given by Secretary of State for International Trade to the WTO General Council', 3 March 2020, https://www.gov.uk/government/ speeches/elizabeth-truss-outlines-bold-new-era-for-trade (both accessed 20 September 2020).
13. Edgerton, *Rise and Fall of the British Nation*, p. 49; see also George Boyer, *The Winding Road to the Welfare State* (Princeton, NJ: Princeton University Press, 2019).
14. Edgerton, *Rise and Fall of the British Nation*, pp. 217–22.
15. Labour manifesto 1945, https://history.hanover.edu/courses/excerpts/111lab.html (accessed 19 June 2021).
16. *The Spirit of '45*, film directed by Ken Loach, produced by Sixteen Films and Fly Film, 2013.
17. Heffer, *Like the Roman*, p. 112.
18. Ibid., p. 228.
19. J. Enoch Powell, MP, 'Britain's Military Role in the 1970s', John Enoch Powell Speech Archive, http://enochpowell.info/wp-content/ uploads/Speeches/June-Oct%20

1968.pdf (accessed 30 July 2020).
20. Heffer, *Like the Roman*, p. 293.
21. Ibid., p. 317.
22. Linda McDowell, 'How Caribbean Migrants Helped to Rebuild Britain', in British Library, Windrush stories, https://www.bl.uk/ windrush/articles/how-caribbean-migrants-rebuilt-britain (accessed 10 August 2020).
23. Clair Wills, *Lovers and Strangers: An Immigrant History of Post-War Britain* (London: Penguin, 2018), p. 257.
24. Ibid.
25. See Matthew Young, 'Racism, Tolerance and Identity: Responses to Black and Asian Migration into Britain in the National and Local Press, 1948–72', PhD thesis submitted to the University of Liverpool, 2012.
26. Stuart Jeffries, 'Britain's Most Racist Election: The Story of Smethwick, 50 Years On', *Guardian*, 15 October 2014, https://www. theguardian.com/world/2014/oct/15/britains-most-racist-election-smethwick-50-years-on (accessed 17 August 2020).
27. See the full text of Enoch Powell's 'River of Blood' speech, reproduced in the *Daily Telegraph*, 6 November 2007, https:// www.telegraph.co.uk/comment/3643823/Enoch-Powells-Rivers-of-Blood-speech.html (accessed 7 August 2020).
28. Ibid.
29. For further reading on the links between anti-racist struggle in Britain and anti-colonial resistance in the colonies, see Adam Elliot- Cooper, *Black Resistance to British Policing* (Manchester: Manchester University Press, 2021).
30. Powell, *A Nation Not Afraid*, p. 138.
31. Extract from 'Speech by the Rt. Hon. J. Enoch Powell, M.P. at the Annual Dinner of Walsall South Conservative Association',9 February 1968, John Enoch Powell Speech Archive, http://enochpowell. info/wp-content/uploads/Speeches/Oct%201967-Feb%201968.pdf (accessed 30 July 2020).
32. See the full text of Enoch Powell's 'Rivers of Blood' speech.
33. Amy Whipple, 'Revisiting the "Rivers of Blood" Controversy: Letters to Enoch Powell', *Journal of British Studies*, vol. 48, no. 3 (July 2009), pp. 717–35, p. 718.
34. For discussions on the role that borders played in Britain after empire, see Nadine El-Enany, *(B)ordering Britain: Race, Law and Empire* (Manchester: Manchester University Press, 2020), and Leah Cowan, *Border Nation: A Story of Migration* (London: Pluto Press, 2021).
35. David Olusoga, 'Windrush: Archived Documents Show the Long Betrayal', *Guardian*, 16 June 2019, https://www.theguardian. com/uk-news/2019/jun/16/windrush-scandal-the-long-betrayal-archived-documents-david-olusoga (accessed 30 July 2020).

36. Mark Chi-kwan, 'Decolonising Britishness? The 1981 British Nationality Act and the Identity Crisis of Hong Kong Elites', *Journal of Imperial and Commonwealth History*, vol. 48, no. 3 (2020), pp. 565–90.
37. Heffer, *Like the Roman*, p. 547.
38. See the full text of Enoch Powell's 'River of Blood' speech.
39. For a rare comprehensive analysis of this element of Powell's thinking, see Robbie Shilliam, 'Enoch Powell: Britain's First Neoliberal Politician', *New Political Economy*, vol. 26, no. 2 (2021), pp. 239–49.
40. Brad Lips, Introduction to *Freedom Champions: Stories from the Front Lines in the War of Ideas*, Colleen Dyble (ed.) (Washington, DC: Atlas Economic Research Foundation, 2011), p. 5.
41. Gerald Frost, *Antony Fisher: Champion of Liberty*, condensed by David Moller (London: Institute of Economic Affairs, 2008), pp. 11–12.
42. Powell, *A Nation Not Afraid*, pp. 27, 11, 25.
43. Enoch Powell, *Saving in a Free Society* (London: Institute of Economic Affairs; 2nd revised edition, 1966).
44. Sir Keith Joseph, 'Speech by the Rt. Hon. Sir Keith Joseph Bt MP (Leeds NE) Conservative Spokesman on Home Affairs, Speaking at the Grand Hotel, Birmingham on Saturday 19 October 1974', Margaret Thatcher Foundation, https://www.margaretthatcher.org/ document/101830 (accessed 11 June 2021).
45. Margaret Thatcher, 'The Sharp Shock of Truth', *The Times*, 6 September 1974, Margaret Thatcher Foundation, https://www. margaretthatcher.org/document/111966 (accessed 9 August 2020).
46. Hon. J. Enoch Powell, MP, 'The Fixed Exchange Rate and Dirigisme', John Enoch Powell Speech Archive, http://enochpowell.info/ wp-content/uploads/Speeches/June-Oct%201968.pdf (accessed 4 August 2020).
47. Matthias Schmelzer, 'What Comes after Bretton Woods? Neoliberals Debate and Fight for a Future Monetary Order', in Philip Mirowski, Dieter Plehwe and Quinn Slobodian (eds), *Nine Lives of Neoliberalism* (London: Verso, 2020) pp. 197–219.
48. Heffer, *Like the Roman*, p. 950.
49. Ibid, ebook location 1128.
50. Schmelzer, 'What Comes after Bretton Woods?', p. 212.
51. See J. Enoch Powell, *Exchange Rates and Liquidity: An Essay on the Relationship of International Trade and Liquidity to Fixed Exchange Rates and the Price of Gold* (London: Institute of Economic Affairs, 1967).
52. Powell, 'Fixed Exchange and Dirigisme'.
53. Ibid.
54. Ibid.

55. Arthur Seldon, 'Obituary:Gottfried Haberler', *Independent*, 16 May 1995, https://www.independent.co.uk/news/people/obituarygottfried- haberler-1619722.html (accessed 5 August 2020).
56. Hansard, House of Commons debates, 5th series, vol. 972, co. 173, 23 October 1979, https://api.parliament.uk/historic-hansard/commons/ 1979/oct/23/exchange-controls (accessed 12 September 2020).
57. 'How London Grew into a Financial Powerhouse', *Financial Times*, 15 December 2020, https://ig.ft.com/mapping-london-financial- centre/ (accessed 21 December 2020).
58. Margaret Thatcher, TV interview for Granada, *World in Action*, 27 January 1978, Margaret Thatcher Foundation, https://www. margaretthatcher.org/document/103485 (accessed 23 December 2020).
59. Paul Waugh, 'Asylum "Flood" May Bring Back Fascists, Says Hague', *Independent*, 16 August 2013, https://www.independent.co.uk/ news/uk/this-britain/asylum-flood-may-bring-back-fascists-says- hague-278828.html (accessed 18 May 2020).
60. Andrew Green, 'Hold Back the Immigrant Flood', *Sunday Times*, 4 November 2007, https://www.thetimes.co.uk/article/hold-back-the-immigrant-flood-x8ck99m036d (accessed 7 May 2019).
61. Helen Barnett, 'Mediterranean Boats Will Bring 500,000 Islamic State Terrorists to Europe, Blasts Farage', *Express*, 29 April 2015, https://www.express.co.uk/news/politics/573764/Nigel-Farage-Boat-people-will-bring-half-a-million-ISIS-terrorists-to-Europe (accessed 22 May 2020).
62. YouGov poll, 'Europeans Think UK is Toughest on Immigration', 30 August 2015, https://yougov.co.uk/topics/politics/articles-reports/ 2015/08/30/immigration-policy-perception (accessed 23 June 2021).
63. 'Jimmy Mubenga: Deportee Heard Screaming "I Can't Breathe"', *BBC News*, 11 November 2014, https://www.bbc.co.uk/news/uk-england-london-29998050 (accessed 15 August 2020).
64. 'Report by the Assistant Deputy Coroner Karon Monaghan QC, Inquest into the Death of Jimmy Kelenda Mubenga, Independent Advisory Panel on Deaths in Custody, 31 July 2013', http://iapdeathsincustody. independent.gov.uk/wp-content/uploads/2013/12/Rule-43-Report-Jimmy-Mubenga.pdf (accessed 18 August 2020).
65. 'Angolan Capital "Most Expensive City for Expats"', *BBC News*, 21 June 2017, https://www.bbc.co.uk/news/business-40346559 (accessed 20 August 2020).
66. 'Life in Luanda: The World's Most Expensive City, Divided by Oil', *Guardian*, 7 July 2017, https://www.theguardian.com/cities/ gallery/2017/jul/07/luanda-angola-expensive-city-divided-oil-in- pictures (accessed 20 August 2020).
67. James Kirkup and Robert Winnet, 'Theresa May Interview: "We're Going to Give

Illegal Migrants a Really Hostile Reception'", *Daily Telegraph*, 25 May 2020, https://www.telegraph.co.uk/news/0/ theresa-may-interview-going-give-illegal-migrants-really-hostile/ (accessed 30 July 2020).

68. Office for National Statistics, 'International Migration and the Healthcare Workforce', https://www.ons.gov.uk/ peoplepopulationandcommunity/ populationandmigration/ internationalmigration/articles/internationalmigrationandthehealt hcareworkforce/2019-08-15#:~:text=There%20were%20over%20 1%20 million,excludes%20NHS%20infrastructure%20support%-20staff (accessed 12 November 2020).

69. Benjamin Muller, 'Eight UK Doctors Died from Coronavirus: All Were Immigrants', *New York Times*, 8 April 2020, https:// www.nytimes.com/2020/04/08/world/europe/coronavirus-doctors-immigrants.html (accessed 9 August 2020); Nigel Farage, 'EXCLUSIVE FOOTAGE OF BEACH LANDING BY MIGRANTS Shocking invasion on the Kent Coast taken this morning', *Twitter*, 6 August 2020, 9.54 a.m., https://twitter.com/ Nigel_Farage/status/1291296574992257025 (accessed 9 August 2020).

70. David Goodhart, 'Too Diverse?', *Prospect Magazine*, 20 February 2004, https://www.prospectmagazine.co.uk/magazine/too-diverse-david-goodhart-multiculturalism-britain-immigration-globalisation (accessed 10 August 2020).

71. See Steve Doughty, 'Sickly Immigrants Add £1bn to NHS Bill', *Daily Mail*, 23 June 2003, https://www.dailymail.co.uk/ health/article-185768/Sickly-immigrants-add-1bn-NHS-bill.html; 'Crackdown on Free Access to NHS Services for Migrants', *Daily Telegraph*, 8 May 2016, https://www.telegraph.co.uk/ news/2016/05/08/crackdown-on-free-access-to-nhs-services-for- migrants/ (both accessed 25 July 2020).

72. Jessica Murray, 'A Timeline of PM's U-Turn on NHS Surcharge for Migrant Health Workers', *Guardian*, 21 May 2020, https:// www.theguardian.com/society/2020/may/21/a-timeline-of-the-pms-u-turn-on-the-nhs-surcharge-a-timeline-of-pms-u-turn-nhs- surcharge-for-migrant-health-workers (accessed 28 July 2020).

73. See Guy Standing, *The Precariat: The New Dangerous Class* (London: Bloomsbury, 2011).

74. Nathan Brooker, 'Uncovering London's Hidden Property Wealth', *Financial Times*, 20 March 2020, https://www.ft.com/content/bd548b0c-6762-11ea-800d-da70cff6e4d3 (accessed 18 August 2020).

75. Standing, *The Precariat*; Ronaldo Munck, 'The Precariat: A View from the South', *Third World Quarterly*, vol. 34, no. 5 (2013), pp. 747–62.

76. Jon Stone, 'Britain Could Slash Environmental and Safety Standards "a Very Long Way" after Brexit, Tory MP Jacob Rees-Mogg Says', *Independent*, 6 December 2016, https://www.independent.co.uk/ news/uk/politics/brexit-safety-standards-workers-

rights-jacob-rees-mogg-a7459336.html (accessed 19 November 2020).

77. Raghav Taylor, 'What Are the Chances of a UK/India Trade Deal?', Institute of Economic Affairs, 10 October 2018, https://iea.org.uk/what-are-the-chances-of-a-uk-india-trade-deal/ (accessed 18 August 2020).

78. Amelia Gentleman, 'Mother of Windrush Citizen Blames Passport Problems for His Death', *Guardian*, 18 April 2018, https://www.theguardian.com/uk-news/2018/apr/18/mother-of-windrush-citizen-blames-passport-problems-for-his-death (accessed 30 July 2020).

79. 'Windrush: Migrant Dexter Bristol Died from Natural Causes', *BBC News*, 7 October 2019, https://www.bbc.co.uk/news/uk-england-london-49966380 (accessed 30 July 2020).

第四章　债务

1. The account of the attempted assassination of Bob Marley and the subsequent Smile Jamaica concert presented here is taken from Vivien Goldman, *The Book of Exodus: The Meaning and Making of Bob Marley's Album of the Century* (New York: Three Rivers Press, 2006), and Roger Steffens, *So Much Things to Say: The Oral History of Bob Marley* (New York: W. W. Norton & Company, 2017). For a fictionalised retelling of the shooting see Marlon James, *A Brief History of Seven Killings* (London: Oneworld, 2015).

2. Trystan Jones and Genevieve Tudor, 'World War One: Bob Marley's Father "Neurotic and Incontinent"', *BBC News*, 4 August 2014, https://www.bbc.co.uk/news/uk-england-27426329 (accessed 8 May 2020).

3. Steffens, *So Much Things to Say*, pp. 245–60.

4. For a recording of Bob Marley,'Live at Smile Jamaica, 1976'seeYouTube, 1 December 2016, https://www.youtube.com/watch?v=M658BMD_ LOE&t=464s (accessed 2 May 2021).

5. Stephen Davis, 'Fear in Paradise', *New York Times*, 25 July 1976, https://www.nytimes.com/1976/07/25/archives/fear-in-paradise-the-real-jamaica-is-an-angry-state-locked-in-a.html (accessed 9 September 2020).

6. Statistic available at https://www.gov.uk/foreign-travel-advice/jamaica.

7. T. G. Burnard, '"Prodigious Riches": The Wealth of Jamaica before the American Revolution', *Economic History Review*, vol. 54, no. 3 (2001), pp. 506–24.

8. See the *Oxford English Dictionary*.

9. Alfred Sauvy, 'Three Worlds, One Planet', *L'Observateur*, no. 118, 14 August 1952, p. 14.

10. Anthony Payne, 'Obituary: Michael Manley', *Independent*, 8 March 1997, https://www.independent.co.uk/news/people/obituary-michael-manley-1271652.html (accessed 16 September 2020).

11. For Edna Manley's biography see Rachel Manley (ed.), *Edna Manley: The Diaries* (New

York: HarperCollins, 1989).
12. Godfrey Smith, *Michael Manley:The Biography* (Kingston: Ian Randle Publishers, 2016).
13. Stephen A. King, 'International Reggae, Democratic Socialism, and the Secularization of the Rastafarian Movement, 1972–1980', *Popular Music and Society*, vol. 22, no. 3 (1998), pp. 39–60.
14. Davis, 'Fear in Paradise'.
15. Ibid; Michael Burke,'PNP Strategies in the 1972 Campaign', *Jamaica Observer*, 1 March 2017, http://www.jamaicaobserver.com/columns/ pnp-strategies-in-the-1972-campaign_91077 (accessed 9 September 2020).
16. Garfield Higgins,'"Political Songs" and Michael Manley's Message', *Jamaica Observer*, 1 June 2014, http://www.jamaicaobserver. com/columns/-Politics-songs--and-Michael-Manley-s-message-_16766505?fbclid=IwAR20AARvFQF2D7OAaBoXAgY ZZwOiga stkj0lPQChg6SUN25PTNIIBwlh2Gc (accessed 9 September 2020).
17. Michael Manley, 'Overcoming Insularity in Jamaica', *Foreign Affairs*, vol. 49, no. 1 (October 1970).
18. Adom Getachew, 'When Jamaica Led the Postcolonial Fight against Exploitation', *Boston Review*, 5 February 2019, http://bostonreview. net/race/adom-getachew-when-jamaica-led-postcolonial-fight-against-exploitation (accessed 1 August 2020).
19. For the significance of the Bandung conference, see Luis Eslava, Vasuki Nesiah and Michael Fakhri (eds), *Bandung, Global History, and International Law: Critical Pasts and Pending Futures* (Cambridge: Cambridge University Press, 2017).
20. For the significance of the Tricontinental Conference, see Anne Garland Mahler, *From the Tricontinental to the Global South* (Durham, NC: Duke University Press, 2018).
21. UN General Assembly, Twenty-Seventh Session, 2049th plenary meeting, Monday, 2 October 1972, https://undocs.org/en/A/ PV.2049 (accessed 9 August 2020).
22. UN General Assembly, 3201 (S-VI), *Declaration on the Establishment of a New International Economic Order* (1974), https://digitallibrary. un.org/record/218450?ln=en (accessed 9 August 2020).
23. Theodore H. Moran, 'The United Nations and Transnational Corporations:A Review and a Perspective', *Transnational Corporations*, vol. 18, no. 2, pp. 91–112, https://www.un-ilibrary.org/content/ journals/2076099x/18/2/4 (accessed 8 August 2020).
24. United Nations General Assembly, A/10302, Seventh Special Session, 'Resolution 1, Resolution Adopted on the Report of the Ad Hoc Committee of the Seventh Special Session', 1–16 September 1975, https://documents-dds-ny.un.org/doc/UNDOC/GEN/NR0/752/00/IMG/NR075200.pdf?OpenElement (accessed 8 August 2020).
25. Margaret Thatcher, note to Ralph Harris, 18 May 1979 (message of thanks to IEA), Margaret Thatcher Archives, https:// c59574e9047e61130f13-3f71d0fe2b653c4f00f 32175760e96e7.ssl. cf1.rackcdn.com/F7040D8846B9439E9E641A2AB6651F0B.pdf

(accessed 21 August 2020).
26. 'Obituary: Lord Harris of High Cross', *Daily Telegraph*, 20 October 2006, https://www.telegraph.co.uk/news/obituaries/1531862/Lord-Harris-of-High-Cross.html (accessed 19 December 2020).
27. Marie Laure Djelic, 'Building an Architecture for Political Influence: Atlas and the Transnational Institutionalization of the Neoliberal Think Tank', in Christina Garsten and Adrienne Sörbom (eds.), *Power, Policy and Profit: Corporate Engagement in Politics and Governance* (Cheltenham: Edward Elgar, 2017), pp. 25–45.
28. Frost, *Antony Fisher*, p. 37.
29. Marie Laure Djelic, 'Spreading Ideas to Govern the World: Inventing and Institutionalizing the Neoliberal Think Tank', *Academy of Management Proceedings*, no. 1 (2015), https://journals.aom.org/ doi/10.5465/ambpp.2015.11300abstract (accessed 16 February 2021).
30. Ibid.
31. Alejandro A. Chafuen, 'Atlas Workshop in Jamaica', in *Atlas Economic Research Foundation (Atlas Network) Early History*, at https://sites.google. com/a/chafuen. com/www/atlas-economic-research-foundation-atlas-network-early-history/atlas-workshop-in-jamaica (accessed 10 July 2020).
32. Atlas Network, Global Director, https://www.atlasnetwork.org/ partners/global-directory (accessed 8 August 2020).
33. Margaret Thatcher, letter to Antony Fisher, 20 February 1980, Margaret Thatcher Foundation, large-scale document archive, https://c59574e9047e61130f13-3f71d0fe2b653c4f00f32175760e96e7. ssl.cf1.rackcdn.com/91A5263F9F624C9396DB481BAFFAB768.pdf (accessed 2 August 2020).
34. Guia Migani, 'The Road to Cancun: The Life and Death of a North–South Summit', in Emmanuel Mourlon-Druol and Federico Romero, *International Summitry and Global Governance* (London: Routledge, 2014), p. 174.
35. 'The Bloody General Election that Changed Jamaica', *Jamaica Observer*, 30 October 2012, http://www.jamaicaobserver.com/ news/The-bloody-general-election-that-changed-Jamaica (accessed 9 August 2020).
36. Christopher Dickey, 'Violence Feared in Jamaica's Election', *Washington Post*, 29 October 1980, https://www.washingtonpost.com/archive/ politics/1980/10/29/violence-feared-in-jamaicas-election/d9d561b4-d941-4420-b1eb-708bd13d0ce1/ (accessed 28 September 2020).
37. UKDEL Cancun to Foreign and Commonwealth Office (FCO), 'Cancun Summit: First Day', 23 October 1981, https:// cb786b42ab2de72f5694-c7a3803ab0f7212d059698df03ade453.ssl.cf1. rackcdn.com/811023%200550%20UKDEL%20Cancun%20to%20 FCO%20%28699-103%29.pdf.

38. Department of Trade, letter to Overseas Development Administration ('Cancun Briefing'), 'Cancun Summit: Trade Related "Nuggets"', 20 October 1981, https://cb786b42ab2de72f5694-c7a3803ab0f7212 d059698df03ade453.ssl.cf1.rackcdn.com/811020%20Trade%20to%20 No.10%20%28699-129%29.pdf (accessed 19 August 2020).
39. John Toye, *UNCTAD at 50: A Short History*, United Nations, 2014, https://unctad.org/en/PublicationsLibrary/osg2014d1_en.pdf, p. 63 (accessed 16 August 2020).
40. Margaret Thatcher, 'House of Commons Statement: Mexico Summit Meeting', 26 October 1981, MargaretThatcher Foundation, https://www.margaretthatcher.org/document/104725 (accessed 18 October 2020).
41. Ibid.
42. Margaret Thatcher, press conference after Cancun Summit, 24 October 1985, Margaret Thatcher Foundation, https://www. margaretthatcher.org/document/104724 (accessed 19 August 2020).
43. Karl P. Sauvant, 'The Negotiations of the United Nations Code of Conduct on Transnational Corporations: Experience and Lessons learned', *Journal of World Investment and Trade*, vol. 16 (2016), pp. 11–87; see also the draft of the United Nations Code of Conduct on Transnational Corporation, and its inclusion of a second part outlining the treatment to which corporations should be entitled in the countries in which they operate, https://investmentpolicy. unctad.org/international-investment-agreements/treaty-files/2891/ download (accessed 20 August 2020).
44. See the UN Commission on Investment, Technology and Related Financial Issues, organisation profile, https://uia.org/s/or/ en/1100030437 (accessed 19 March 2021).
45. Anthony Payne, 'The "New" Manley and the New Political Economy of Jamaica', *Third World Quarterly*, vol. 13, no. 3 (1992), pp. 463–74.
46. Howard W. French, 'Jamaican Premier Hailed by Old Foes', *New York Times*, 28 March 1992, https://www.nytimes.com/1992/03/28/ world/jamaican-premier-hailed-by-old-foes.html (accessed 28 August 2020).
47. Michael Manley as quoted in Nathan Gardles, *At Century's End: Great Minds Reflect on Our Times*, vol. 1 (San Diego, CA: Atli Publishing, 1995), p. 78.
48. Michael Manley,'North–South Dialogue', *Third World Quarterly*, vol.1, no. 4 (1979), pp. 20–34.
49. Ibid.
50. David Mcloughlin, 'The Third World Debt Crisis and the International Financial System', *Student Economic Review*, 1989, pp. 96–102, p. 96, https://www.tcd.ie/Economics/assets/pdf/SER/1989/The%20Third%20World%20Debt%20Crisis%20&%20 the%20International%20Financial%20System%20By%20

David%20 McLoughlin.pdf.
51. See John Maynard Keynes, *The Economic Consequences of the Peace* (1919) (London: Palgrave, 2019).
52. 'Bloody General Election that Changed Jamaica'.
53. Davis, 'Fear in Paradise'.
54. 'Bloody General Election that Changed Jamaica'.
55. IMF Lending case study: Jamaica, May 2019, https://www.imf.org/en/ Countries/ JAM/jamaica-lending-case-study (accessed 10 August 2020).
56. Nigel Clarke, 'Lessons from Jamaica for Small Countries with Big Debts', *Financial Times*, 19 February 2019, https://www.ft.com/content/ 04870fa8-2e12-11e9-80d2-7b637a9e1ba1 (accessed 9 August 2020).
57. Andrew Roth, 'Obituary: Lord Bauer', *Guardian*, 6 May 2002, https:// www.theguardian.com/news/2002/may/06/guardianobituaries (accessed 9 August 2020).
58. Peter Bauer, 'Ethics and Etiquette of Third World Debt', *Ethics & International Affairs*, vol. 1, no. 1 (1987), pp. 73–84, p. 73.
59. Ibid.
60. Ibid., p. 78.
61. Ibid., p. 84.
62. For Peter Bauer's writings against birth control see his *Population Growth: Curse or Blessing?* (Sydney: Centre for Independent Studies, 1990) and 'Foreign Aid: Abiding Issues', in Peter Bauer, *From Subsistence to Exchange and Other Essays* (Princeton, NJ: Princeton University Press, 2000), pp. 41–52.
63. Margaret Thatcher, TV interview for *Weekend World*, London Weekend Television, 6 January 1980, Margaret Thatcher Foundation, https://www.margaretthatcher.org/document/104210 (accessed 4 August 2020).
64. See Ann Pettifor, *The Coming First World Debt Crisis* (London: Palgrave Macmillan, 2006).
65. For a comprehensive history of the 2008 financial crash, see Adam Tooze, *Crashed: How a Decade of Financial Crises Changed the World* (London: Allen Lane, 2018).
66. David Cameron, 'Living within Our Means', speech given on 19 May 2008, https://conservativehome.blogs.com/torydiary/files/ living_within_our_means.pdf (accessed 4 August 2020).
67. George Parker, 'There is No Alternative, Says Cameron', *Financial Times*, 7 March 2013, https://www.ft.com/content/3a39ea0e-8723-11e2-bde6-00144feabdc0 (accessed 4 August 2020).
68. The best study of the political power of debt is David Graeber, *Debt: The First 5,000 Years* (New York: Melville House Publishing, 2011).
69. Stefan Schwarzkopf and Jessica Inez Backsell, 'The Nomos of the Freeport',

Environment and Planning D: Society and Space (September 2020), pp. 328–46, p. 330.
70. Ibid., p. 332; Grant Kleiser, 'An Empire of Freeports', Clements Library, guest post, 22 July 2019, https://clements.umich.edu/an-empire-of-free-ports/ (accessed 7 August 2020).
71. Jean-Pierre Singa Boyenge, 'ILO Database on Export Processing Zones' (Geneva: International Labour Office, 2007), p. 1.
72. World Bank, 'Export Processing Zones, Policy and Research', Series no. 20 (New York: World Bank, 1992), http://documents1.worldbank.org/curated/en/400411468766543358/pdf/multi-page.pdf (accessed 9 August 2020); IMF, 'Export Processing Zone Growth and Development: Mauritanian Example', IMF Working Paper; vol. 1990, no. 122; 1 January 1990, https://www.elibrary.imf.org/view/IMF001/15345-9781451938869/15345-9781451938869/15345-9781451938869_A001.xml?language=en&redirect=true (accessed 8 August 2020).
73. Walden Bello, *Dark Victory:The United States, Structural Adjustment and Global Poverty* (Oakland, CA: Institute for Food and Development Policy, 1994), p. 144. Out of eighty-nine Third World countries signing structural adjustment agreements with the IMF or the World Bank between 1980 and 1991, only Mexico and Pakistan signed more than Jamaica's seventeen agreements.
74. Thomas Klak,'Distributional Impacts of the"Free Zone"Component of Structural Adjustment: The Jamaican Experience', *Growth and Change*, vol. 27, no. 3 (1998), pp. 352–87, p. 372.
75. Ibid., p. 368.
76. Andre Poyser and Jovan Johnson, 'Inside Call Centres: "No More Jobs for Life"', *Gleaner*, 17 April 2016, http://jamaica-gleaner.com/article/lead-stories/20160418/inside-call-centres-no-more-jobs-life-jampro-president-comfortable (accessed 9 August 2020).
77. Rishi Sunak, *The Free Ports Opportunity: How Brexit Could BoostTrade, Manufacturing and the North*, Centre for Policy Studies, November 2016, https://www.cps.org.uk/files/reports/original/161114094336-TheFreePortsOpportunity.pdf (accessed 22 May 2021).
78. Ibid., p. 28.
79. Ibid.
80. Ibid., p. 31.
81. Peter Walker,'UK Launches Freeports Consultation with Aim to Open First NextYear', *Guardian*, 9 February 2020, https://www.theguardian.com/politics/2020/feb/09/uk-launches-freeports-consultation-with-aim-to-open-first-next-year (accessed 12 July 2020).
82. Asare Adeji,'Life in Sodom and Gomorrah:The World's Largest Digital Dump',

Guardian, 29 April 2014, https://www.theguardian.com/ global-development-professionals-network/2014/apr/29/agbogbloshie-accra-ghana-largest-ewaste-dump (accessed 11 August 2020).

83. 'Better or Worse Off?', *Gleaner*, 8 July 2011, http://jamaica-gleaner.com/gleaner/20110708/cleisure/cleisure2.html (accessed 1 September 2020).

84. Mary Williams Walsh and Matt Phillips, 'Poor Countries Face a Debt Crisis "Unlike Anything We Have Seen"', *New York Times*, 1 June 2020, https://www.nytimes.com/2020/06/01/business/ coronavirus-poor-countries-debt.html (accessed 8 September 2020).

85. Clare Jones, 'The Calls for Sovereign Debt Relief Are Mounting', *FinancialTimes*,14 April 2020,https://www.ft.com/content/42a69de6-0b67-4c53-b9e4-e94ae4f7142b (accessed 7 September 2020).

86. Jim Pickard, 'Business and Politicians Wary of UK Plan for Low-Tax Trade Zones', *Financial Times*, 12 July 2020, https://www.ft.com/ content/122cdc16-7435-4c7b-85e1-09cd10c1ab7a (accessed 13 July 2020).

87. 'Better or Worse Off?'

第五章　税务

1. 'The Bahamas: Bad News for the Boys', *Time*, 20 January 1967, http:// content.time.com/time/subscriber/article/0,33009,843308,00.html (accessed 8 October 2020).

2. Tony Thorndike, 'Sir Lynden Pindling Obituary', *Guardian*, 28 August 2000, https://www.theguardian.com/news/2000/aug/28/ guardianobituaries1 (accessed 5 October 2020);'Sir Lynden Pindling Obituary', *Daily Telegraph*, 28 August 2000, https://www.telegraph.co.uk/news/obituaries/1367909/Sir-Lynden-Pindling.html (accessed 9 October 2020).

3. For a full account of this incident, known as 'Black Tuesday', and Pindling's transformation of the Bahamas, see Doris Johnson, *The Quiet Revolution in the Bahamas* (Nassau: Family Islands Press, 1972).

4. Tony Freyer and Andrew P. Morris,'Creating Cayman as an Offshore Financial Center: Structure & Strategy since 1960', *Arizona Student Law Journal*, vol. 45, no. 1297 (2013), pp. 1297–1396, p. 1329.

5. Nicholas Shaxson,'Tax Havens: Britain's Second Empire,Tax Justice Network', a reproduction of interview with academic Ronen Palan, 29 September 2019, https://www.taxjustice.net/2019/09/29/tax-havens-britains-second-empire/ (accessed 18 December 2020).

6. Jon Stone, 'David Cameron Says it is "Unfair" to Criticise British-Controlled Tax Havens', *Independent*, 13 April 2016, https://www. independent.co.uk/news/uk/politics/david-cameron-says-it-unfair-criticise-british-controlled-tax-havens-a6982186.

html (accessed 6 September 2020).
7. Ibid.
8. Rowena Mason,'Panama Papers: A Special Investigation', *Guardian*, 8 April 2016, https://www.theguardian.com/news/2016/apr/08/ david-cameron-panama-papers-offshore-fund-resignation-calls (accessed 18 September 2020).
9. Juliette Garside, 'Fund Run by David Cameron's Father Avoided Paying Tax in Britain', *Guardian*, 4 April 2016, https://www. theguardian.com/news/2016/apr/04/panama-papers-david- cameron-father-tax-bahamas (accessed 2 August 2020).
10. Ibid.
11. Lijun Li and Chris Wellisz, 'Gimme Shelter: Counting Wealth in Offshore Tax Havens Boosts Estimates of Inequality', *International Monetary Finance and Development*, vol. 53, no. 3 (2019), pp. 46–7.
12. George Parker, Chris Giles, Emma Agyemang and Jim Pickard,'UK Withholds Backing for Biden's Global Business Tax Plan', *Financial Times*, 16 May 2021, https://www.ft.com/content/a249285a-796f-40e3-a00a-f1398e249ef9; Russell Lynch,'UK Refuses to Back Biden Push for Minimum Corporation Tax', *Daily Telegraph*, 24 May 2021, https://www.telegraph.co.uk/business/2021/05/24/treasury-refuses-back-biden-push-minimum-corporation-tax/ (both accessed 12 June 2021).
13. Gordon Brown, 'Boris Johnson Wrecking G7 Proposals on Corporate Tax Abuse is the Last Thing We Need', *Independent*, 25 May 2021, https://www.independent.co.uk/voices/tax-abuse-g7- boris-johnson-b1853526.html (accessed 10 June 2021).
14. Emma Agyemang, George Parker and Chris Giles, 'UK Presses for City of London Carve-Out from G7 Global Tax Plan', *Financial Times*, 8 June 2021, https://www.ft.com/content/4ed18830-f561-4291-8db5-c3c1fa86c1b8 (accessed 13 June 2021).
15. Mark Bou Masor, 'New Ranking Reveals Corporate Tax Havens Behind Breakdown of Global Corporate Tax System: Toll of UK's Tax War Exposed', Tax Justice Network, 28 May 2019, https:// www.taxjustice.net/2019/05/28/new-ranking-reveals-corporate-tax-havens-behind-breakdown-of-global-corporate-tax-system-toll-of-uks-tax-war-exposed/ (accessed 5 October 2020).
16. Hansard,House of Commons debates,Panama Papers,vol.608,11April 2016, https://hansard.parliament.uk/commons/2016-04-11/debates/ 1604111000001/PanamaPapers (accessed 9 September 2020).
17. Vanessa Ogle,'Archipelago Capitalism:Tax Havens, Offshore Money, and the State, 1950s–1970s', *American Historical Review*, vol. 122, no. 5 (December 2017), pp. 1431–58, p. 1432.
18. *Egyptian Delta Land and Investment Co. Ltd v. Todd (Inspector of Taxes)*, HL, 23 July 1928; UKHL 14 TC 119.
19. Ogle, 'Archipelago Capitalism'.

20. For a study of the personal aspects of decolonisation see either Jordanna Bailkin, *The Afterlife of Empire* (Los Angeles: University of California Press, 2012) or Elizabeth Buettner, *Empire Families: Britons and Late Imperial India* (Oxford: Oxford University Press, 2004).
21. Freyer and Morris, 'Creating Cayman as an Offshore Financial Center', p. 1304.
22. World Bank data on the Cayman Islands, https://data.worldbank.org/country/KY (accessed 9 September 2020), and *Medway Census Report 2011*, https://www.medway.gov.uk/downloads/file/2353/2011_census_report (accessed 7 October 2020).
23. Edward Luce and Tom Braithwaite, 'Obama Takes Aim at Multinational', *Financial Times*, 4 May 2009, https://www.ft.com/content/412f2784-38b7-11de-8cfe-00144feabdc0 (accessed 18 September 2020).
24. Freyer and Morris, 'Creating Cayman as an Offshore Financial Center', p. 1335.
25. Ibid., pp. 1333–49.
26. 'The Cayman Islands (Constitution) Order in Council 1962, Made 30th July 1962, Coming into Operation 6th August 1962', http://www.constitutionalcommission.ky/upimages/educationdoc/SI1962No1646CaymanIslandsConstitutionOrderin-Council1962_1494958748_1494958748.pdf (accessed 19 October 2020).
27. Ibid., section 5(1).
28. Ibid., section 18.
29. Freyer and Morris, 'Creating Cayman as an Offshore Financial Center', p. 1324.
30. Gary Burn, *The Re-emergence of Global Finance* (London: Palgrave, 2006), pp. 25–7; Nicholas Shaxson, *Treasure Islands: Tax Havens and the Men Who Stole the World* (London: Penguin, 2011), pp. 53–4.
31. Catherine R. Schenk, 'The Origins of the Eurodollar Market in London: 1955–1963', *Explorations in Economic History*, vol. 35 (1998), pp. 221–38, p. 228.
32. Burn, *The Re-emergence of Global Finance*, p. 6.
33. Schenk, 'Origins of the Eurodollar Market', p. 223.
34. Dean Acheson, former United States Secretary of State, quoted in 'Britain's Role in the World', *Guardian*, 6 December 1962, https://www.theguardian.com/century/1960-1969/Story/0,105633,00.html (accessed 8 October 2020).
35. John M. Lee, 'The Villain of the Crisis: Eurodollars', *New York Times*, 10 May 1971, https://www.nytimes.com/1971/05/10/archives/the-villain-of-the-crisis-eurodollars-villain-of-the-monetary.html (accessed 7 October 2020).
36. For more on the distinctive role of the City of London within the history of British capitalism, see either Geoffrey Ingham, *Capitalism Divided? The City and Industry in British Social Development* (London: Palgrave Macmillan, 1984) or Philip Augar, *The Death of Gentlemanly Capitalism: The Rise and Fall of London's Investment Banks* (London: Penguin, 2000).

37. Freyer and Morris, 'Creating Cayman as an Offshore Financial Center', p. 1335.
38. Ibid., p. 1330.
39. 'The Imperial Court of Appeal', *The Spectator*, 13 December 1890, http://archive.spectator.co.uk/article/13th-december-1890/8/the-imperial-court-of-appeal (accessed 24 July 2020).
40. Derek O'Brien, 'The Post-Colonial Constitutional Order of the Commonwealth Caribbean: The Endurance of the Crown and the Judicial Committee of the Privy Council', *Journal of Imperial and Commonwealth History*, vol. 46, no. 5 (2018), pp. 958–83, p. 959.
41. Damien McElroy, 'Britain to Impose Direct Rule on Turks and Caicos Islands', *Daily Telegraph*, 16 June 2009, https://www. telegraph.co.uk/news/worldnews/centralamericaandthecaribbean/ turksandcaicosislands/5543623/Britain-to-impose-direct-rule-on-Turks-and-Caicos.html (accessed 19 October 2020).
42. Helia Ebrahimi, 'Cayman Islands Hits Back at Brown over Tax Havens Attack', *Daily Telegraph*, 28 May 2009, https://www. telegraph.co.uk/finance/newsbysector/banksandfinance/5401684/ Cayman-Islands-hits-back-at-Brown-over-tax-haven-attacks.html (accessed 19 October 2020).
43. UN Special Committee on Decolonization, 4 June 2003, https:// www.un.org/press/en/2003/gacol3084.doc.htm (accessed 26 August 2020).
44. Ibid.
45. Reshma Ragoonath, 'Premier Hails UK Talks as "Successful"', *Cayman Compass*, 4 March 2020, https://www.caymancompass. com/2020/03/04/premier-hails-uk-talks-as-successful/ (accessed 21 November 2020).
46. Benjamin Fox, 'Cayman Islands Removal from EU Blacklist Prompts Backlash', *Euractiv*, 7 October 2020, https://www.euractiv.com/ section/economy-jobs/news/cayman-islands-removal-from-eu-blacklist-prompts-backlash/ (accessed 19 December 2020).
47. Tax Justice Network, 'Country Profile 2020: The Cayman Islands', https://iff.taxjustice.net/#/profile/CYM (accessed 31 December 2020).
48. *R. (on the application of UK Uncut Legal Action Ltd) v. Revenue and Customs Commissioners* [2013] EWHC 1283.
49. Ibid., p. 20.
50. Rowena Mason, 'Taxman Accused of Letting Vodafone Off £8 Billion', *Daily Telegraph*, 7 November 2011, https://www.telegraph. co.uk/news/politics/8875360/Taxman-accused-of-letting-Vodafone-off-8-billion.html (accessed 31 January 2021).
51. Philip Inman, 'Rich Countries Accused of Foiling Effort to Give Poorer Nations a Voice on Tax', *Guardian*, 14 July 2015, https://www.theguardian.com/global-development/2015/jul/14/financing-for-development-conference-addis-ababa-rich-

countries-accused-poorer-nations-voice-tax (accessed 16 January 2021).

52. James Whittaker, 'Leaders Unite against "Modern Colonialism"', *Cayman Compass*, 27 June 2019, https://www.caymancompass. com/2019/06/27/leaders-unite-against-modern-colonialism/ (accessed 15 January 2021).

53. Grant Tucker and Rosamund Urwin, 'Rule Britannia Faces Axe in BBC's "Black Lives Matter Proms"', *Sunday Times*, 23 August 2020, https://www.thetimes.co.uk/article/rule-britannia-faces-axe-in-bbcs-black-lives-matter-proms-0fvhwmwlm (accessed 18 June 2021).

54. Jacob Rees-Mogg, House of Commons, Register of Members' Financial Interests, 2 May 2017,'Unremunerated director of Somerset Capital Management Ltd.', which is the parent company of Somerset Capital Management (Cayman) Ltd and Somerset Capital Management (Singapore) PTE Ltd.', https://publications.parliament. uk/pa/cm/cmregmem/170502/rees-mogg_jacob.htm (accessed 21 October 2019).

55. Juliette Garside, Hilary Osborne and Ewen MacAskill, 'The Brexiteers Who Put Their Money Offshore', *Guardian*, 9 November 2017, https://www.theguardian.com/news/2017/nov/09/brexiters-put-money-offshore-tax-haven (accessed 14 August 2019).

56. Richard Brooks, 'A Relic of Empire That Created a Tax Colony', *Financial Times*, 20 February 2015, https://www.ft.com/ content/6b83be28-b863-11e4-b6a5-00144feab7de (accessed 11 March 2021).

第六章　城市

1. Jamie Robertson,'How the Big Bang Changed the City of London For Ever', *BBC News*, 26 October 2016, https://www.bbc.co.uk/ news/business-37751599 (accessed 21 October 2020).

2. Paul Rodgers,'Tour Guide Broke the Bank', *Independent*, 17 September 1995, https://www.independent.co.uk/news/business/tour-guide-broke-the-bank-1601438.html (accessed 6 November 2020).

3. Jason Rodrigues, 'Barings Collapse at 20: How Rogue Trader Nick Leeson Broke the Bank', *Guardian*, 24 February 2015, https://www. theguardian.com/business/from-the-archive-blog/2015/feb/24/nick-leeson-barings-bank-1995-20-archive (accessed 21 October 2020).

4. Chwee Huat Tan, *Financial Markets and Institutions in Singapore* (Singapore: National University of Singapore Press, 2005), pp. 13–14.

5. Paul Farrelly, 'Rogue's Return' Haunts Barings', *Observer*, 27 June 1999, https://www.theguardian.com/business/1999/jun/27/ observerbusiness.theobserver7 (accessed 8 November 2020).

6. Kenneth Clarke, Hansard, House of Commons debates, vol. 255, col. 693 27

February 1995, vol. 255, c. 693 https://publications. parliament.uk/pa/cm199495/cmhansrd/1995-02-27/Debate-1.html (accessed 22 October 2020).

7. Edward A. Gargan, 'Singapore Defends Itself over Barings', *New York Times*, 2 March 1995, https://www.nytimes.com/1995/03/02/ business/singapore-defends-itself-over-barings.html (accessed 30 October 2020).

8. Hannan, *Inventing Freedom*, p. 88.

9. Lee Kuan Yew, *From Third World to First: The Singapore Story, 1965–2000* (Singapore: Marshall Cavendish, 2000).

10. Daniel Hannan, 'Britain in the World: Past, Present and Future', speech given at the 'Why Commemorate 1819?' event hosted by the Adam Smith Centre, 31 August 2019, YouTube, 2 September 2019, https://www.youtube.com/watch?v=sSzLDrYxUa8 (accessed 2 March 2021).

11. Ibid.

12. Howard Davies, 'Will the UK Really Turn into "Singapore-on-Thames" after Brexit?', *Guardian*, 17 December 2019, https://www. theguardian.com/business/2019/dec/17/uk-singapore-on-thames-brexit-france (accessed 8 September 2020).

13. Owen Paterson,'Don't Listen to the Terrified Europeans:The *Singapore* Model is Our Brexit Opportunity', *Daily Telegraph*, 21 November 2017, https://www.telegraph.co.uk/news/2017/11/20/dont-listen-terrified-europeans-singapore-model-brexit-opportunity/ (accessed 9 September 2020); John Cope,'Is the UK Ready to be Singapore-on-Thames? It's Going to be an Upskill Battle', *Conservative Home*, 6 February 2019, https://www.conservativehome.com/ platform/2020/02/john-cope-is-the-uk-ready-to-be-singapore-on-thames-its-going-to-be-an-upskill-battle.html (accessed 9 September 2020); Luftey Siddiqi, 'Singapore is a Great Brexit Model, but is Britain up to the Job?', *Sunday Telegraph*, 1 October 2017, https:// www.telegraph.co.uk/news/2017/10/01/singapore-great-brexit-model-britain-job/ (accessed 12 September 2020).

14. Owen Paterson, 'Don't Listen to the Terrified Europeans'; Jeremy Hunt, 'Why I Am Looking East for Post-Brexit Prosperity', *Daily Mail*, 30 December 2018, https://www.dailymail.co.uk/ debate/article-6539165/Why-Im-looking-east-vision-post-Brexit- prosperity-writes-JEREMY-HUNT.html (accessed 9 September 2020).

15. James Warrington,'Sir Martin Sorrell: Post-Brexit Economy Should be "Singapore on Steroids"', *City A.M.*, 12 November 2019, https:// www.cityam.com/sir-martin-sorrell-post-brexit-economy-should-be-singapore-on-steroids/ (accessed 9 July 2020).

16. John Longworth, 'Singapore Offers Shining Vision of How Britain Will Thrive on Its Own', *The Times*, 7 January 2020, https://www. thetimes.co.uk/article/singapore-offers-shining-vision-of-how- britain-will-thrive-on-its-own-svj0p9tbp (accessed 6

September 2020).
17. '"Like Dunkirk": Brexit Donor Trumpets "Fantastic Insecurity" of Leaving EU', *Guardian*, 12 May 2020, https://www.theguardian. com/politics/2016/may/12/billionaire-brexit-donor-leaving-eu-like-dunkirk (accessed 8 December 2020).
18. Ibid.
19. For a full depiction of colonial society in Singapore, see Carl Trocki, *Singapore: Wealth, Power and the Culture of Control* (London: Routledge, 2006), pp. 34–95.
20. Yew, *From Third World to First*, pp. 548–52.
21. Trocki, *Singapore*, pp.106–7.
22. Ibid., p. 105.
23. Ibid., pp. 111–15.
24. Sinnathamby Rajaratnam and Irene Ng, *The Short Stories and Radio Plays of S. Rajaratnam* (Singapore: Epigram Books, 2011).
25. 'Statement of Mr S. Rajaratnam, Foreign Minister of Singapore, at the General Assembly of the United Nations on September 21, 1965 on the Occasion of Singapore's Admission to the United Nations', National Archives of Singapore, PressR19650921, https://www.nas. gov.sg/archivesonline/speeches/
26. Ibid.
27. Ibid.
28. Sinnathamby Rajaratnam, 'Singapore: Global City', text of address to the Singapore Press Club, 6 February 1972, National Archives of Singapore, PressR19720206a, https://www.nas.gov.sg/ archivesonline/speeches/record-details/fd2918de-3270-11e4-859c-0050568939ad (accessed 12 July 2020).
29. Ibid., p. 10.
30. Lee Kuan Yew, 'Speech at the 26th World Congress of the International Chamber of Commerce, October 5, 1978', reproduced in Han Fook Kwang, *Lee Kuan Yew:The Man and His Ideas* (Singapore: Marshall Cavendish, 1998).
31. Sinnathamby Rajaratnam, speech at the Seventh Non-Aligned Summit Meeting in New Delhi, National Archives of Singapore, SR19830309s, https://www.nas.gov.sg/archivesonline/speeches/ record-details/71e0d724-115d-11e3-83d5-0050568939ad (accessed 3 November 2020).
32. Kenneth Bercuson (ed.), 'Introduction', in *Singapore: A Case Study in Rapid Development* (Washington, DC: International Monetary Fund, 1995), p. 1.
33. Zhaki Abdullah, 'Singapore Tops List of Leading Maritime Capitals for FourthTime', *StraitTimes*, 11 Apri 2019, https://www.straitstimes. com/singapore/transport/singapore-tops-list-of-leading-maritime-capitals-for-fourth-time (accessed 12 July 2020).
34. Heritage Foundation, '2020 Index of Economic Freedom: Global Economic

Freedom Hits All-Time High', https://www.heritage. org/press/2020-index-economic-freedom-global-economic-freedom-hits-all-time-high (accessed 19 October 2020).

35. See N. M. K. Lam, 'Government Intervention in the Economy: A Comparative Analysis of Singapore and Hong Kong', *Public Administration and Development*, vol. 20 (2000), pp. 397–421.
36. Amanda Clift-Matthews and Parvais Jabbar, 'Singapore Should be Ashamed of Its Lashings', *The Times*, 3 September 2020, https:// www.thetimes.co.uk/article/singapore-should-be-ashamed-of- lashings-kxndjlcfs (accessed 30 September 2020).
37. Rick Lines,'Singapore's Claim That the Death Penalty Deters Drug Use is Wrong, Here's Why', International Drug Policy Consortium, 17 January 2020, https://idpc. net/alerts/2020/01/singapore-s-claim-that-the-death-penalty-deters-drug-use-is-wrong-here-s-why (accessed 25 October 2020).
38. Knight Frank Research, *The Wealth Report 2021*, 15th edition (London: Knight Frank, 2021), p. 20, https://content.knightfrank. com/research/83/documents/en/the-wealth-report-2021-7865.pdf (accessed 24 March 2021).
39. Alex Daniel,'London is the Busiest City in Europe for Private Jets, According to research', *City A.M.*, 28 November 2019, https://www. cityam.com/london-is-the-busiest-city-in-europe-for-private-jets-according-to-research/ (accessed 21 February 2021).
40. Danny Dorling, *Injustice:Why Social Inequality Still Persists* (London: Policy Press, 2010).
41. Nathan Brooker, 'Uncovering London's Hidden Property Wealth', *Financial Times*, 20 March 2020, https://www.ft.com/content/ bd548b0c-6762-11ea-800d-da70cff6e4d3 (accessed 18 August 2020).
42. Child Poverty Action Group, 'Child Poverty in London Facts', https://cpag.org.uk/child-poverty-london-facts (accessed 22 March 2021).
43. Margaret Thatcher, 'Speech to the College of Europe' (the Bruges speech), 20 September 1988, Margaret Thatcher Foundation, https:// www.margaretthatcher.org/document/107332 (accessed 21 March 2021).
44. Michael Pooler, Peter Campbell and Stefania Palma, 'Why Dyson is shifting its HQ to Singapore', *Financial Times*, 23 January 2019, https://www.ft.com/content/02a636d8-1f2f-11e9-b2f7- 97e4dbd3580d (accessed 22 June 2020).
45. 'Dyson to Move Head Office to Singapore', *BBC News*, 22 January 2019, https://www.bbc.co.uk/news/business-46962093 (accessed 9 September 2020).
46. Pooler, Campbell and Palma, 'Why Dyson is Shifting HQ to Singapore'.
47. Kwame Nkrumah, *Dark Days in Ghana and the New States of West Africa* (London: Lawrence & Wishart, 1968).
48. Deputy Prime Minister Mr Wong Kan, keynote address at the Singapore Perspectives

2011 Conference, *Singapore Perspectives 2011: Our Inclusive Society: Going Forward* (Singapore: World Scientific Publishing Company, 2011), pp. 6–7.

结　语

1. Martin Luther King,'The Birth of a New Nation', sermon delivered at Dexter Avenue Baptist Church, Montgomery, Alabama, 7 April 1957, Martin Luther King Jr Research and Education Institute, Stanford University, California, https://kinginstitute.stanford.edu/ king-papers/documents/birth-new-nation-sermon-delivered-dexter-avenue-baptist-church (accessed 15 December 2020).
2. Jacob Rees-Mogg, Hansard, House of Commons debates vol. 666, 17 October 2019, https://hansard.parliament.uk/Commons/2019- 10-17/debates/C7D5E220-3549-4DF1-AF9E-07079573464C/ Business Of The House(Saturday 19 October) (accessed 11 December 2020); Deana Heath,'Why the Curriculum Must Stop Whitewashing the British Empire – According to a Historian', *Independent*, 7 November 2018, https://www.independent.co.uk/life-style/history/ jeremy-corbyn-british-empire-whitewashing-national-curriculum-slave-trade-colonialism-a8618006.html (accessed 22 December 2020).
3. Prime Minister Johnson's Brexit address, 31 January 2020, Reuters, https://www.reuters.com/article/uk-britain-eu-johnson-address/british-prime-minister-johnsons-brexit-address-idUSKBN1ZU31M (accessed 25 June 2021).
4. Theresa May's keynote speech at the 2016 Conservative Party conference, 2 October 2016, https://www.independent.co.uk/ news/uk/politics/theresa-may-speech-tory-conference-2016-in-full-transcript-a7346171.html;https://www.bbc.co.uk/news/av/uk-politics-37563510 (accessed 6 October 2021).
5. Jacob Rees-Mogg,'My Vision for a Global-facing, Outward-looking Post-Brexit Britain', speech in Speaker's House in the Houses of Parliament, 18 June 2020, in the Speaker's Series on 'Brexit and Beyond: Britain's Place in the World in the 2020s', https:// brexitcentral.com/vision-global-facing-outward-looking-post-brexit-britain/ (accessed 21 October 2020).
6. 'Boris Johnson Resignation Letter in Full', *BBC News*, 9 July 2018, https://www.bbc.co.uk/news/uk-politics-44772804 (accessed 21 October 2020);James Blitz,'Boris Johnson Raises EU Colony Question', *Financial Times,* 10 July 2018, https://www.ft.com/content/3a8059ca-8435-11e8-a29d-73e3d454535d (accessed 21 October 2020).
7. Césaire, *Discourse on Colonialism.*
8. Kemi Badenoch, Hansard, House of Commons, Black History Month debate, 20 October 2020, https://hansard.parliament.uk/ commons/2020-10-20/debates/5B0E393E-8778-4973-B318-C17797DFBB22/BlackHistoryMonth (accessed

12 May 2021).

9. Ibid.

10. Dr Michael Ryan, Covid-19 virtual press conference, 27 March 2020, https://www.who.int/docs/default-source/coronaviruse/transcripts/ who-audio-emergencies-coronavirus-press-conference-full-27mar2020. pdf?sfvrsn=4b72eab2_2 (accessed 1 July 2020).

11. Denis Staunton, 'Unflappable Confidence of UK's Health Establishment about to beTested', *IrishTimes*, 27 March 2020, https:// www.irishtimes.com/news/world/uk/unflappable-confidence-of-uk-s-health-establishment-about-to-be-tested-1.4214245 (accessed 1 July 2020).

12. 'How the Coronavirus Advice from Boris Johnson Has Changed', *Guardian*, 23 March 2020, https://www.theguardian.com/ world/2020/mar/23/how-coronavirus-advice-from-boris-johnson-has-changed (accessed 1 July 2020).

13. Boris Johnson, 'Britain Must Become the Superman of Global Trade', *The Spectator*, 3 February 2020, https://www.spectator. co.uk/article/boris-johnson-britain-must-become-the-superman-of-global-free-trade (accessed 13 December 2020).

14. Aubrey Allegretti, 'Coronavirus: "World-Beating" Track and Trace System Ready for Schools to Reopen, PM Promises', *Sky News*, 21 May 2020, https://news.sky.com/story/coronavirus-world-beating-track-and-trace-system-ready-for-schools-to-reopen-pm-promises-11991606 (accessed 10 June 2021).

15. Boris Johnson, statement at the coronavirus press conference, 3 June 2020,WiredGov, https://www.wired-gov.net/wg/news.nsf/articles/ PM+statement+at+the+corona virus+press+conference+3+June+ 2020+04062020123300?open (accessed 22 April 2021).

16. John Burn-Murdoch and Chris Giles, 'UK Suffers Second Highest Death Rate from Coronavirus', *FinancialTimes*, 28 May 2020, https:// www.ft.com/content/6b4c784e-c259-4ca4-9a82-648ffde71bf0 (accessed 1 July 2020).

17. See 'Statement by President Cyril Ramaphosa on South Africa's Response to the Coronavirus Pandemic', Union Buildings, Tshwane, 13 May 2020. Government of South Africa, Department of Health, https://sacoronavirus.co.za/2020/05/13/statement-by-president-cyril-ramaphosa-on-south-africas-response-to-the-coronavirus-pandemic-13-may-2020/; Patrick Wintour, 'UK Takes a Pasting from World's Press over Coronavirus Crisis', *Guardian*, 12 May 2020, https://www.theguardian.com/world/ 2020/may/12/uk-takes-a-pasting-from-worlds-press-over-coronavirus (both accessed 2 and 8 August 2020).

18. Roland White, 'John Major Says Britain Is No Longer No. 1. So Where Do We Rank?', *The Times*, 15 November 2020, https:// www.thetimes.co.uk/article/john-major-says-britain-is-no-longer-no-1-so-where-do-we-rank-3358n5wtk;

Joe Middleton, 'John Major Says UK No Longer "Great Power"', *Independent*, 10 November 2020, https://www.independent.co.uk/news/john- major-brexit-referendum-uk-b1720180.html (both accessed 29 February 2021).

19. Stanley Johnson, 'Why I'm Delighted My Holiday Let Loophole Has Been Given Legal Backing', *Daily Telegraph*, 26 March 2021, https:// www.telegraph.co.uk/travel/news/stanley-johnson-delighted-holiday-let-loophole-has-given-legal/ (accessed 17 June 2021).

20. Graeme Wearden, 'UK National Debt Highest since 1960s after Record October Borrowing – As It Happened', *Guardian*, 20 November 2020, https://www.theguardian.com/business/live/2020/ nov/20/uk-national-debt-october-borrowing-covid-19-retail-sales-ftse-business-live; Chris Giles and Jim Pickard, 'UK Government Deficit Soars to Record High on Pandemic Borrowing', *Financial Times,* 20 November 2020, https://www.ft.com/content/13d3c0bf-449b-4a28-916b-3c3ec9033267 (both accessed 2 December 2020).

21. Chris Giles and Adam Samson, 'UK Public Debt Exceeds 100% of GDP for First Time since 1963', *Financial Times*, 19 June 2020, https://www.ft.com/content/57974640-8bea-448c-9d0b-32f34825f13e (both accessed 30 January 2021).

22. Gabriel Pogrund and Tom Claver, 'Chumocracy First in Line as Ministers Splash Covid Cash', *The Times*, 15 November 2020, https://www.thetimes.co.uk/article/chumocracy-first-in-line-as-ministers-splash-covid-cash-7wb5b8q0w (accessed 3 December 2020); David Conn, David Pegg, Rob Evans, Juliette Garside and Felicity Lawrence, '"Chumocracy": How Covid Revealed the New Shape of the Tory Establishment', *Guardian,* 15 November 2020, https://www.theguardian.com/world/2020/nov/15/chumocracy-covid-revealed-shape-tory-establishment (both accessed 3 December 2020).

23. 'David Cameron Calls Nigeria and Afghanistan "Fantastically Corrupt"', *BBC News*, 10 May 2016, https://www.bbc.co.uk/news/ uk-politics-36260193 (accessed 15 March 2021).

24. House of Commons Education Committee, *The Forgotten: How White Working-Class Pupils Have Been Let Down and How to Change It*, report published 22 June 2021, p. 8, https://publications.parliament. uk/pa/cm5802/cmselect/cmeduc/85/8502.htm.

25. Gabriel Pogrund, 'Dido Harding: Make NHS Less Reliant on Foreigners', *Sunday Times*, 20 June 2021, https://www.thetimes. co.uk/article/dido-harding-make-nhs-less-reliant-on-foreigners- 0t6mq9w2b (both accessed 22 June 2021).

26. Office for National Statistics, 'Household Income Inequality, UK: Financial Year Ending 2019', https://www.ons.gov.uk/ peoplepopulationandcommunity/personalandhouseholdfinances/ incomeandwealth/bulletins/householdincomeinequalityfinancial/ financialyearending2019 (accessed 22 March 2021).

27. For an analysis of this moment, see Gargi Bhattacharya, Adam Elliott-Cooper, Sita Balani, Kerem Nişancıoğlu, Kojo Koram, Dalia Gebrial, Nadine El-Enany and Luke de Noronha, *Empire's Endgame: Racism and the British State* (London: Pluto Press, 2021).
28. Anna Mohdin and Glenn Swann, 'How George Floyd's Death Sparked a Wave of UK Anti-Racism Protests', *Guardian*, 29 July 2020, https://www.theguardian.com/uk-news/2020/jul/29/ george-floyd-death-fuelled-anti-racism-protests-britain (accessed 18 November 2020).
29. Ipsos Mori, 'Half of Britons Support the Aims of the Black Lives Matter Movement', poll published 1 October 2020, https://www. ipsos.com/ipsos-mori/en-uk/half-britons-support-aims-black-lives-matter-movement (accessed 25 December 2020).
30. See Andrew Doyle, 'Now That BLM Has Gone Mainstream Our Children Are Being Brainwashed by a Divisive New Dogma That I Fear Will Stoke, Not Heal, Racial Tensions', *Daily Mail*, 12 September 2020, https://www.dailymail.co.uk/debate/article-8726235/ ANDREW-DOYLE-children-brainwashed-divisive-new-dogma.html (accessed 25 December 2020).
31. YouGov survey results, 11 March 2020, British Empire Attitudes, https://docs.cdn.yougov.com/z7uxxko71z/YouGov%20-%20 British%20empire%20attitudes.pdf (accessed 11 November 2020).
32. Neil O'Brien, 'Johnson Should Instruct a Team of Ministers to Wage War on Woke', *Conservative Home*, 21 September 2020, https:// www.conservativehome.com/thecolumnists/2020/09/neil-obrien-johnson-should-empower-a-ministet-to-wage-war-on-woke.html (accessed 9 May 2021); Badenoch, Black History Month debate (accessed 31 October 2020).
33. YouGov/NEON survey results, 11 May 2020, https://docs.cdn. yougov.com/p54plx0gh9/NEON_PostCovidPolicy_200508_ w4.pdf (accessed 9 November 2020).
34. We Own It, 'Public Services and Outsourcing Issues Poll', 6 May 2014, https://survation.com/wp-content/uploads/2014/05/Public- Sector-and-Outsourcing-We-Own-It.pdf (accessed 18 December 2020).
35. Nancy Kelley, *British Social Attitudes 36* (London: National Centre for Social Research, 2019), p. 152.

致　谢

每本书都是一场对话,许多参与者在创作过程中会产生交集。我想对那些支持我写作的人表达谢意。因为这本书,我有幸与乔·齐格蒙德(Joe Zigmond)共事,你的耐心和极具洞察力的编辑能力让本书得以突破局限。我要感谢乔,还有卡罗琳·韦斯特莫(Caroline Westmore)、亚辛·贝尔卡塞米(Yassine Belkacemi)以及约翰·默里(John Murray)的整个团队。即便在新冠肺炎疫情期间,你们也给了我这个第一次从事写作的人无可挑剔的支持与帮助。

还有那些花时间阅读手稿、草稿的众多合作者,你们的批评、质问、喜悦和鼓励是无价的。我要由衷感谢的人有:迈克尔·阿马宁(Michael Amaning)、娜娜·阿杜·安波福(Nana Adu Ampofo)、贾斯汀·拜多(Justin Baidoo)、坦齐尔·乔杜里(Tanzil Chowdury)、亚历克斯·科巴姆(Alex Cobham)、卢克·库珀(Luke Cooper)、奥斯卡·瓜迪欧拉-里韦拉(Oscar Guardiola-Rivera)、尼娅·海斯(Niamh Hayes)、弗兰基·梅斯(Frankie Mace)、凯雷姆·尼桑乔格鲁(Kerem Nişancıoğlu)、罗丁·奥尔良-林赛(Rhodine Orleans-Lindsay)、汤姆·彼得斯(Tom Peters)、迈克尔·波普(Michael Pope)、罗比·希利亚姆（Robbie Shilliam）、奎因·斯洛博迪安（Quinn Slobodian）、比安卡·塔尔博特（Bianca Talbot）和穆萨布·尤尼斯（Musab Younis）。如果说书中有什么地方出错的话，那都是我的问题，而书中任何有价值的见解都要归功于你们所有人。我对此书的想法也要归功于过去几年里那些一直友好待我的知识群体：伯克贝克法学院（Birkbeck School of Law）、加勒比哲学协会（the Caribbean Philosophical Association）、"赖斯"家族（the "RICE" family）和批判性法律思维团（the Critical Legal Thinking team）。在写作过程中，我总能感觉到我的博士生导师彼得·菲茨帕特里克（Peter Fitzpatrick）就在我身边，尽管每当我想到他会用那支红笔批阅我的稿件时就会不寒而栗。

《卫报》（*Guardian*）、《新政治家》（*New Statesman*）、《异议者》（*Dissent*）和《诺瓦拉》（*Novara*）都刊登了一些最终呈现于此书中的观点。我非常感谢委托撰写这些文章的几位编辑：赫蒂·奥布赖恩（Hettie O'Brien）、娜塔莎·刘易斯（Natasha Lewis）和贝丝·珀金（Beth Perkin）。另外，我要感谢我在RCW[①]的经纪人马修·特纳（Matthew Turner）对我写作工作的长期支持。

就我个人而言，我要感谢夸德沃·奥克瓦宁·科拉姆（Kwadwo Okwaning Koram）、艾伯塔·科拉姆（Alberta Koram）、娜娜·阿弗亚·伊伦科伊（Nana Afua Yirenkyi）、奥克瓦宁·伊伦科伊（Okwaning Yirenkyi）和金·辛普森（Kim Simpson）。最

[①] RCW，一家文稿代理机构。——译者注

后，我想说，这本书是我在初为人父时构思的。以下内容写给我的亚拉：以后，每当我读起这本书时，我所读的每一页都伴随着你说出的第一句话，你走出的第一步，还有你发出的第一次笑声。在进行这本书的写作时，始终萦绕在我脑海里的，是我对你成长过程中所要探索的这个世界的思考。如今，你已经是一个小人儿了，我很荣幸能见证你踏上了自己的人生之旅。